AUCH GUT!

PALOMAA
PUBLISHING

Für alle, die es gerade brauchen.

Für alle, die sich dieses Erwachsensein anders vorgestellt haben.

Für alle, die sich manchmal etwas verloren fühlen zwischen all den „Das macht man so"-Erwartungen.

Jennifer Klinge

AUCH GUT!

Neue Impulse zum Frausein,
zu gesellschaftlichen Erwartungen
und dem eigenen Timing ab 30

PALOMAA
PUBLISHING

Wichtiger Hinweis:
Alle Inhalte, Hinweise, Ratschläge und Übungen in diesem Buch sind von der Autorin sorgfältig geprüft worden. Sie ersetzen jedoch nicht die persönliche Begleitung und Abklärung durch behandelnde Ärzt*innen oder Therapeut*innen. Bitte wende dich bei allen medizinischen Auffälligkeiten oder unklaren Symptomen direkt an deine Ärzt*innen oder Therapeut*innen. Dies schließt körperliche sowie seelische beziehungsweise mentale Symptome mit ein. Eine Haftung vonseiten der Autorin oder des Verlages wird ausdrücklich ausgeschlossen.

1. Auflage März 2023
www.palomaapublishing.de
Umschlag: Julie Ann Tarr-Gutzeit, Düsseldorf
Autorinnenbild auf dem Back-Cover von Jana Stein/Luftkind, Köln
Layout und Satz: Katja Rub, Leipzig
Verlag: Palomaa Publishing, Leipzig
Herstellung: BoD – Books on Demand, Norderstedt

ISBN Softcover: 978-3-949598-06-7
Dieses Buch ist auch als E-Book erschienen unter der
ISBN: 978-3-949598-07-4

Bibliografische Information der Deutschen Nationalbibliothek:
Die Deutsche Nationalbibliothek verzeichnet diese Publikation in der Deutschen Nationalbibliografie; detaillierte bibliografische Daten sind im Internet über http://dnb.d-nb.de abrufbar.

Inhalt

Vorwort von Henrike Redecker **7**

Einleitung **12**

Vom Verlorengehen **29**

Ciao Kakao – Warum ich mit Anfang 30 in eine mentale Krise stürzte 29

Die Kraft der Narrative 45

Die Geschichten, die Druck machen – Hallo Erwachsenenleben! **59**

Die Geschichte übers Ankommen 59

Die Geschichte übers Älterwerden 70

Die Geschichte übers Happy End 103

Die Geschichte übers Singlesein 118

Die Geschichte über die Karriere 150

Die Geschichte über die biologische Uhr 156

Die Geschichte über den Kinderwunsch 165

Vom Auflösen & Zusammensetzen **199**

Durchlüften 199

Umwege sind besser als ihr Ruf 212

Vom Glück, offen zu bleiben fürs Leben 218

Vom Wellenreiten........................227
Dating – zwischen Halligalli, Verknalltheit und Dystopie........................227
Fallstrick-Fail........................237

Vom Lernen........................248
Was mir hilft........................248
Die Else-Erleuchtung........................258

Und zum Schluss........................263

Interviews........................266

Buchtipps........................313

Danke........................316

Anhang........................319
Literatur........................319
Quellen und Anmerkungen........................324
Über die Autorin........................332
Weitere Mitwirkende am Buch........................334
Über den Verlag........................338

Vorwort von Henrike Redecker

Als Tochter einer Mutter, die nicht nur zu den 68ern gehört, sondern auch eine große Verfechterin der Gleichberechtigung ist, bin ich mit den Themen Emanzipation und Chancengleichheit groß geworden und weiß, wo mein Platz ist. Und ich weiß auch, wie ich mich durchsetzen kann. Dazu arbeite ich auch noch in einer Branche, in der ich mich selten auf der beruflichen Ebene gegen eine männliche Person behaupten muss. Als ich mich 2019 im Bereich Public Relations selbstständig machen wollte, habe ich einen Businessplan für das Arbeitsamt geschrieben – neben vielen Zahlen ging es darum, was ich in der Gesellschaft verändern möchte (ich glaube, dieser Teil ist auch etwas ausgeufert) und ich habe ziemlich weit zurück in der Geschichte angefangen, nämlich bei der Entstehung der Frauenbewegung. Und schon befand ich mich mittendrin. Alles, was viele großartige Frauen bereits zu Beginn des 19. Jahrhunderts angestoßen und was Frauen wie meine Großmutter und meine Mutter fortgeführt haben, scheint heutzutage immer noch nicht in den Köpfen aller Menschen angekommen zu sein. Sätze wie „Jetzt haben wir ja lange genug über Female Empowerment gesprochen, jetzt sind die Männer mal wieder dran" klingen mir in den Ohren und ich frage mich: „Was können wir noch tun?" Meine Antwort ist nicht einfach, aber relativ naheliegend. Wir können alle immer wieder darauf hinweisen, was Gleichberechtigung bedeutet, wir können uns Organisationen anschließen, wir können laut sein und unsere Meinung sagen … und wir können sichtbar werden. Und das mit der vollen Unterstützung untereinander. Das große Thema der Frauenbewegung ist die Gleichstellung der Geschlechter. In unserem Grundgesetz Artikel 3 heißt es: „Alle Menschen sind vor dem Gesetz gleich." (Danke, Elisabeth Selbert.) Aber genau das ist der Knackpunkt. Wie sollen wir Frauen uns gleichgestellt fühlen, wenn in DAX-Unternehmen laut der *Allbright Stiftung* 2022 Christian der häufigste Vorname ist, wenn im TV auf eine Frau zwei Männer kommen, wenn es in der Politik vor Testosteron nur so strotzt? Die Frauenbewegung wandelt sich in die Female-Empowerment-Bewegung. Und an alle, die jetzt die Augen rollen, weil dieses Buzzword schon so ausgelutscht ist: Ist es nicht! Solange auf einer Podiumsdiskussion mehr männlich als weiblich gelesene Personen sitzen, erheben wir weiter unsere Stimmen und unternehmen auch alles andere, um eine Veränderung herbeizuführen. Ich bin dafür: zu demonstrieren, zu sprechen, zu diskutieren und die Stimme zu erheben. Und ich muss auch ganz klar sagen, dass wir heute nicht da wären, wo wir jetzt sind, ohne die Frauen, die schon seit Jahrzehnten auf die Straße gehen und laut sind.

Und vor allem bin ich dafür, dass wir uns jeden Tag in unserem Alltag für die Gleichstellung einsetzen und Female Empowerment nicht nur ein Buzzword ist, mit dem wir uns schmücken, und Feministin zu sein, nicht nur eine leere Hülle ist, sondern gelebt wird. Feminismus bedeutet aber nicht, dass wir uns gegenseitig nur toll finden müssen. Vielmehr sollten wir uns gegenseitig respektieren und dabei lernen, weniger Konkurrenz untereinander zu sehen und zu leben. So können wir direkt anfangen, diese weitverbreitete Geschichte über den Zickenkrieg unter Frauen und das Narrativ, dass sich immer nur eine durchsetzen könne, auszuräumen. Es ist richtig und wichtig, dass sich eine Frau durchsetzt – versteht mich nicht falsch. Aber mit ausgefahrenen Ellenbogen alle anderen wegzustoßen, nur weil man diesen Platz so hart erkämpft hat, führt nicht in die Richtung, in die wir gemeinsam gehen wollen. Vielmehr sollten wir lernen, dass wir alle etwas davon haben, wenn eine von uns etwas Großes erreicht.

Die Narrative darüber, was von Frauen erwartet wird, sind also immer noch überall. Und obwohl ich zu einer Frau erzogen wurde, die selbstbestimmt lebt und arbeitet, stolpere ich immer wieder auch im eigenen Umfeld über diese Geschichten.

In ihrem Buch beschreibt Jennifer Klinge anhand ihrer eigenen Erfahrung, mit welchen Narrativen sich Frauen heutzutage entgegen jedem Zeitgeist konfrontiert sehen und was dies auf persönlicher Ebene bedeuten kann. Es ist ein Buch, in dem es um uns geht, um die Frauen, die sich tagtäglich mit diesen Narrativen herumschlagen. Und dieses Buch ist genau der richtige Weg, um damit aufzuräumen. Ich hoffe, dass sich nicht nur viele Leserinnen, sondern auch viele Leser finden werden.

Frausein bedeutet vor allem: Mensch sein und selbstbestimmt leben. Dieses Buch macht Mut. Es macht nicht nur mir Mut, sondern jeder Frau, weil offen, ehrlich und direkt ohne Versteckspiel verschiedene Lebensentwürfe gezeigt werden. Es macht Mut, selbstwirksam durchs Leben zu gehen und sich nicht an den Imperativen der Gesellschaft zu orientieren. Und dabei ist es wichtig, dass echte Geschichten über Frauen erzählt werden. Mit unserer Geschichte können wir sichtbar werden und dadurch Vorbilder für andere Frauen sein, ihnen vielleicht einen Schubs geben in die Richtung, ihre eigenen Träume zu verwirklichen. Sich zu trauen, zu ihrem Lebensstil zu stehen, weil andere es auch tun. Nein zu sagen zu klassischen Erwartungen – und damit nicht weniger Frau zu sein. Dabei ist es wichtig, dass wir authentisch sichtbar sind, uns nicht verstellen und uns von „You can have it all" nicht aus dem Konzept bringen lassen. Denn manchmal gibt es einfach gute Gründe, warum wir nicht alles haben können, was wir uns wünschen und das ist auch ok. Das Leben hat eben manchmal einen anderen Plan und damit sind wir nicht allein.

Mein Herzensthema, mit dem ich mich inzwischen auch beruflich etabliert habe, ist die Sichtbarkeit von Frauen. Und deswegen möchte ich hier jetzt noch einmal alle Leser*innen daran erinnern, dass wir im Kleinen und im Großen mit der Sichtbarkeit unserer Geschichten etwas verändern können. Erzählt eure Geschichte Freund*innen, Kolleg*innen, Nachbar*innen oder wildfremden Frauen, wenn sich die Gelegenheit bietet. Dafür müssen wir nicht immer in der ersten Reihe stehen, sondern bei uns selbst anzufangen, wie auch Jennifer Klinge in diesem Buch schreibt. Wir können wie unsere Vorgängerinnen im 19. Jahrhundert auf die Straße gehen, aber wir können auch bei den kleinen Dingen anfangen und damit an einer Veränderung arbeiten, die wiederum auf das große Ganze Einfluss haben wird.

Ich wünsche euch einen wachen Blick beim Lesen dieses Buchs. Und ganz im Sinne der Sichtbarkeit für uns Frauen: Teilt es mit allen!

Henrike Redecker
Juli 2022

Einleitung

„Es ist völlig in Ordnung, ein Leben zu führen, das andere nicht verstehen.“[1]

Menschen lieben Geschichten. So sehr, dass sie nicht müde werden, Geschichten über einfach alles zu erzählen. Vor allem auch darüber, was wir als „erfolgreiche“ Frau wann im Leben erreichen sollten. Es leben die Narrative! Und davon gibt es viele. Jede Altersspanne, jedes Jahrzehnt hat seine ganz eigenen und auf die Geschlechter verteilten Narrative – abhängig von der Lebensform und dicht verwoben mit Stereotypen. Ich bin 37 Jahre alt, heterosexuelle Cis-Frau, selbstständig, Single und kinderlos, lebte die letzten zwei Jahre als Freelancerin ohne eigene Wohnung und habe einen Hund. Ich kann dir sagen: Jackpot! Meine Lebensumstände sind ziemlich weit weg von den Erwartungen, die die Gesellschaft an Frauen mit Mitte 30 stellt. Und dass das voll ok ist, musste ich erst lernen. Denn es gibt einige Erzählungen, die uns etwas anderes suggerieren.

Aber beginnen wir mal ganz easy: Was genau ist ein Narrativ? „Als Narrativ wird seit den 1990er Jahren eine sinnstiftende Erzählung bezeichnet, die Einfluss hat auf die Art, wie die Umwelt wahrgenommen wird. Es transportiert Werte und Emotionen […].“[2] So weit, so gut. Wenn diese Narrative aber problematische Geschlechterrollen transportieren und einen Druck auf Menschen erzeugen, ihr Leben in bestimmte, von der Gesellschaft akzeptierte Bahnen lenken zu müssen, ist es gar nicht mehr gut. Genau das ist in Bezug auf weiblich gelesene Menschen, in diesem Buch übergreifend als „Frau“ bezeichnet, oft der Fall. Alte Jungfer, Karrierefrau, Cougar, Working Mum, MILF, Vollblutmama, Heimchen am Herd – die gezeichneten Stereotype rund um Frauen und ihre Lebensentwürfe und die entsprechenden Schubladen sind mannigfaltig. Wie erdrückend und toxisch Narrative sein können, ist mir allerdings erst wirklich in meinen 30ern aufgefallen. Gemeinhin (die übergroße Geschichte in dieser Altersspanne) sind die 30er dafür bekannt, wirklich erwachsen zu werden, wichtige Entscheidungen zu treffen, das Leben aus jugendlichem Leichtsinn hin zu cleveren Fundamenten zu lenken. Karriere, Familiengründung, Hochzeiten, Eigentum und Vergleiche. Als Frau ist dein Beziehungsstatus plötzlich extrem relevant und imaginär baumelt die biologische Uhr ununterbrochen über dir – zumindest in den Augen der anderen. Denn das gehört fest zum Narrativ: „Frauen ab 30 wollen Kinder.“ Bekommen wir die, treten wir schnell ins „Muddi-Land“ ein – auch da lassen natürlich übergriffige, giftige Erwartungen von außen nicht lange auf sich warten. Bleiben wir erst einmal oder generell kinderlos, vielleicht sogar Single, beginnen die Narrative rund um „Alte Jungfer“, „Crazy Cat Lady“ oder „karrieregeile Egoistin“ Fahrt aufzunehmen – garniert mit der Botschaft, dass der Lack auch langsam beginnen würde, abzublättern. Auweia, ich hatte ja vorher keine Ahnung, wie einengend all diese schlimmen Erzählungen über Frauen sein können und wie gezielt die Zeit als Endgegner gegen groß träumende Frauen eingesetzt wird! Die Zeit, die dir als Frau bleibt, bis deine Schönheit angeblich verblüht. Und damit auch „deine Währung futsch ist". Hast du bis dahin keinen Typen, „landest du nach und nach auf dem Abstellgleis der Gesellschaft". (Na, wer hat nicht schon einmal eingeredet bekommen, nach der bösen 40 werde es schwierig?) Wenn du bis dahin keine Karriere hattest, könnest du es auch knicken – „Spätestens mit 50 wirst du eh unsichtbar sein", so lautet die Geschichte, die uns mal voll vor den Latz geknallt, mal subtil gestreut wird. Ob als schmieriger Kommentar mal eben so, als Storyline in Filmen, in der Werbeindustrie oder an Familientischen.

Ich möchte aber diesen Stories nicht mehr zuhören und sie erst recht nicht mehr glauben! Denn worum es dabei geht: Diese Angst, dass die Zeit knapp werde, wird mit Erwartungshaltungen und Narrativen bewusst in uns Frauen geschürt. Und ich möchte darüber sprechen, was das mit mir gemacht hat. Was kann passieren, wenn diese Narrative so groß werden, dass die eigene Vision fürs Erwachsenwerden keinen Raum mehr findet?

All das entspricht natürlich meiner persönlichen Sicht auf die gesellschaftlichen Erwartungen, Lebensentwürfe, Liebe, Dating und so weiter. Die Sicht einer heterosexuellen, weißen Cis-Frau ohne Behinderung aus deutscher Mittelschicht. Alles in allem also privilegiert. Ich bin nicht von Queerfeindlichkeit, Rassismus, Antisemitismus oder Ableismus betroffen. Wenn ich aber schon mit meiner Perspektive merke, wie enge Gefüge und gesellschaftliche Normen zu einem zermürbenden Etwas anwachsen können, kann ich mir nur vage vorstellen, wie es Menschen ergehen muss, die diese Privilegien nicht besitzen und tagtäglich intersektionaler Diskriminierung (einer Benachteiligung in verschiedenen Bereichen) ausgesetzt sind.

Wenn ich von Frauen schreibe, bedeutet das nicht, dass dies für alle Personen gleichermaßen gilt. Nicht alle Frauen haben diese – meine – Erfahrungen gemacht. Die Lebensrealitäten von FLINTA (Frauen, Lesben, intersexuelle, nicht-binäre, trans und agender Menschen) sind ganz unterschiedlich und stehen in direktem Zusammenhang mit Geschlechtsidentität, sozialer und ethnischer Herkunft oder sexueller Orientierung. Ebenso unterschiedlich ausgeprägt sind Benachteiligungen und Ausgrenzungsmechanismen. Dennoch glaube ich, dass viele Frauen unter den heteronormativen Vorstellungen und Erwartungen rund ums Frausein leiden. Vorstellungen, die eng verbunden sind mit den konstruierten Männlich-weiblich-Zuweisungen und mit einem Ungleichgewicht zwischen Männlichem und Weiblichem. Denn wenn zwei das Gleiche tun, ist das noch lange nicht gleichwertig. Und das ist richtig scheiße! Daher ist es aus jeder Perspektive wichtig, auf Missstände aufmerksam zu machen, die Stimme zu erheben und zu sagen: „Fuck off!" Und ich tue das in Bezug auf heteronormative Vorstellungen zum Frausein und die damit verbundenen gesellschaftlichen Erwartungen, „das Leben erfolgreich auf die Reihe zu kriegen".

Warum? Ich habe selbst erfahren, wie sehr die Erwartungshaltung mit meinem 30. Geburtstag plötzlich gestiegen ist: Das bringt das Frausein oft mit sich. Und mit dabei eine ganze Menge Benachteiligungen und Ungleichbetrachtungen. Die Blaupause über beruflichen Erfolg, Ehemannfindung und Kinderwunsch schob sich über mein Leben. Immer wieder versuchte ich, sie wegzudrücken, weil es nicht passen wollte, ich ganz anderes zu diesem Zeitpunkt im Sinn hatte. Die Diskrepanz zwischen dem, was mir Spaß machte und den Erwartungen, die sich irgendwie nicht abschütteln ließen, klaffte groß. Ich wollte so im Hier und Jetzt sein, aber im Hinterstübchen wuselten giftige Gedanken wie kleine zischende Nattern. „Du musst dich beeilen, sonst kommst du nicht an!" Dachte ich erst, ich sei offen und easygoing, musste ich erkennen, dass auch ich geprägt war von diesen Narrativen. Von einer Vorstellung, was eine*n erfolgreiche*n Erwachsene*n 30+ ausmacht. Insbesondere, was der richtige Weg für Frauen 30+ sein soll. Der Abgleich mit meiner Lebensrealität hat mich oft als Versagerin fühlen, mich wütend oder perspektivlos werden lassen. Je nach Tagesverfassung. Ich habe gespürt und tue das auch immer noch hin und wieder, wie sehr der Druck belasten kann, sich in etwas reingezwängt zu fühlen, weil es gesellschaftlich etabliert ist – aber eigentlich gar nicht bereit dafür zu sein, privat wie beruflich. Darüber bin ich mir selbst verloren gegangen. Die verinnerlichten Überzeugungen zum Frausein und zum Erwachsenwerden schnürten mir die Luft und auch die Vision für mein Leben ab. Ich kann für mich sagen: Dieser Druck, mich mit allem beeilen zu müssen, mich ständig gehetzt zu fühlen, hat meine ohnehin vorhandene Angststörung zu einem bestimmten Zeitpunkt in meinem Leben massiv verstärkt. Wieso und wie, verrate ich dir im ersten Teil dieses Buches. Fest steht: Ich musste lernen, wieder ein Gefühl für mich zu bekommen. Wer war ich nun mit 33? Nicht mehr ganz jung, aber auch nicht alt. Zu Käsekuchen und Kaffee gesellte sich plötzlich die Frage nach Social Freezing (also mir Eizellen entnehmen zu lassen und einzufrieren – auf Halde sozusagen, falls ich später nicht mehr genug haben sollte für meinen eventuellen Kinderwunsch), mit besorgniserregenden Mienen vermittelte man mir, dass ich mich ranhalten müsse beim Daten, ich würde schließlich auch nicht jünger und attraktiver. In diesen Aussagen ist so unfassbar viel Toxisches enthalten.

Dass ich mich gerade selbstständig machte, war offenbar kaum der Rede wert damals und ging neben der Tatsache unter, dass ich „noch immer" in einer WG wohnte und mein Lebensstil „nicht wirklich meinem Alter entsprach" – so bekam ich es nicht selten gespiegelt. Neben einer Handvoll Menschen in meinem Leben, die einen ähnlichen Lifestyle lebten wie ich, beobachtete ich im Umfeld einen Shift zu Mein-Haus-mein-Auto in Gestalt von Beförderungen, Hochzeiten, Geburten und Umzügen in familienfreundliche Gegenden. Totaler Gegenentwurf zu meinem Leben – in allen Bereichen. Für mich war das an sich kein Problem. Aber ich realisierte, dass meine Lebensumstände immer häufiger besorgt beäugt wurden. Und meine innere Kritikerin das dann übernahm: kein Mann, kein Kind, keine fette Beförderung mit richtig Kohle-Dingeling. Dafür eine gute Portion Idealismus für meine Selbstverwirklichung. Eigentlich voll gut, wären da nicht die tiefsitzenden Geschichten über das große gesellschaftliche Regelwerk, die ich unterbewusst sehr verinnerlicht hatte.

Zu stark ist die Prägung gewesen, die wir von Kindesbeinen an beigebracht bekamen: Ein gutes erwachsenes Leben würde sich durch Meilensteine auszeichnen. Klar vorgegebene Lebensstufen wie das Vater-Mutter-Kind-Werden, Karriere machen und Eigentum anschaffen, Garten besitzen. So wie es uns – in vielen Fällen – unsere Eltern vorgelebt haben. Diese Generation, die sogenannten „Babyboomer“[3], gab eben Vollgas.

Und wenn du das ab einem gewissen Alter nicht vorweisen kannst, kann's schon mal schwierig werden. „Sonderling“ oder „Will nicht erwachsen werden“ sind noch die netteren Stempel, die dann gerne aufgedrückt werden. Bist du weiblicher Single, wird die Sachlage direkt unschöner. „Übriggeblieben“, „Kriegt keinen ab“ – da wird der Ton gleich rauer. Single, Mitte 30, kinderlos, weiblich – für viele Menschen gleicht das einem Worst-Case-Szenario in puncto Lebensentwurf. Uff. Denn die Frau findet angeblich nur im Kümmern, Umsorgen und in ihrem Dasein als Objekt männlicher Begierde ihre Erfüllung. „Eine kinderlose Singlefrau kann das nicht ausleben – ohne Mann und Nachwuchs. Also muss sie traurig und bedauernswert sein.“ So wird es nicht selten erzählt.[4]

Ja, mittlerweile wissen wir, dass das völliger Quatsch ist. Aber warum fällt es manchen von uns so schwer, sich von solchem Mist nicht treffen zu lassen? Mir ging es da ganz genauso, ich wusste es eigentlich besser und dennoch fiel es mir schwer, mich davon zu lösen – und fällt es mir immer noch ab und an. Mich einfach der Erzählweise zu widersetzen, mir den Schuh nicht anzuziehen. In der Praxis ist es eben oft schwerer als in der Theorie. Plötzlich realisierte ich nämlich: „Alter Falter, mein Leben ist dieses beschissen gezeichnete Worst-Case-Szenario für viele. – Wann bitte ist das denn passiert?" Und dieser Schock hatte mich eine Zeit lang mehr im Griff, als es mein Kopf zu sortieren vermochte.

Dabei habe ich immer mehr ein Vorbildbedürfnis gespürt. Ich war plötzlich getrieben vom Alter, habe inspirierende Frauen aus der Öffentlichkeit sofort *gegoogelt*, um zu erfahren, wie alt sie sind, wie sie so leben, wie ihr Weg aussieht. Was ich mir wünschte: Frauen, die zeigen, dass die 30er für so vieles da sind, und das gilt nicht nur von 30 bis 34. Aus diesem Grund wollte ich das Buch schreiben, das ich selbst gerne gelesen hätte, um mich besser von Zeitfenstern, Erwartungen und sonstigem Bullshit lösen zu können. Denn: Die 30er sind tough, aber auch geil, herausfordernd und beflügelnd, wenn man auf der wilden Reise bei sich bleibt und nicht den Traum von anderen lebt oder sich von Mangelgedanken auffressen lässt.

Klingt cool, ist aber in der Realität gar nicht mal so easy

Denn es ist doch leider so: Wir werden mit viel zu vielen Rollenklischees über kinderlose Singlefrauen in ihren

30ern in Filmen, Serien, Social Media und dem wahren Leben überschüttet. Wenn du selbst Mitte 30 bist, kann das ganz schön an die Substanz gehen und es kostet so verdammt viel Kraft, das immer abprallen zu lassen und bei dir selbst und deinem Weg zu bleiben.

Mir fällt da direkt ein passendes Beispiel ein: Irgendwo zwischen neuen Ideen für meine Selbstständigkeit und mentaler Auslastung, den Lockdown zu handeln und mich mit Angststörung plötzlich in einer Pandemie wiederzufinden, versuchte ich, mir mit einer Ladung *Netflix* am Abend bissl was Gutes zu tun und mal nicht Gedankenkarussell zu fahren. Eigentlich also relativ beseelt, weil *netflixsche* Vorfreude mich erfüllte, machte es sinnbildlich „Wumms“ und ich bekam auf dem Bildschirm wieder mal eine stereotype Darstellung von Singlefrauen über 30 präsentiert: kinderlos, mit dem Hinweis, möglichst jetzt bald schwanger zu werden, sonst Ciao. Wieder uff. Die Gondeln meines Gedankenkarussells wollten sich gerade schon wieder in Bewegung setzen – ich konnte sie aber coolerweise selbst stoppen, indem ich mir immerhin sagte: „Was für eine einfältige Erzählweise.“

Überall lauert aber auch die „Mach-mal-hinne-Belehrung“ für Frauen. Mich langweilt es mittlerweile so, und ja, an manchen Tagen verletzt es mich auch. Können wir das nicht langsam besser? Können wir nicht auch mal Geschichten von Frauen erzählen, die in ihren 30ern eine Pubertät erleben, die sich so viel besser kennenlernen und eine Reise zu sich selbst wagen, ohne eine „Eat-Pray-Love“-Nummer daraus zu machen? Mir ist dabei schon klar, dass es biologische Grenzen gibt, wenn man Kinder bekommen möchte. Aber mich nervt es, mit denen schon ab Anfang 30 (teils auch früher) konsequent konfrontiert zu werden. Und die mit Mitte 30 zu einem mahnenden Appell anwachsen, weil man davon ausgeht, jede Frau wolle Kinder und könne Kinder bekommen, wenn sie jung genug sei. Mich stresst es, in jeder noch so seichten Serie oder RomCom all das thematisiert zu sehen, über Social Media Anzeigen zu Fruchtbarkeitstests ausgespielt und ständig weiter Druck im Außen gemacht zu bekommen. Vor allem: meine Weiblichkeit darüber definiert zu bekommen, da die heterosexuellen Denke, die so erschreckend festgefahren ist, Frau gleich Mutter meint. Und es bleibt ja nicht bei dem Thema Beziehung und Kinder. In den 30ern ist auch ein Run auf Status und auf Karrierehochs zu spüren. Und wichtig: Ankommen steht ganz oben auf der Agenda. Aber wo denn eigentlich? Und ist nicht für manche auch der Weg das Ziel?

Ich kann erahnen: In den 40ern wird es nicht anders. Auch da gibt es Geschichten und Narrative über das gute Leben, zu denen sich der Großteil der Gesellschaft glückselig und rückversichernd zuprostet. Deswegen tappe ich manchmal in die Falle, mich zu fragen, ob ich falsch abgebogen bin, ob ich falsche Entscheidungen getroffen habe und mit 32 Vollgas auf Partnersuche und Nestbau hätte geben sollen, obwohl mir danach überhaupt nicht war. Hätte ich mir einen Job auf Unternehmensseite suchen sollen, um sicher viel Geld zu verdienen? Dann gewinnt der Brainfuck. Und es kostet mich manchmal Kraft, mich wieder aufzupäppeln und mich daran zu erinnern, dass es mein Leben ist, dass ich es in meinem Tempo mache, wie ich mich bereit für Dinge und Entscheidungen fühle, und so, wie es mir möglich ist. Und dazu gehört natürlich auch, mit dem Risiko zu leben, dass ich Dinge verpassen könnte. Denn auch das wird in der Storyline übers Erwachsenwerden oft ignoriert: Manchmal haben wir keinen Einfluss darauf, ob das, was wir uns wünschen, auch geschieht. Es ist elementar, mir selbst einen „friendly reminder" zu schicken: Es ergibt schon Sinn, dass mein Leben bisher so verlaufen ist, wie es ist. Dass es voll ok ist, jetzt erst mit dem Gedanken warm zu werden, eventuell ein Kind zu bekommen. Dass ich den Begriff Familie selbst definieren möchte. Und dass ein Leben richtig supergut sein kann – mit Kindern oder ohne Kinder. Dass es voll klargeht, sich „erst" mit 33 selbstständig zu machen. All diese negative Scheiße, die man über die ausgehenden Chancen von Frauen ab 35 verzapft, raubt mir manchmal Energie und vergiftet mich von innen. Was das alles im Einzelnen so ist, schauen wir uns im zweiten Teil des Buches etwas genauer an. Denn nur, wenn wir die Geschichten, die uns als Mustervorlage für ein gelungenes Leben verkauft werden, durchblicken und ihre misogynen Anteile entlarven, können wir uns auch wirklich freistrampeln.

Her mit den Vorbildern

Feststeht: Viel mehr als dieses ganze stereotype Geschwafel und die ständigen Bewertungen brauchen wir coole Leitbilder, die ähnlich ticken und die beweisen: Ey, entspannt euch. Jede wie sie und jeder wie er will. Es ist genug Zeit da und nicht jede*r muss die klassische Kernfamilie mit Anfang 30 gründen, um ein friedliches Leben zu haben. Eine Garantie gibt es sowieso nie. Und Sicherheit auch nicht, egal in welchem Lebensentwurf. Ich wünsche mir noch mehr Frauen, die ihre Autonomie wirklich leben und abweichende Wege gehen und die gängigen Vorstellungen etwas durchlüften. Frauen, die sagen: „Wir haben erst einmal spannende andere Dinge gemacht und nun festgestellt, dass ein Kind doch toll wäre." Frauen, die ein Gegenbeispiel zur hochgehangenen, angeblich verminderten Fruchtbarkeit ab 35 aufzeigen. Oder aber die sagen: „Nö, Familiengründung ist generell nicht mein Ding und das ist verdammt ok so." Die sich ihren Traum von whatever erfüllt haben. Frauen, die nicht Mutter werden wollen, aber auch keinen Bock auf fette Karriere haben, wie es so oft gezeichnet wird, sondern die einfach Lust auf ein tolles, entspanntes Leben nach ganz eigenen Regeln haben. Frauen, die sich flexibel in Abenteuer schmeißen und sich von Alterszahlen nichts sagen lassen. Frauen, die mir Mut machen, dass sich das Leben entfalten kann – mit eigenen Regeln und ohne Wettrennen. Frauen, die mich mit ihren Geschichten inspirieren. Geschichten, die nicht immer frei gewählt sein mögen, in der Frauen aber dennoch ihren Weg darin erkennen. All das gibt Zuversicht. Und die brauchen wir alle.

Bei all dem dürfen wir eines nicht vergessen: Es gibt so viele Gründe, warum Frauen keine Kinder bekommen – weil sie nicht wollen, nicht die passende Lebenssituation haben oder auch, weil sie es nicht können. Keep in mind! Daher ist meiner Meinung nach die Geschichte der „gebrochenen kinderlosen Frau“ mehr als toxisch und ich finde inspirierende Frauen so wichtig, die sich ohne Kind und Mann nicht im Mangel sehen. Dabei will ich das Familienmodell gar nicht schlecht machen, das kann ganz wunderbar erfüllend und vollstes Wow sein. Ich wünsche mir nur die Freiheit, ebenso wenig in Rollenklischees gepresst zu werden, wenn ich es anders machen möchte. Und genau dafür wünsche ich mir mehr Vorbilder, die zeigen, wie geil und gleichermaßen feierwürdig es ist, sich Anfang 30 selbstständig zu machen, sich eine eigene Wohnung zu kaufen oder komplett nichts auf den Eigentumsdruck zu geben und stattdessen auf Weltreise zu gehen, mit Mitte 30 ein Buch zu schreiben, mit ganz simplen Dingen happy zu sein oder alte Denkmuster aufzulösen, die einen daran gehindert haben, sich Träume zu erfüllen. Vorbilder, die mit 40 oder später erst Bock auf die Big Love haben oder diese dann erst finden oder, oder, oder. Frauen, die ihre eigenen Parameter fürs Glück definieren und nicht bloß nachzählen, wie viele Häkchen sie auf ihrer genormten Checkliste setzen können. Wenn wir das alles gleichermaßen feiern wie Babys und Hochzeiten, wenn es mehr Filme und Serien über Singlefrauen ohne Dauertränen und Rotweingelage gibt und wenn mehr Frauen zeigen, dass die 30er so sehr voller vielfältiger Möglichkeiten sind, wenn auch mehr Frauen ab Mitte 30 sagen: „Lasst euch nicht einreden, es geht jetzt Richtung Unfuckable-Land!“ – dann, ja dann ist die Welt wieder ein bisschen besser.

Es kann wunderbar sein, dem Leben Raum zu lassen und auch einfach mal zu passieren. Ohne strikten Plan und krasse Erwartungshaltung. Leben heißt auch, mit dem zu sein, was gerade ist, statt nur Ziele und nicht den Weg zu sehen. Das kann manchmal toll sein, mal spannend und beängstigend zugleich und mal traurig – aber das ist echt. Und daran wachsen wir. Dabei tut es uns gut, auch mal gedanklich aus der viel gepriesenen „You can have it all"-Thematik auszusteigen; ein anderes Extrem, das Druck machen kann. Denn alles haben zu wollen, braucht Ressourcen verschiedenster Art. Und die sind nicht in jeder Lebensrealität zu gleichen Teilen vorhanden. Lasst uns vielmehr auch das Unprätentiöse, die leisen Töne, das Mittelglück wertschätzen.

Welche Fügungen sich dadurch bei mir so ergeben haben, die ich für mich früher nie auf dem Schirm hatte, darum wird es im Kapitel „Vom Auflösen & Zusammensetzen" gehen. Und natürlich ebenso darum, dass die Findung des eigenen Weges auch etwas mit Selbstmitgefühl zu tun hat und nie linear verläuft, sondern Fallstricke und Rückschritte all inclusive sind, denn so viel sei gesagt: Vieles holt mich auch immer wieder ein. Ein paar Beweise dazu liefere ich dir im Teil übers Wellenreiten. Last but not least teile ich zum Schluss noch einige Learnings, die mich immer wieder bestärken und mir helfen, die Perspektive zu wechseln und ziemlich viel im Leben ziemlich gut zu finden – und mich von Bewertungen und Erwartungen zu lösen. Surprise: Eine süße Hundegeschichte gibt es auch noch. Was die mit alledem zu tun hat? Nun ja, lies selbst!

Und damit wir etwas gegen den Vorbildmangel unternehmen, findest du in diesem Buch außerdem noch

Real Talk von einigen Frauen, die mir schon oft weitergeholfen haben mit ihrer Sicht aufs Leben. Frauen, die nicht nach den gesellschaftlich erwarteten Lebensstufen leben, dafür viel mehr „ihr Ding“ gefunden haben. Wie, wo, was erzählen sie uns in knackigen Interviews im letzten Teil des Buches.

Was dieses Buch nicht möchte und möchte

Dieses Buch ist keine empowernde Anleitung, Single zu sein oder irgendwie gegen den Strom zu schwimmen und gegen Hochzeit und Familie und Häuser und whatever zu wettern. Ich möchte mit diesem Buch nichts bashen – ganz im Gegenteil. Vielleicht bin ich irgendwann selbst doch verheiratet, vielleicht Mutter. Vielleicht auch nicht. Was ich aber ganz sicher will: die Freiheit haben, Dinge für mein eigenes Leben in Frage zu stellen, ohne mir direkt nachsagen zu lassen, ich tue dies nur, weil ich frustriert sei. Es geht null darum, einen Lebensentwurf über den anderen zu stellen. Es geht darum, dass wir unseren Geist für Buntes öffnen, für jegliche tollkühne Lebenswandel. Ich wünsche mir, dass Lebensentwürfe aufhören, sich aneinander abzuarbeiten. Und dass wir nicht nach „Das macht man eben so“ leben, sondern danach, was wirklich zu uns passt. Und auch danach, welche Möglichkeiten wir haben oder auch nicht – und wir das auch zu akzeptieren lernen, ohne ständig von außen als glücklos gezeichnet zu werden. Weniger „besser als“, mehr „hat alles Vor- und Nachteile“ und Raum fürs eigene Erwachsenwerden und fürs Leben-Schaukeln. Ich möchte ein bisschen Deep Talk über „You do you“ mit dir halten, indem ich dir auch ein bisschen was von meiner Reise erzähle. Um uns allen etwas den Druck zu nehmen, der uns wichtige, großartige Erfahrungen verpassen lässt, weil wir nur den Meilensteinen hinterherrennen. Und wenn wir diese Meilensteine nicht erreichen, sind wir vielleicht traurig – und on top macht uns dann die Erzählung vom vermeintlichen Versagen zu schaffen. Das ist doch ein bisschen viel, oder? Daher: Lass uns wenigstens etwas gegen diese verstaubten Erzählungen unternehmen und in unseren eigenen Köpfen beginnen! Und jede Frau, die ihre Geschichte erzählt, in der sie sich aus irgendwelchen Erwartungen befreit, hilft mit ihrer Sichtbarkeit auch anderen Frauen. Der „Ja, genau so geht es mir auch"-Effekt, der kann was. Weil wir so alle merken: Wir sind nicht allein. Und wir können uns supporten beim Freischwimmen. Mit Offenheit, Neugier und Toleranz. Ohne Bashing, Ellenbogen, Ignoranz und Bewertung, ohne Konkurrenz und Herabsetzung.

Wie es die Politologin und Aktivistin gegen Diskriminierung Dr. Emilia Roig treffend formuliert: „Grundsätzlich kann man schon sagen, dass unsere Gesellschaft, so wie sie ist, den traditionellen Lebensentwurf belohnt. Den der Ehe und den der Heterosexualität. Und wenn du nicht dazugehörst, bekommst du das auf vielen Ebenen zu spüren."[5] Das ist ein Fehler im System. Und deswegen braucht es immer wieder Stimmen, die sagen: Lasst uns doch mal größer denken! Im schlimmsten Fall bedeutet das mehr Freiheit für alle. Aber nie und nimmer schränkt es die Möglichkeiten der Menschen ein, die den klassischen Weg gehen möchten. Warum also weiter auf nur einen Weg pochen, auf nur eine Wahrheit und allen Abweichungen einen Mief von Versagen anheften? (Weil das etwas mit der vom Patriarchat konstruierten Weiblichkeit zu tun hat. Kleiner Teaser, gucken wir uns später nochmal genauer an.)

Alles in allem: Dieses Buch möchte als Manifest fürs eigene Timing und für eigene Entscheidungen einen kleinen Teil dazu beitragen, die Vielfältigkeit von Lebensentwürfen und eigenen Zeitfenstern zu feiern – mit meiner Story über meine von mir so betitelten Schiebebrückenjahre (meine Lebensphase ab 30, in der es manchmal echt geruckelt hat beim Reinwachsen in einen neuen Lebensabschnitt), mit interessanten Facts und Zusammenhängen und mit Antworten von tollen Frauen, die spannende Leben leben; ganz erfrischend unterschiedlich. Wir erinnern uns: Vorbildmangel und so – ich habe da ein paar prächtige Inspirationen zusammengesucht. Also, let's go!

Vom Verlorengehen

Ciao Kakao – Warum ich mit Anfang 30 in eine mentale Krise stürzte

2018

Wie eine von jetzt auf gleich zum Leben erwachte Puppe reiße ich die Augen auf mit starrem Blick, mein Körper ist wach, aber meine Seele hängt noch ein bisschen nach. Bruchteile von Sekunden nur. Die reichen aus, um eine Gedankensequenz durch meinen Kopf fahren zu lassen, die mir nur schlimme Dinge zeigt, während ich schutzlos da liege. Es ist dieser Zwischenzustand aus Schlaf und Wachsein, der es in sich hat. In diesem Minislot ist mein System noch nicht so hochgefahren, dass ich erwachsen meine Gedanken steuern kann, zu schläfrig und träge ist die Kommandozentrale im Kopf. Aber wach genug, um zu begreifen, dass ich auch nicht träume. Und da schießen die Gedanken als listige Angreifer besonders perfide ein. Während ich versuche, mich zu sortieren, wummert mein Herz wild und heftig. Die Angst hockt auf meiner Brust und drangsaliert mich mit Zukunftskatastrophen. Darüber, dass es nirgends Sicherheit gäbe. Darüber, dass im Leben alles zu Ende ginge. Darüber, dass ich Angst vor der Angst hätte. Ich möchte tief einatmen, aber ich kann es nicht. Egal, wie ich nach Luft schnappe, es fühlt sich an, als käme nie genügend Sauerstoff in der Lunge an. Eine bedrohliche Kälte hat mich im Klammergriff, verleibt sich alles Warme ein und lässt Leere und schummrige Gefühle zurück. Am Abend zuvor war ich unterwegs, hatte etwas getrunken, die eine oder andere Zigarette geraucht. Sonst setzte mir das – bis auf den klassischen Kater – nicht sonderlich zu. Im Gegenteil: Feiern bis morgens und mich durch die Straßen der Stadt spülen zu lassen, war genau mein Ding für eine lange Zeit. Ich liebe diese Abende, die entspannt beginnen und hintenraus absurd unvernünftig enden und man morgens mit fremden Menschen auf einem Balkon sitzt und zwischen Deep Talk und absolutem Unsinn hin und her flitscht. Frei und berauscht von den Möglichkeiten und der Gewissheit, wieder eine schöne Erinnerung geschaffen zu haben. Aber an einem Morgen wie diesem merke ich, dass irgendetwas anders ist. Das Gemüt ist grau, dumpf. Alles ist anstrengend. Das Gedankenkarussell dreht Runde für Runde in voller Action: Ein Mischmasch aus Gedanken darüber, wie alt ich jetzt bin, wie alt meine Eltern sind, wie alt Menschen mittlerweile so werden. Ein Rumgerechne im Kopf, was das für meinen Lebensverlauf bedeutet. Wo geht's eigentlich im nächsten Schritt für mich hin, während um mich herum viele Freund*innen mit Partner*innen zusammenziehen, andere Wege einschlagen, weniger ausgehen, weniger Zeit haben? Gleichzeitig bedrückt mich das Gefühl, nicht weiterzukommen, wie in Treibsand zu stecken, mit meinem Leben zu langsam zu sein. Es ist 2018, ich liege in meinem Bett in meiner vertrauten Wohngemeinschaft mit einer meiner besten Freundinnen. In meinem ach so vertrauten Köln. Und doch ist alles beunruhigend unvertraut. Ziemlich schnell blieb es nicht mehr bei moody Morgen, sondern ich bemerkte eine kolossale Veränderung in mir. Ich fand mich immer häufiger ziellos auf der Straße laufend wieder, gegen die innere Unruhe anrennend, vielleicht war ich ja schneller. War ich aber nie. Ich fand keine Entspannung mehr, mein Nervensystem war dauerüberreizt und ich verharrte in permanenter Lauerstellung. Was war los mit mir? Ich hatte plötzlich wahnsinnige Angst vor der Zukunft, Angst vor Verlusten, Angst vor Einsamkeit, Angst vor Verpasstem, Angst vorm Übrigbleiben.

Generell fühlte ich mich mental ziemlich in die Enge getrieben, wusste nicht mehr, wer ich überhaupt war. Ich sah mich in einem schwarzen Loch sitzen, aus dem ich versuchte, hochzukrabbeln, aber die Wände waren zu rutschig. Jede Straße von Köln glich plötzlich diesen dunklen, glitschigen Wänden. Straßen, die mal voller Wärme und Lebensfreude für mich schienen. In einer Zeit, als Freund*innen so sehr Ersatzfamilie in der Stadt waren, dass ich mich lange herrlich geborgen in der wohligen Komfortzone gefühlt habe. Mit Wohnungen, die Lebensmittelpunkte für eine ganze Freundesbande waren. *Friends* lässt grüßen. Aber das Leben ist ein Fluss aus Veränderungen, schönen wie „geht so"-schönen. Sie sind nötig, damit wir uns weiterentwickeln. Dann verläuft es eben häufig auch so, dass sich selbst die engste Chosen Family auf den Weg macht, um etwas zu verändern. Und das bedeutet oft auch unwillkürlich, dass sich etwas im Freundschaftsalltag verändert. Der Job, das Leben und alles nimmt plötzlich mehr Zeit in Anspruch. Zeit, die wir anders aufteilen müssen als beispielsweise im Studium. Dinge werden unwichtiger, Prioritäten verschieben sich. Und ja, das ist Weiterentwicklung. Dennoch dürfen wir darüber auch traurig sein, denn einen Alltag und ein Lebensgefühl loszulassen, das tut weh, es zeigt uns Vergänglichkeit – und das müssen wir meistens auch erst einmal lernen.

In meinem Fall ging es aber über eine Traurigkeit hinaus. Es kamen viele Dinge ungut zusammen, die mich in eine tiefe mentale Krise stürzten. Erstmals im Leben blitzte immer wieder ein Gefühl von Einsamkeit auf. So ganz tief drinnen. Ein Abgetrenntsein vom gemeinsamen Alltag mit meinen besten Freund*innen, wo vorher noch so viel Connection und Sicherheit war.

Und du fragst dich jetzt vielleicht: Was aber hat das mit toxischen Narrativen zu tun? Eine ganze Menge, was ich erst wirklich in der Retrospektive begriffen habe. Zuerst sah ich den Auslöser für meine psychischen Probleme ausschließlich in der Vergangenheit. Und in dem Umstand, dass sich plötzlich sehr viel zur gleichen Zeit in meinem Leben verändert hatte. In der Therapie kam ich dem Problem zum ersten Mal auf die Schliche: Angststörung. Der Ausbruch solcher Störungen ist oft ein Gemisch aus verschiedenen Faktoren. So wie bei mir: Eine genetische Veranlagung spielt mit rein. Das allein bedeutet aber noch nicht, dass man auch wirklich mentale Probleme entwickelt. Fordernde Geschehnisse und Schicksalsschläge können allerdings dazu beitragen. Als ich 19 Jahre alt war, ist mein Partner tragischerweise tödlich verunglückt. Dieser schreckliche Verlust machte etwas mit mir. Er schleuste unter anderem eine Angst in mein Inneres, die mich mein restliches Leben begleiten wird. Nach meiner ersten Therapie und langer Trauerarbeit kam ich eigentlich okay durch meine 20er. Natürlich waren bereits Narben deutlich zu spüren und ich verhielt mich ängstlicher und vorsichtiger in vielen Dingen als die Menschen, die so etwas nicht erlebt hatten. Mit Anfang 30 verrutschte dann aber etwas in mir. Der 20er-Lebensabschnitt, der voller Ablenkung und neuer Abenteuer wie Studium, Jobeinstieg und so weiter gewesen ist, war irgendwie vorüber. Es war plötzlich so viel Ich da und so wenig Ablenkung im Außen. In meinem Leben hatte sich ein Gefühl von einem Zu-Ende-Gehen eingeschlichen. Viele gründeten plötzlich Familien, Freundschaften änderten sich, ich hatte meinen Job gekündigt, mein Hund starb unerwartet und es war klar, dass sich auch meine Wohnsituation unfreiwillig ändern würde – mein Zuhause brach plötzlich weg und ich hatte keine Ahnung, wo ich ein neues finden sollte. Meine Ängste und Panikattacken waren zu diesem Zeitpunkt so unberechenbar, dass die bloße Vorstellung, allein zu wohnen, mich fertig bis ohnmächtig machte. Einiges passierte im Außen und ich hatte gefühlt keine Kontrolle mehr. Ich betrauerte auf verschiedenen Ebenen Verluste und malte Schreckensvisionen in die Zukunft. Aber im Austausch gab es keine Vision, wie es für mich weitergehen sollte. Ich war Single, hatte mich gerade selbstständig gemacht und noch keine wirklichen Aufträge. Also null Kohle, dafür aber jede Menge To-dos wie Aufträge und ein neues Zuhause finden und keinen Fahrplan. Außerdem jede Menge Schiss vor all der Unsicherheit und dem Gefühl, mein Leben nicht richtig unter Kontrolle zu haben. Da gingen plötzlich richtig die inneren Lichter aus und ich versank im Strudel aus Dunkelheit und dauerndem Engegefühl im Hals und in der Brust. Ich merkte, wie einiges aus der Vergangenheit an die Oberfläche wollte. Schmerz, den ich scheinbar doch noch nicht richtig verarbeitet hatte. Ängste, die übermächtig wurden und mich sehr veränderten. Es folgten Panikattacken in den absurdesten Situationen. Morgen, an denen ich nicht aufstehen konnte, Gedankenschleifen zur Vergänglichkeit, zum Versagen und zum Tod. Entweder war ich panisch und rastlos wie ein gehetztes Tier oder antriebslos traurig. Erst da zeigte sich, was sich tief in mir wirklich alles durch den schmerzhaften Verlust festgesetzt hatte. Doch mittlerweile habe ich verstanden: Es ging auch noch um mehr. Denn wenn Verlustangst auf gesellschaftlichen Druck mit „Die Zeit wird knapp“-Narrativ trifft, dann knallt es richtig. Been there, done that.

Wo der Druck im Außen übermächtig wird, struggelt die mentale Gesundheit über kurz oder lang

In meinen Kopf waberte nämlich ein großer, schwerer imaginärer Katalog zur scheinbar perfekten Jugend umher, der das Erwachsenwerden für mich bebilderte: Als Kind verschrammte Knie gehabt vom vielen Draußenspielen und Fahrradfahren. Check. Als Teenager bauchfrei getragen, abstruse Piercings gestochen und mit Alkopops und Schweißbändern am Arm im Club zu *50 Cent* gefeiert. Ebenfalls Check. Studentenleben, noch mehr

Freund*innen finden, WG-Leben, romantische Flausen, innige Liebesbeziehungen, Festivals und Städtewechsel, Rucksackreisen, Liebeskummer in Rotweingelagen ertränkt, Jobeinstieg, eigenes Online-Magazin und Selbstständigkeit. Und noch so vieles mehr. Dreifachcheck. Gleiche ich das mit dem von mir gern betitelten Jugendkatalog ab, habe ich ziemlich viel von dem erlebt, was dort als Must-do aufgelistet war. (Was natürlich absoluter Bullshit ist, aber in meinem Kopf gab es einen Imperativ fürs Erleben. Nicht cool.) Blätterte ich weiter, kamen da im Anschluss Partner, Ehe, Kinder und Haus. Moment mal. Blätterte ich wieder zurück zu den Feiermädchen-Seiten und dann wieder nach vorne zu Karriere und Familienmodell, merkte ich: Dazwischen war nichts. Zumindest nichts Gutes. Keine Seiten zeigten mir Frauen in ihren 30ern im Übergang dazu oder zu ganz anderen Lebensentwürfen. Wenn überhaupt sind in meinem imaginären Katalog darunter Bilder von Versagen, Übrigbleiben und Da-stimmt-was-nicht gewesen. Erstmals im Leben hat mir plötzlich das Gefühl für einen Lebensabschnitt gefehlt. Mehr noch. Plötzlich hat mir ein Gefühl für mich selbst gefehlt und für einen Lebensentwurf, der vor mir lag.

Kindheit, Jugend, Twentysomething-Gedöns, Familiengründung und Hochzeiten – alles Schlagworte, zu denen ich sofort Assoziationen im Kopf hatte … hübsche Bilder, die Ideale zeigen. Aber weiblicher Single und Anfang/Mitte 30 – da gab es irgendwie kaum schöne Bilder. Da spuckte mein Kopf eher Fragezeichen aus. Und böse Narrative. Das war in meiner Vorstellung von einem genormten Werdegang nicht mit drin, weil es in unserer Gesellschaft oftmals noch heute nicht in den Köpfen verankert ist. Und genau darum bin ich mir selbst etwas verlorengegangen.

Der Druck wurde plötzlich immer größer. Der Druck von außen, was ich mit 34 Jahren zu tun hätte, obwohl ich mich selbst noch gar nicht bereit dazu fühlte. Übergriffige Fragen und Kommentare, dass es jetzt ja wohl mal Zeit für ein Kind wäre. Plötzlich wurde mein Wert als Frau scheinbar daran gemessen, ob ich auch meiner Aufgabe des Kindergebärens nachkäme. Und wenn nicht das, dann spürte ich dazwischen die Sorge vieler, dass ich meine Zeit aus den Augen verliere. Oder auch immer mal wieder Mitleid, mit 34 Jahren noch Single zu sein und am Anfang meiner Selbstständigkeit zu stehen. Ein Unding, was mich unfassbar wütend machte. Denn wir sind so viel mehr als das. So viel mehr als unser Beziehungsstatus, so viel mehr als Karriere-Schablonen.

Bald entwickelte ich eine Besessenheit über mein Alter, verglich mich mit Freund*innen, Bekannten, Fremden. Dabei wollte ich so sehr meine Vision für mein Leben finden, aber ich spürte nur noch mehr den Druck von engmaschigen Zeitfenstern auf meiner Brust. Zeitfenster, in die ich mit meinem Timing nicht passte. Natürlich gab es auch die Frauen in meinem Umfeld, die glücklich Single und kinderlos waren oder auch gerade nochmal was im Leben veränderten. Und klar kam es darauf an, in welcher Bubble ich mich bewegte. Dennoch konnte ich eine klare Tendenz ausmachen: Die Mehrheit ging in Richtung settlen, es folgte Meilenstein-Feierei nach Meilenstein-Feierei. Wenn auch auf unterschiedliche Art. Und nein, hier greift die Arroganz nicht, die einige in der Stadt lebende Menschen mal gerne raushängen lassen: Die Leute vom Dorf setzen auf Reihenhaus, Ehe und Kinder. Nö, das tun viele Städter*innen auch, vielleicht manchmal einen Ticken später, vielleicht Altbauwohnung statt Reihenhaus, aber die gefühlte Mehrheit tut es – so beobachtete zumindest mein früheres Ich hektisch die Sachlage und fühlte sich ziemlich lost. Eben weil ich mich noch oder generell nicht bereit für das Settle-Paket fühlte. Aber es fehlte mir eine alternative Vision.

Das heizte meinem destruktiven Teil ordentlich ein, der mehr und mehr eine miese Gleichung aufmachte: Wenn ich älter werden, nicht heiraten und keine Kinder bekommen würde, würde ich dann später vielleicht keine Familie mehr haben? Was würde aus mir werden? Einsam in der Altersarmut? Ich legte oft zum Abgleich die Blaupause drüber, was uns immer wieder suggeriert wird, wo man mit Anfang/Mitte 30 stehen sollte als Frau ... um nicht in eine unglückliche, einsame Zukunft ohne Jobchancen zu galoppieren. Und immer schnitt ich mies ab – das wollte zumindest die Stimme in meinem Kopf mich glauben machen. Das schürte in mir eine irrsinnige Angst, manchmal war ich außer Stande, etwas anderes zu denken als: „Scheiße, die Zukunftsgedanken machen mich fertig." War mir das bei der oftmals hochstilisierten 30 als magische Grenze noch voll egal, schnappte plötzlich ein paar Jahre später mit Anfang 30 die Falle der gesellschaftlichen Erwartungen zu. Zeitgleich kam auch der Druck, dass ich jetzt funktionieren müsse, weil ich mich eben gerade erst selbstständig gemacht hatte. Und dabei waren meine Kraftreserven mehr als aufgebraucht, da ich mich nicht gut um mich gekümmert hatte. Klassiker, leider. Aber so ist es nunmal: Unser Körper zeigt uns, wann Stop gedrückt werden muss, und unsere Psyche findet Wege, uns spüren zu lassen, dass etwas nicht stimmt.

Alles zusammen wurde zu einer riesigen Lawine, die mich überrollte. Wollte ich anfangs vertuschen, wie schlecht es mir eigentlich ging, kam jetzt der Punkt, an dem ich feststellte, dass ich da allein nicht mehr rauskomme. Über psychische Probleme zu sprechen, ist so wichtig! Und Scham ist absoluter Bullshit! Also habe ich mir Hilfe geholt. Bei Freund*innen und Familie, aber eben auch bei Profis. Ich habe eine Therapie gemacht und arbeitete viel an mir und mit mir. Ich lernte noch mehr, mich mit mir selbst zu beschäftigen, ohne mich hinter anderen Menschen und Beziehungen zu verstecken. Den Panikattacken und den Ängsten die Stirn zu bieten mit guten Tools wie Coaching-Übungen, Journaling und hilfreichen Ansätzen über Glaubenssätze. Ich lernte aber auch, zu akzeptieren, dass man Ängste nicht einfach verdrängen kann – sie wollen nämlich angeschaut werden. Das tat ich seitdem. Und da zeigte sich neben meiner Problematik mit Verlusten auch immer wieder, dass ich mich selbst durch die Augen der anderen problematisierte. Es machte mir große Angst, nicht ins Konzept „Leben als Erwachsene" zu passen und vielleicht niemals mein Glück zu finden. Aber ich verstand immer mehr: Es gibt nicht den einen Lebensentwurf, auch wenn viele Kinder der Babyboomer-Generation von klein auf verinnerlicht haben, dass wir uns ab Anfang 30 um Karrierehöhepunkt, Hochzeit und Kinder kümmern sollten. Und zudem begann ich, mich immer unattraktiver zu finden, mein Körper veränderte sich, ich veränderte mich. Die Erzählung, Frauen hätten ein Verfallsdatum, bestimmte zu diesem Zeitpunkt mein Selbstbild. Dabei suchte ich fast besessen nach Vorbildern mit anderen Wegen. Ich begriff nach und nach, dass vieles nur in meinem Kopf passierte – Gedanken und verinnerlichte Lebenskonzepte können schlichtweg zu einem Gefängnis werden.

Und dabei bin ich in einer sehr offenen Familie aufgewachsen. Meine Eltern haben niemals Druck auf mich ausgeübt, mich in all meinen Entscheidungen unfassbar stark unterstützt und mich bestärkt, meinen Weg zu gehen. Aber ihr Familienverständnis, was mir lange eine warme Decke gegen das Ungemütliche war, hat mich geprägt. „Blut ist dicker als Wasser“ und so. In meiner Familie wird das sehr gelebt. Das mag vielleicht auch an der Tatsache liegen, dass ich aus einer Schaustellerfamilie stamme: Bis ich 16 Jahre alt war, gehörte es für mich ganz selbstverständlich dazu, dass ich im Sommer mit meiner Familie und mit unserer Berg-und-Tal-Bahn auf verschiedenen Jahrmärkten und Kirmessen unterwegs war und wir im Wohnwagen wohnten. Ich hatte also Mama und Papa immer um mich, ich war mittendrin, immer dabei. Zudem sind meine Eltern seit Beginn an gemeinsam als Team selbstständig, das Ernährer-Modell gab es nie bei uns. Stattdessen erlebe ich meine Mutter bis heute als unangepasste Frau auf vielerlei Weisen, die zwar die klassische Familie gründete, aber in dieser immer ebenso zu gleichen Anteilen die Brötchen mitverdient. Das zusammen mit der Tatsache, dass ich den Vater nicht wie viele andere meiner Generation nur abends nach der Arbeit kurz gesehen habe, sondern bei uns Familienleben und der Betrieb meiner Eltern vermischt gewesen sind, hat mich ein sehr loyales, verbindendes Familienverständnis lernen lassen. Und das ist richtig schön. Ich habe ein sehr enges Verhältnis zu meinen Eltern und zu meinem Bruder. Ebenso auch zu meiner restlichen Familie – insbesondere zu meiner Patentante. Mich prägte in gewissem Maße die Schaustellerkultur: Die Kernfamilie bildet den Lebensmittelpunkt und verschmilzt mit dem Job, weil es eben hauptsächlich Familienbetriebe sind, die häufig an die nächste Generation weitergegeben werden. Familie ist also ein wichtiges Ding für mich. Irgendwie schon fast heilig, weil es Identität stiftet, in welche Familie du hineingeboren wirst. Familienstolz und so. Ich weiß, irgendwie oldschool. Ist aber in vielen Schaustellerfamilien so.

Meine ist da anders drauf. Meine Eltern setzten nie voraus, dass ihre Kinder automatisch ihren Betrieb weiterführen, sondern haben meinen Bruder und mich immer als Teil beider Welten erzogen: als Schaustellerkinder, die aber keine Hardliner sind, sondern die beispielsweise mit den Kindern von Privatleuten (so nennt man in der Schaustellerwelt die Nicht-Schausteller*innen) zur Schule gingen, ihren eigenen beruflichen Weg finden sollten und vieles mehr. Klingt trivial, ist es aber nicht, denn viele Schausteller*innen bleiben unter sich, haben eigene Vereine, Privatlehrer*innen oder gehen ins Internat, haben Schaustellerfreund*innen und heiraten auch untereinander. Es gibt fast zu allem auch eine Schausteller-Edition.

Ich bin also in beiden Welten aufgewachsen und merkte bald, dass meine schaustellerischen Wurzeln mein Familienverständnis deutlich beeinflusst hatten. Und ich stellte auch bald fest, wie das mit meiner eigenen Entwicklung clashte. Was sich in der Kindheit immer sicher und innig angefühlt hatte, wurde als Erwachsene beängstigend, nämlich als ich merkte, dass meine Entwicklungsschritte nicht der Vorstellung entsprachen, die ich als Kind hatte: Mann, Kind, Haus, Hund. Alles safe in der kindlichen Imagination, weil ich um mich herum nichts anderes kannte. Zu merken, dass ich mich mit Mitte 30 innerlich noch nicht bereit fühlte, eine Familie zu gründen und zeitgleich auch nicht der für mich passende Partner da war, ließ mich gehetzt fühlen. Eigentlich wollte ich einfach meine Freiheit und Selbstständigkeit genießen, meine Gedanken sagten mir aber, dass ich keine Zeit dazu hätte. Oder aber mir würde im Alter sonst die Einsamkeit drohen. Durch mein Familienverständnis schuf mein Kopf eben nur die eine Kausalkette: Wenn ich es dann zeitlich nicht mehr schaffte, Mann und Kind an den Start zu bringen, würde ich keine Familie gründen. Das heißt, dass ich vermutlich nur noch eine Familie auf Zeit (meine Eltern) hätte und vielleicht irgendwann keine mehr. Und dann? Wozu würde ich dann gehören? Wenn diese Gedanken kamen, ging in mir sofort der Panik-Modus los. Aber meinen Gedanken mangelte es an Alternativen. An Vorbildern, dass Familie nicht immer automatisch Kernfamilie heißen muss. An Empowerment, dass es noch nicht zu spät für alles ist, was meinem Leben langfristig Geborgenheit, Zugehörigkeit und Wärme geben kann. Was auch immer das sein wird. Zeitgleich machte es mich kirre, dass ich mich verpflichtet fühlte, meinen Eltern Enkelkinder zu schenken.

„Na, wann machste den Papa denn mal zum Opa?" So Sprüche von random Bekannten trafen mich. Weil ich diese immense Erwartungshaltung an mich als schwere Last empfand. Und dann noch diese ganzen Angstmacher-Stories darüber, dass Frauen ohne Kinder es später auf jeden Fall bereuen werden – Einsamkeit olé! „Aber es ist doch momentan eh kein potenzieller Vater da und tief im Herzen wünsche ich mir gerade doch Dinge fernab vom Settlen. Ich wünsche mir doch nur ein bisschen mehr Zeit, um meiner Entwicklung folgen zu können – und die ist eben nicht genormt auf der Zeitleiste." Die Gedanken jagten sich gegenseitig, spielten Fangen im Kreis.

Nachdem ich ganz offen mit meinen Eltern darüber gesprochen hatte und sie mir versichert hatten, dass sie null von mir erwarteten, Kinder zu bekommen, war ein riesiger Batzen gelöst. Zu begreifen, dass sie einfach so sehr wollten, dass ich glücklich bin – ob mit Rasselbande oder ohne – und das schönste Leben lebe, das mir möglich ist, hat mich hart gerührt und tief im Inneren beruhigt. Und mehr noch begriff ich: Es sind die allgemeingesellschaftlichen Erwartungen, die meine innere Erwartung an mich selbst so prägten. So viel Randale in Kopf und Körper wegen des normativen Drucks. Was zur Hölle?!

Diese traditionellen Vorstellungen vom klassischen, heteronormativen Lebensweg sitzen tief, auch bei Menschen, die nicht aus einer Schaustellerfamilie stammen. Warum das so ist, darauf kommen wir im Laufe dieses Buches noch zu sprechen. Mir wurde klar, dass ich im Oberstübchen aufräumen und alte Denkmuster über Bord werfen muss. Und vor allem, dass ich aufhören muss, mich zu vergleichen.

Ich habe tief gekramt, welche Wünsche in mir sind – fernab von gesellschaftlichen Normen. Für mich hieß das erst einmal: Wohnung komplett auflösen, Sachen unterstellen, mich der neuen Freiheit des ortsunabhängigen Arbeitens hingeben, die meine Freiberuflichkeit mit sich brachte. Denn ich habe eines gelernt: Der Schlüssel heißt Bewegung. Auch im Kopf. Das bedeutete, Stück für Stück zu entdecken, was es noch für Möglichkeiten gibt, wie ein gutes Leben aussehen kann, wenn das Das-macht-man-doch-mit-Mitte-30-so mal weggeschoben wird. Leben kommt von lebendig sein. Ich wollte unbedingt ins Vertrauen kommen, dass es auch einfach richtig geil werden kann, wenn ich etwas mehr loslasse und mein Leben mehr dem Flow überlasse und dem, was mich antreibt. „Trust the timing of your life" und so. Klingt cheesy, ist aber seitdem mein Leitspruch, denn es gibt weder den einen Lebensentwurf, noch gibt es Zeitfenster, in denen sich Dinge entwickeln müssen.

Zu begreifen, dass ich wählen sowie Gedanken und Glaubenssätze verändern kann, wenn ich Blickwinkel anpasse, das hilft mir bis heute. Welche Freiheit dahinter liegt, ist ein Gamechanger! Und dennoch: Diese Freiheit auch wirklich zu begreifen und tief in mir verankert zu fühlen, puh, not easy. Weil dagegen immer das kommt, was viele von uns von klein auf gelernt haben und wie wir mit Märchen, Filmen & Co. sozialisiert sind. Das klassische Erwachsenenzeug, was man dann halt so macht. Aber es lohnt sich maximal, den Weg zu gehen, um das eigene Leben fernab von Erwartungen anderer zu finden. Und das gilt nicht nur für ein Jahrzehnt, sondern für alle. Wenn deine Vorstellung mit diesen traditionellen Erwartungen von innen heraus matcht: einfach megagut, do it! Problematisch wird es, wenn du eine Diskrepanz oder eine Hetze merkst. Oder aber das Gefühl von Versagen übermächtig wird, wenn deine Lebensrealität anders aussieht. Dann ist es Zeit, dir ein eigenes Bild von einem guten Leben zu machen, von Möglichkeiten, die andere Lebensentwürfe mitbringen können und dafür einzustehen. Statt nur den eigenen Mangelzustand zu sehen, solltest du beginnen, zu hinterfragen: Was sind für dich echte Meilensteine für dein Leben? Was möchtest du wirklich und was denkst du nur zu wollen? Lohnt sich, echt jetzt! Was auch hilft: Zusammenhänge verstehen und sich Leute als Inspiration suchen. Wie gut: Das Buch, das du gerade in den Händen hältst, will genau dazu einen kleinen Teil beitragen.

Die Kraft der Narrative

Apropos Zusammenhänge und so: Was hat das denn jetzt alles mit Narrativen zu tun? Wieso können diese mental krank machen? Ganz einfach: Weil sie unseren inneren Anteilen – wie dem*der inneren Kritiker*in ordentlich Zunder geben können. So geschah es jedenfalls bei mir.

Diese riesigen Erwartungen hingen über mir, diese Mustergeschichten von einem guten Leben und die tragischen Narrative über Frauen, die irgendwie etwas anderes machten, schoben sich immer wieder über meine eigene Wahrnehmung von mir und meiner Situation. „Alte Jungfer", „verrückte Katzenfrau", „verbitterte Emanze" – dieses Sammelsurium aus Stereotypen, aus demütigenden Beleidigungen, die uns mahnende Stories präsentieren, nahm so viel Platz ein. Es schürte die Angst, diese Narrative plötzlich zu erfüllen. Einen Großteil davon hatte ich mir sicherlich selbst zusammengereimt. War ich plötzlich bemitleidenswert, weil mich andere „abgehängt hatten"? Waren die anderen tatsächlich weiter? Geht es überhaupt ums Weitersein? In meinem Kopf wuselten Unmengen von selbstverletzenden Sätzen. Zu diesem Zeitpunkt wusste ich noch nicht, dass dies tiefsitzende Glaubenssätze zum Konzept Kernfamilie, zu Berufsetappen und zu meiner Rolle als Frau waren, mit denen viele in meiner Generation aufgewachsen sind. Und als Millennial auch mit einer gehörigen Portion Arroganz – haben wir doch sehr oft ins Ohr geflötet bekommen, dass wir etwas

Besonderes seien, uns die Welt offen stehe und wir alles haben können. Und dann plötzlich sehen wir sie, die gesellschaftlichen Grenzen von Selbstverwirklichung. Und zack, wir weiblichen Millennials überschreiten den Zenit und sehen uns mit verletzendem Schubladengedrücke konfrontiert. „Mach dein Ding, aber auch nur bis Anfang 30, und dann auch bitte nicht mehr ohne Mann, sonst droht Alte-Jungfer-Alarm." Wieder mal uff. Mit meinem Kopf hat das ganz schön etwas angestellt.

Doch nicht alles wucherte ausschließlich auf dem Nährboden meiner negativen Glaubenssätze: Übergriffige Fragen von außen kamen definitiv dazu. „Alles hat seine Zeit, bist du nicht aus dem Alter zum Ausgehen raus?", „Wann willst du denn mal RICHTIG Geld verdienen?", „Wäre es nicht klüger, jetzt in der Festanstellung zu bleiben? Auch im Hinblick auf Familiengründung?", „Ach, was ist denn bei dir und den Männern los?", „Du erwartest aber auch echt viel." Ich fühlte mich oft problematisiert und daraus resultierend problematisierte ich mich selbst. In meinem Kopf richteten sich Sätze gegen mich wie: „Sie hatte viel Potenzial, gute Ausbildung, gutes Aussehen, aber nichts draus gemacht. Schade drum." Ich war damals 33 Jahre alt und fühlte mich, als hätte ich bereits versagt. Dabei hatte ich gerade mit einer Freundin ein eigenes Online-Magazin gegründet und mich auch als Texterin und Social-Media-Beraterin selbstständig gemacht – aber natürlich bedeutete das Unsicherheit ohne Ende. Und da spürte ich: So im Erwachsenenleben scheint es als sehr erwachsen zu gelten, Unsicherheiten zu vermeiden. Zu dem Zeitpunkt lebte ich vom Gründungszuschuss, den ich tollerweise erhalten hatte, bis die ersten Aufträge kamen. Einige legten mir es als Mut aus, andere als Planlosigkeit und Wunschdenken. Ich hatte eher auf die anderen gehört. Natürlich hätte ich einen Scheiß darauf geben sollen, aber hinterher ist man meistens schlauer – ich konnte mich einfach nicht gut von der Meinung anderer Leute abgrenzen und es an mir abprallen lassen, was all der gesellschaftlichen Erwartungshaltung in puncto Erfolg und Privatleben Tür und Tor für mein Innenleben öffnete. Denn neben meiner unverständlichen „Karriere" war ich Single. Und das Singlesein ist in den Köpfen vieler ohnehin ein Mangelzustand – vor allem über 30. Als Frau. Da die Tatsache so daneben ist, widme ich dem Single-Shaming später noch ein ganzes Kapitel.

Heute weiß ich, dass ich niemals mit anderen so sprechen würde, wie meine innere Kritikerin – genährt von Narrativen – mit mir sprach. Es war also höchste Zeit, etwas dagegen zu unternehmen. Sie hatte plötzlich eine Radikalität angenommen, gegen die mein erwachsener Teil pronto etwas unternehmen musste. Dazu flüchtete sich mein inneres Kind in Tagträumerei und in ein Kindheitsgefühl von Sicherheit und Geborgenheit. Wie meine tolle Therapeutin es nennen würde: „Mein inneres Orchester war fernab von Einklang, es war eher blecherner Krawall." Ein Zeichen dafür, wie sehr toxische Narrative über Dinge, die man angeblich so macht, die mentale Gesundheit angreifen können. Bei meinem Versuch, Fragen wie „Willst du etwa keine Familie?" zu klären (ähm sorry, ich bin 33, hab' wohl noch Zeit), versuchte ich, kokett zu antworten. Bloß nicht zeigen, dass ich damit verwundbar war, weil mich im Grunde alles überforderte. Im Endeffekt klangen meine Antworten immer wie schale Rechtfertigung. Ich hatte aus unerklärlichen Gründen das Gefühl, mich rechtfertigen zu müssen, warum ich wo stehe oder wo ich noch nicht bin. Die Druckschraube zog an, während ich mich mehr und mehr in Ungewissheit verlor und meine Angstproblematik dadurch weiter befeuerte wurde.

Was mir geholfen hat: die Narrative als Geschichten zu demaskieren. Als böse Stories, die ein Ergebnis des menschlichen Bedürfnisses sind, Dinge in Schubladen einzuordnen – insbesondere diejenigen außerhalb der eigenen Norm. Und vor allem: den Kern dieser Geschichten zu entblößen – die patriarchale Sicht auf uns Frauen und die geschickte, bewusste Kleinhaltung. Und zu begreifen: Ja, das ist es im Ursprung – und nicht ich. Aber ich habe die Wahl, mich als Opfer zu sehen oder endlich Verantwortung für meine Gedanken und für das, woran ich glaube, zu übernehmen. Umdenken zu lernen, mir Schuhe nicht mehr anzuziehen und damit mit gutem Beispiel voranzugehen. So können wir etwas verändern. Sehen. Verstehen. Auflösen und dann ändern. Weil nur darüber zu reden und aufs Patriarchat zu schimpfen, das bewegt noch nix. Aber natürlich müssen wir erst einmal dahin kommen, das Dahinter der Narrative zu erkennen, damit wir an unserer Wahrnehmung der Welt und unserem Denken etwas verändern können. Dazu gehört, zu begreifen, wo wir eigentlich diese druckmachenden Geschichten gehört haben. Woher hatte meine innere

Kritikerin diese gemeinen Sachen? Die Wahrheit: Es war ein Gemisch aus vielem. Messages aus Film, Fernsehen & Co. spielten enorm mit rein – *Bridget Jones* nehmen wir mal als Paradebeispiel für die Farce, die da über Frauen, Beziehungen, Alter, Erfolg und Kinderwunsch verzapft wird. Der Humor in dem Film funktioniert über ihre Naivität, sie ist vollkommen überzogen, fast kindlich dargestellt. Bridget ist unbeholfen und tritt in alle Fettnäpfchen, die Skala zum Level der Bemitleidung haben die Filmemachenden extra weit nach oben geschoben: 32, Kette rauchend, allein Eis essend, allein Rotwein trinkend, im Selbstmitleid suhlend, traurige Lieder mitjohlend. Kann man alles machen. Ich bin auch immer dafür, alles zu fühlen und manchmal auch Laster zu leben. Ging mir auch schon so. Der Film bleibt nur leider bei dieser einen Facette der Singlefrau. Aber was ist denn die Story dahinter? Lebensziel: Mann an die Seite bekommen. Bridget „verfehlt“ dieses Ziel und wird zum Gespött. Aus heutiger Perspektive sehe ich ganz klar und sachlich, dass der Film weit weg von Feminismus ist, dass er so heute auch sicherlich nicht mehr erscheinen würde. Hoffentlich. Dennoch: Mein sehr junges Ich fand den Film damals lustig, geradezu wunderbar unterhaltend, die unperfekte Bridget auf ihrem Weg zu beobachten. Und dann war ich selbst Anfang 30 und Single. Und ich begann zu realisieren, wie mich solche Filmgeschichten tief im Inneren geprägt haben, auch wenn ich es als erwachsene Frau besser weiß. Die Story über die bemitleidenswerte Singlefrau ab 30 sitzt tief in mir. Da ist es schwer, einfach anders zu denken und fertig. Es sind Clickbait-Headlines oder Stammtischparolen, Fragen auf Partys und Familienfeiern, doofe Buchtitel oder Dating-Episoden. Immer wieder mache ich die Erfahrung, wie relevant mein Beziehungsstatus als Frau in Kombi mit meinem Alter ist. Es ist im Unterbewusstsein, es sind Gesprächsfetzen aus der Kindheit, die über alleinstehende Frauen gefallen sind („Die ist aber auch wählerisch", „Die lebt aber auch über ihre Verhältnisse und greift nach den Sternen. Hat sie mal in den Spiegel geschaut?!") Schnelle, unbedachte Äußerungen von teils flüchtigen Bekannten oder auch Familienmitgliedern. Als Kind null geschnallt, als Erwachsene voll überrascht, welche Wucht diese Bewertungen Jahre später haben können. Denn sie füttern einen destruktiven Anteil in mir, gegen den mein Verstand manchmal einfach machtlos ist. Und genau dann passiert es: Ich verliere das Gefühl für mich selbst und sehe mich vermeintlich durch die Augen anderer. Aber dann nur aus negativer Perspektive – ganz schön shitty. Ich glaube dann kurz die Geschichten. Sie werden zu Stressoren. Und das ist der Punkt, an dem es gefährlich wird, was die eigene mentale Gesundheit angeht. Denn ich sehe dann nicht mehr mein Potenzial, sondern nur den Mangel, der mir innerlichen Stress bereitet und eine düstere Zukunft zeichnet.

Jetzt denkst du vielleicht auch: „Häh, aber es gibt doch auch einige positive Gegenbeispiele." Ja, die gibt es. Aber ich spreche hier von früher Prägung, und so woke ging es da nicht zu. Und mir ist klar, dass nicht alle die gleiche Prägung erhalten haben. Eine Tochter in einer geschiedenen Ehe mit 68er-Vibe hat vermutlich eine andere Sicht aufs Leben als ich, die aus einer Familie stammt, in der die Eltern heute noch happy zusammen sind, und in der das Konzept „Ehe und Kinder" das Normalste der Welt ist und für Sicherheit und Rückhalt steht. Ich wollte mich nicht von der Angst leiten lassen und von dem Gedanken, dass ich mich nur dann sicher und geborgen fühlen kann, wenn ich eine Familie gründe. Dazu musste ich einiges umprogrammieren im Kopf.

Wir müssen uns auch bewusst machen: Aus welcher Bubble schaue ich auf das Thema und was passiert im allgemeinen Durchschnitt der Gesellschaft? Ich habe da auch meine Feel-good-Menschen – verbringe ich Zeit mit diesen, sind Erwartungen, Alter, Lifestyle völlig nebensächlich. Aber ich bin Teil von vielen Settings und darin die Klarheit für meinen Weg zu finden, finde ich einfach schwer. Auch beim Schreiben dieses Textes merkte ich, wie ich immer wieder checkte, ob es denn auch nicht zu klein gedacht ist. Und neben dem „Zeit ist knapp"-Narrativ malträtierten mich zudem noch Gedanken darüber, warum ich nicht cool genug bin, mich als unabhängige, wilde Frau zu begreifen, die sich null um Erwartungen und Meinungen schert. Die ihr freistes Ich lebt, durchs Leben springt und Ungebundenheit zelebriert. Die innere Kritikerin machte mich dann fertig, dass ich sooo altmodisch denken würde, zu unfeministisch sei, ich müsste es doch schließlich mal begriffen haben langsam, dass es meine Entscheidung sei, mich von konservativem Gelaber runterziehen zu lassen anstatt als freiheitsliebende Frau durchs Leben zu gehen, die sich nimmt, was sie will. Stattdessen fürchtete ich Bewertungen von außen. Ja, wie wunderbar: Nicht erwachsen genug, aber auch nicht geistig hip genug, um den Gegenentwurf zu leben. Da war ich, irgendwo im Nirgendwo. Bis es mir dämmerte: Das ist so ein komplexes Feld. Es ist einfach verständlich, immer wieder in alte Rollenbilder abzurutschen, weil ich mit dieser Vorstellung vom Leben großgeworden bin und sie in meiner Jugend unübersehbar überall reproduziert wurde. Mein Verstand kann heute vieles besser wissen, aber bis es ganz verinnerlicht ist, ist es ein Prozess. Das Wichtigste: Ich habe mich auf den Weg gemacht, um mich aus Vorstellungen zu befreien, die mir nicht guttun, die meinem Ich nicht entsprechen. Aber in meinem Timing. Und damit bin ich mit Sicherheit nicht allein.

Zurück zur negativen Perspektive. Habe ich ein Wundermittel dagegen? Leider nein. Habe ich trotzdem etwas Sinnvolles im Handwerkskoffer, um mein wildes Kopfkino mit Jennifer als völlig versagende Frau in der Hauptrolle zu beruhigen? Jepp: Ein Gedanke ist erst einmal nur ein Gedanke. Macht es Sinn, den jetzt weiterzudenken oder bringt der mich vielleicht sogar in eine fatale Grübelfalle? Kann es vielleicht gut sein, den Gedanken wie „Ich versage“ auf eine imaginäre Wolke zu setzen und sachte dahingleiten zu lassen? Denn du bist nicht deine Gedanken. Dir das klarzumachen, gibt dir die Möglichkeit, eine Distanz zwischen dir und deine Gedanken zu packen. Ich stelle mir dann oft einen Kinosaal vor, auf der Leinwand finden meine Gedanken Platz – mal Blockbuster, mal Arthouse und mal echte B-Movies. Betrachte ich diese als Zuschauerin, kann ich das viel klarer sehen und entscheiden: Will ich den Film in meinem Kopf jetzt weitersehen und richtig zugucken und lauschen? Oder lege ich einen anderen Film ein? Ob Wolken oder Kinosaal – Gedankenvorgänge verbildlichen und somit eine gesunde Distanz zu schaffen, um deine Gedanken steuern zu lernen und einschreiten zu können, wenn es Richtung ungesunde Grübelspirale geht, ist elementar. Das ist ein wichtiger Schritt in meiner Gedankenhygiene und ein wichtiger Schritt, um nicht im eigenen Kopf und in Geschichten gefangen zu bleiben, die einfach nicht wahr sind.

Und da sind wir schon bei den Gefühlen: Das ist natürlich ein himmelweiter Unterschied zum Gefühle-Unterdrücken: Das möchte ich an dieser Stelle deutlich machen: „Good vibes only" bitte auf keinen Fall! Da bin ich eher bei: „Sitz damit und fühl alles." Alles andere ist toxische Positivität, die zu erläutern hier deutlich den Rahmen sprengen würde. Konzentrieren wir uns wieder auf die aufdringlichen Gedanken als Übeltäter. Denen kann man nämlich sehr wohl mal die Bühne nehmen, wenn sie sowas von gar nicht wohlwollend sind. Eine andere Möglichkeit, dem Gedanken die Power zu drosseln, ist zu hinterfragen: Woher kommt denn dieser Gedanke? Wo habe ich den aufgeschnappt? Ist der wirklich wahr? Verstehen und Wissen über gesellschaftliche Strukturen, das Patriarchat, romantische Beziehung als System, Leistungserwartungen etc. helfen mir wahnsinnig gut, um mich selbstfürsorglich um meine Gedanken zu kümmern. (Deswegen gibt es im nächsten Kapitel auch mehr davon.) In diesem Fall findet vieles im Kopf statt und ich habe glücklicherweise die Wahl, andere Gedanken und eine andere Sicht auf mich und alle Frauen zu wählen.

Eventuell mittlerweile als Buzzword verschrien, aber nach wie vor meiner Meinung nach elementar für die seelische Gesundheit: die Auseinandersetzung mit Glaubenssätzen. Ich habe begonnen, Bücher über Panikattacken zu lesen, meine Glaubenssätze zu hinterfragen, neue zu formulieren und diese zu trainieren.[6] Ich verstand Zusammenhänge, die mir Hoffnung machten. So schreibt Klaus Bernhardt in seinem Buch „Panikattacken und andere Angststörungen loswerden“: „Panikattacken sind häufig das Ergebnis eines automatisierten negativen Denkprozesses. Diese Gehirnautomation kann mit den richtigen Methoden wieder rückgängig gemacht werden.“[7] Mir wurde also immer klarer: 1. Aha, es stimmt also etwas nicht. 2. Aha, es sind teils auch eigene Überzeugungen, die Druck machen. 3. Ich kann diese Glaubenssätze ändern.

Da das Gehirn Gedanken als Synapsen biologisch abspeichert, bildet sich so ein Geflecht an neuronalen Verbindungen. Der Gehirnforscher Professor Dr. Eric Kandel fand heraus: Je stärker die Emotionen sind, die mit unseren Gedanken verbunden sind, desto besser bilden sich die neuronalen Verflechtungen in unserem Gehirn aus. Kurz gesagt also: Richtig mieses Denken lässt regelrechte Datenautobahnen im Gehirn entstehen, die verlässlich abgefahren werden können – das ist auch die Erklärung dafür, warum uns vor allem in Ruhephasen Bedrückung, Grübelei und Angst plagen. Die Autobahnen sind einfach super vernetzt, die Gedankenalternativen gleichen in diesem Fall eher kleinen Feldwegchen. Ok, verstanden. Ständige Konfrontation mit blöden, angstmachenden Geschichten und eigene Glaubenssätze können Synapsen ausbilden, die uns keinen Gefallen tun, sondern Panik verursachen.[8]

Ich las so viel ich konnte, denn das half mir, auf neue Art zu denken. Und jetzt kommt das Fabelhafte: Genau mit diesem Wissen über die krassen Fähigkeiten unseres Gehirns können wir wortwörtlich unser Gehirn verändern. Wir schaffen neue Synapsen. Was so einfach klingt, ist natürlich ein langer Weg, der Disziplin erfordert. Es lohnt sich aber allemal, sich mit dem Thema Neuroplastizität und Glaubenssatzarbeit zu beschäftigen. Im Anhang findest du beispielsweise eine Buchempfehlung, falls du Lust hast, tiefer einzutauchen.

Wenn wir also eine neue Sprache lernen können, können wir auch neue Bewertungen für Lebensentwürfe lernen.[9] Und darin liegt auch eine Power, sich weiterzuentwickeln und für sich und andere Frauen einzustehen (siehe unser Vorwort von Henrike Redecker). Denn nur festzustellen, dass das ziemlich bescheidene Geschichten sind, die uns da von klein an als Königsweg weisgemacht wurden, reicht nicht. Wir müssen in die Selbstwirksamkeit kommen – soweit wir das eben in der Hand haben. Uns mal ehrlich fragen: „Will ich das Kernfamilien-Paket? Will ich den Konzern-Job?“ Vor allem: „Warum? Oder möchte ich das nur mögen, weil es so gelernt ist? Sind Alternativen so sehr als ein Scheitern in meinen Glaubenssätzen verankert?“ Und wenn das so ist, dann darfst du lernen, diese aufzulösen, um Nein zu Erwartungen sagen zu können, die auf kruden Geschichten über den richtigen Königsweg im Leben basieren. Und lernen auszuhalten, dass du dann bei manchen aneckst, die dein Leben nicht verstehen. Anders denken, anders handeln, sich für eigene Wünsche und gegen Erwartungen entscheiden – bitte mehr davon!

Denn: Wir können nicht von jetzt auf gleich alles auflösen und wir können auch nicht fest verankerte Denkweisen und Weltanschauungen easy-peasy bei anderen ändern, damit wir keine Bewertung erfahren. Was wir aber tun können: uns mental gegen die Narrative stemmen, indem wir sie zerlegen, verstehen und uns entscheiden, die Geschichte nicht zu glauben. Die Geschichte der allgemeingültigen Glücksformel ab 30 beispielsweise. Die Geschichte über den Sorgen-Single und den Erfolg nach Checklisten. Die Story über das Attraktivitätsverfallsdatum bei Frauen. Und so viele andere giftige Geschichten. Das ist ein wichtiger Step für unsere eigene Gesundheit. Wenn wir uns dies bewusst machen, verwehren wir der Meinung anderer den Zugang zu unserem Inneren. Und unsere*n innere*n Kritiker*in setzen wir auf Diät.

Aber was soll ich sagen, es ist nicht mit einem Fingerschnipp getan. Es ist ein Ziehen und Zerren, ein Dehnen und Zurückflitschen. Wachstumsschmerz trifft es vermutlich auch ganz gut. Die neuen Datenautobahnen müssen erst einmal eine Weile gedanklich befahren werden, damit sie die Hauptfahrbahn bilden. Und dazu gehört es auch, zu lernen, Dinge loszulassen. Wenn es sein muss auch die, die wir uns früher mal für uns ausmalten.

Denn auch wenn deine Wünsche ziemlich nah an der Mustervorlage sind, sie aber nicht geklappt haben oder noch nicht deine Lebensrealität bilden, hilft es meiner Meinung nach, nicht in die Opferrolle zu verfallen, sondern akzeptieren zu lernen, dass wir nicht alles im Leben beeinflussen und uns Bausteine in einem Katalog aussuchen können – wir aber mit Sicherheit auch andere Aspekte im Leben haben, die gut laufen, Freude machen, bereichern. Das auszubalancieren, gesund traurig zu sein, wenn dir danach ist und dich gleichzeitig nicht von der Geschichte über Garantiescheine für ein glückliches Leben überrollen lassen, das ist in meinen Augen Selbstwirksamkeit und Selbstverantwortung. Und ein gesunder Umgang mit den eigenen Gefühlen und Sehnsüchten. Der zaubert dir auch wieder Hoffnung ins Leben, dass es sich so fügt, wie es für dich gut sein wird.

Zu hinterblicken und in die Umsetzung zu kommen, das ist bis heute ein Prozess für mich. Schaue ich zurück, ist schon einiges passiert und ich habe viel verstanden und aufgebrochen, um mein inneres Orchester wieder auf Kurs zu bringen. Aber – Spoiler – es gibt auch Rückschritte und Fallstricke. Doch zunächst gibt's Zusammenhänge, die hilfreich sind, um zu verstehen, dass es auch heute noch die doofen Rollenklischees sind, die uns Frauen so in die Enge treiben können. Das einmal verstanden, lässt sich das System zwar nicht ad hoc ändern, aber darin liegt meiner Meinung nach der Schlüssel zur Selbstermächtigung – so können wir uns selbst in den Hintern treten, wenn wir wieder auf den alten, gelernten Denkautobahnen unterwegs sind, die uns Infos darüber liefern, was wir vermeintlich haben sollten. Lass jetzt mal die Feldwege erkunden – lohnt sich, sogar in kleinen Babyschritten. Treten wir aus internalisierten Vorstellungen heraus, finden wir heraus, wie berauschend es ist, sich eigene Perspektiven zu schaffen – und ein fucking lebendiges Leben zu leben, ohne Vorlagen und Schablonen.

Die Geschichten, die Druck machen – Hallo Erwachsenenleben!

Die Geschichte übers Ankommen

2019

Ich bin 34, stecke gerade mitten in einer Therapie und in Coachingsessions, um zu verstehen, was da plötzlich mit mir los ist und warum ich so viel Angst habe. In vier Wochen werde ich aus meiner Wohnung ausziehen und Köln nach neuneinhalb Jahren verlassen. Meine Überbleibsel werde ich einlagern und mich auf den Weg machen. Wohin? Ungewiss. Als Freelancerin kann ich ja nun ortsunabhängig arbeiten und mich mit Laptop mal treiben lassen und mein Leben durchlüften. Hauptsache Bewegung, rausgehen aus Altem, was nicht mehr passen mag, Selbstwirksamkeit durch Aktion. Vor dem großen Schritt will ich noch einmal ordentlich mit einer schönen Portion Wohligkeit mit langjährigen Freund*innen auftanken: Es geht in den Skiurlaub – zwölf Leute, eine Hütte in den Bergen. Statt von mir idealisierter Leichtigkeit ist doch mehr Melancholie in mein Gepäck gehopst als gedacht. Irgendwie spüre ich so viel Vertrautheit, so viel Gemütlichkeit mit diesen Menschen und zeitgleich fühle ich mich einsam. Eine Einsamkeit, die ich nicht richtig einordnen kann. Ich bin mit noch einem Single die einzige alleinstehende Person unter Paaren. Das ist es aber nicht – das kenne ich ziemlich gut, da ich seit einiger Zeit Single bin und bereits öfter allein mit meinem Beziehungsstatus gewesen bin. Das seltsame Gefühl, was da in meinem Inneren herumschwirrt, ist etwas anderes. Was mir noch einmal richtig gespiegelt wird: Mein Leben läuft mittlerweile so ganz anders als bei ziemlich vielen Leuten im Freundes- und Bekanntenkreis. Und sorgt für Fragezeichen. Während wir da in großer Runde bei Wein, Schnaps und Pasta mit saunaroten Wangen hocken und den Abend ganz entspannt einläuten, bilden die Themenwelten rund um Hochzeit, Schwangerschaften und Hauskauf die Gesprächseckpfeiler. Denn hier sitzen wir nun alle mit Anfang 30, ich mit nicht mehr Gewissheit, als dass ich in vier Wochen vorerst von Portugal aus arbeiten werde und was dann kommt, wer weiß das schon. Und meine Freund*innen, die ihr Leben irgendwie in Richtung traditionell „vernünftig" und Sicherheit gelenkt haben: mit Partner*innen, neuen Wohnungen oder Hauskauf, Beförderungen, Elternsein oder -werden. Wir alle in einem Urlaub, in einer Konstellation, die nur noch die Ausnahme bildet, wenn sich alle mal freischaufeln können.

In harten Feierphasen fanden wir es lustig, sturzbetrunken den alten Beistelltisch von *Ikea*, den wohl jede*r Student*in in ihrer*seiner Bude hatte, zu schrotten. Well, Kölner Karneval, that escalated quickly. Oder aber wir schliefen mit acht Leuten in einer Einzimmerwohnung, nachdem wir uns durch die Kneipen auf der Zülpicher haben treiben lassen. Ok, ein fast schon anderes Leben. Und ja, es war schon ein Step, ein Pärchen dieser Freund*innen selbst zu trauen. Die Anfrage habe ich damals zusammen mit meiner Freundin, mit der ich unser Online-Magazin gegründet hatte, bekommen. Und nach anfänglichem ok, also puh, wir haben keinen blassem Schimmer vom Heiraten, haben wir es gemacht. Weil wir eben einen ziemlich guten Schimmer von Worten und vom Fühlen haben. Und es war großartig. Langjährige Freund*innen bei so einem großen Schritt zum Erwachsenwerden zu begleiten, ist magisch und höchst emotional. Auch da war klar: Ui, die gehen jetzt los. Aber in diesem Skiurlaub, anderthalb Jahre später, ist der Shift zu dem Zeitpunkt für mich erstmals richtig deutlich zu spüren. Ich bin die Nonkonformistin. Unter Menschen, die bis vor einer Weile *Jägermeister* in die Mikrowelle gestellt und durch den Strohhalm getrunken haben, damit es richtig ballert. Wann sind denn alle so erwachsen geworden?

Plötzlich kam ich mir so unvernünftig vor, während der Rest von Hochzeiten, Kindern, Beförderungen und Wohnungen sprach. Und ich meine Steps irgendwie nicht so richtig greifen konnte. Das Paradoxe: In diesen sieben Tagen aber ging es bei allen ums Nochmal-Gas-Geben. Fernab vom durchgetakteten Alltag, vom Druck, vom Familiesein, nochmal nur das Vergnügen feiern. Weil es nur noch selten geht. Mit Ski & Schnaps. Und Bock für 100. Das Ding war: Auch dabei fühlte ich mich fehl am Platz – meine Ängste wurden nämlich durch Alkohol und Zigaretten deutlich schlimmer. Vor allem der Kater war nicht selten von regelrechten Halluzinationen begleitet. Folglich war die einst sehr feierwütige Jenny, die auch als solche bekannt war, auch da nicht mehr dabei. Stattdessen hatte ich plötzlich eine Panikattacke auf der Piste oder versuchte, mit Meditationen nachts mein rasendes Herz zu beruhigen.

Alle kommen an. Und ich gehe weg. Mit der Frage: Wer bin ich eigentlich und was mag ich? Und wer will ich sein? Und mit dem Wissen: Ich muss ziemlich viel loslassen. Und lernen auszuhalten, dass bei mir vieles anders läuft und ich nicht mehr mit all meinen Freund*innen ein Lebensgefühl teile, weil wir auf ganz anderen Abschnitten unterwegs sind. Nicht gerade federleichtes Gepäck.

In den 30ern kommt man an

So würde die Headline heißen, würden wir Lebensabschnitten Überschriften geben. Aber was ist das eigentlich, dieses Ankommen? Ich kenne das Gefühl, wenn auf einmal anderes wichtiger wird. Wenn du merkst, dass am Samstag mal ordentlich die Wohnung durchzufeudeln, frische Blumen zu kaufen und mehr als 12qm für dich zu haben, die auch noch hübsch eingerichtet sind, schon weit vorne ist. Ich weiß, welche Offenbarung es sein kann, einen richtig guten schweren Rotwein zu schwenken, mit ihm genüsslich zuerst die Lippen zu benetzen, ihn dann vorsichtig runterzuschlucken und dabei einen recht schlauen Gedanken auszuformulieren, der den Anschein erweckt, es begriffen zu haben, worum es eigentlich im Kern dieses Lebens geht. Und ich weiß mittlerweile die Vorteile von gut beschichteten Pfannen endlich anzuerkennen und dafür auch etwas Kohle locker zu machen. Ich verleihe einem Samstagabend nicht nur dann das Prädikat „gelungen“, wenn er vor meiner Haustür stattgefunden hat, sondern bin auch voll fine mit gutem Essen und *Netflix*, um am nächsten Morgen schon früh eine Runde im Wald zu drehen oder zum Flohmarkt zu huschen. Ach komm, das ist doch dieses Adulting-Ding, von dem alle reden!

Aber mal im Ernst: Ich weiß, wie es ist, zwischen Job, Einkäufen, Sozialleben, Steuern machen, Haushaltsgerätereparaturen und Verwandte besuchen auch genug zu trinken, gesund zu essen, gute Ideen rauszuhauen, den Hund zu versorgen, auf Social Media sichtbar zu werden, sich zu verheddern und es meist irgendwie wieder hinzubekommen. Sich aufzureiben, während die Wochen durchrasen und du dir denkst: „Wo ist sie denn nun schon wieder hin, die Zeit?“ Für sich einstehen zu lernen, Veränderungen zu lernen, volle Kanne Verantwortung zu übernehmen, Sorgen zu haben, Träume zu verwirklichen. All diese Dinge haben meiner Meinung nach ziemlich viel mit Erwachsensein an der Brause.

Was ich aber leider auch kenne: eine gewisse Überlegenheit zu spüren zu bekommen von Leuten, die in einem Kernfamilienverbund leben und mir suggerieren, dass ich ja alle Zeit der Welt im Alltag habe und noch gar nicht wisse, wie so ein Leben richtig läuft – so als Single und kinderlos. Eine Attitüde, die mir oft entgegengebracht wurde damals, als ich mit Anfang 30 noch in einer WG lebte als Single, gerne feiern ging und gerade ein eigenes Online-Magazin gründen wollte: „Bei solch einer Unstetigkeit hat dein Leben quasi noch nicht begonnen, du wirst schon noch lernen, worauf es im Leben wirklich ankommt.“

Don't get me wrong: Ich habe hochgradigen Respekt vor dem Mental Load und dem ganzen Drumherum, wenn es darum geht, Kinder großzuziehen, eine Familie am Laufen zu halten, sich dabei selbst und als Paar nicht zu verlieren und den Jobs gerecht zu werden. Und mir ist schon klar, dass die Uhren und alles dann anders läuft. Aber mir und meinem Leben dadurch den Stress und die erwachsene Ernsthaftigkeit abzusprechen, ist anmaßend. Auch ich muss sehen, dass alles am Laufen bleibt – allein. Verdiene ich keine Kohle, tut es niemand. Falle ich aus, kommt nichts rein. Gehe ich nicht einkaufen, ist der Kühlschrank leer. Ich checke also absolut nicht, was da fehlt, um offiziell im echten Leben angekommen zu sein. Aber Moment, warte, ich habe eine Vermutung: Eigenheim und Nachwuchs – Kernelemente in der Geschichte übers Ankommen und Zur-Ruhe-Kommen.

Die Party ist vorbei

Auch so ein unschönes Synonym fürs Settlen, nicht selten in RomComs so skizziert, in denen der Junggesellenabschied die letzte große Sause darstellt. Aber wer hat das eigentlich je so definiert? Und wie ist das jetzt eigentlich mit dem Ausleben? Sollte man vor der Hochzeit gemacht haben. Ausleben. Allein das Wort. Wie sieht denn ein ausgelebtes Leben aus?

Es klingt gruselig traurig. Der Gegenentwurf dazu ist natürlich nicht, dein Leben zu zerfeiern und dich nur von Ungebundenheit und Abenteuern zu ernähren. Also, kannste machen, wenn das dein Ding ist. Aber das meine ich gar nicht. Es wäre dann halt das andere Extrem.

Können wir nicht die Zügel etwas lockern und nicht alles so durchstrukturieren mit Narrativen, die zu „So macht man das" werden? Kann da nicht jede*r den eigenen Weg finden? Und es halten, wie er*sie will? Kommt man nicht auch dadurch irgendwo an?

Schauen wir uns mal ein paar Facts an: Im Durchschnitt heiraten in Deutschland Männer mit 34,9 Jahren und Frauen mit 32,4 Jahren.[10] Auf den ersten Blick überraschend, sah das noch vor ein paar Jahren anders aus. 1991 gaben sich Männer im Durchschnitt mit 28,5 Jahren und Frauen mit 26,1 Jahren das Jawort.[11] Richtig, es hat sich nach hinten verschoben. Aber es ist wie ein riesiger Brocken, den wir einfach nur auf der Timeline verschieben. Dass Hochzeit aber beispielsweise mehrheitlich noch zum Ankommen dazugehört, das bleibt. Die Sache ist aber die: Braucht es diese Steps, um nach klassisch gesellschaftlichen Richtlinien anzukommen? Sind nur Häuser, Gärten, Kinder und Ehemänner altersgerecht? Als würde vollends erwachsen und angekommen sein unweigerlich nur diese Eckpfeiler meinen. Ja, Gärten, Häuser und Family-Life können superschön sein und ohne Frage, das ist erwachsen. Dennoch sollte es nicht als Grundlage zur Geschichte übers Ankommen dienen. Ich finde, Ankommen kann ganz viel Verschiedenes beinhalten. Was ist mit Persönlichkeitsentwicklung? Mit dem Realisieren anderer Träume, mit der Übernahme von Verantwortung für den eigenen Lebensentwurf? Ist das nicht volle Suppe erwachsen? Aber hallo! Eigene Bedürfnisse verstehen zu lernen und sich fürs eigene Timing zu entscheiden, ist phänomenal erwachsen. Ebenso ist es meiner Meinung nach erwachsen, zu akzeptieren, dass das Leben nicht vollends kontrollierbar und lenkbar ist, dass es manchmal anderes mit uns vorhat, als wir uns das so ausgemalt hatten. Dass wir zu manchem nicht die Möglichkeit haben. Mitzudenken, dass das Leben auch immer unkalkulierbare Seiten hat und das anzunehmen, ist auch ein so erwachsener Schritt. Erfolgreiches Adulting hat so viele Facetten, es lässt sich nicht allein durchs äußere Erscheinungsbild der Lebensumstände definieren. Und ist es nicht auch toll, sich noch etwas Kindliches zu behalten? Manchmal etwas spielerischer durchs Leben zu gehen? Ich sage da ganz klar Ja. Denn ich mag Bewegung.

Irgendwie klingt das alles nicht nach wirklich viel Entspannung und Vorfreude, wenn wir das mit Ruhigwerden, „Die Party ist vorbei" und Ausleben betiteln. Und uns das als Beweisstücke für ein gelungenes Erwachsensein unter die Nase reiben. Ganz ehrlich: Wer bestimmt denn, was altersgerecht ist für eine Frau über 30? Und wie reizvoll kann man das Kommende tief im Inneren finden, wenn es als Wendepunkt markiert wird, der dein früheres Leben abschließt? Ich finde Fließendes ja viel cooler. Ich muss nicht plötzlich mit Dingen aufhören, die mir Freude bereiten, nur weil sonst angezweifelt wird, ob ich auch wirklich schon angekommen bin. Wo auch immer. Was im Grunde nur in Frage stellt, ob ich wirklich erwachsen bin. Was eigentlich nur wissen will, ob ich nicht komisch bin. Aber diese Geschichte hält sich hartnäckig. Und sie lässt so wenig Spielraum. Gibt aber meiner Meinung nach ganz schön viel Respekt vorm Älterwerden mit. Wie

Amélie Kahl in ihrem Artikel auf *Amazed-Mag* „Vom Älterwerden und der Frage: Wie habe ich mich mit 30 zu verhalten?" feststellt: „Der korrekte Weg, den die Gesellschaft für uns vorgefertigt hat, scheint doch der zu sein: Je höher das Alter, umso ruhiger, zurücknehmender, unauffälliger und seriöser, kurzum langweiliger, haben wir zu sein."[12] Und sie schreibt weiter: „Würden wir damit aufhören, andere für einen Lebensstil zu shamen, der scheinbar nicht ihrem Alter entspricht, hätten viele Menschen weniger Angst vor dem Älterwerden."[13] I like.

Die Arroganz der Erwachsenen

Irgendwie ist es doch so: Wir ziehen einen Lebensentwurf mit vielen Benimmregeln als Sinnbild fürs Erwachsensein heran. (Und uff, wirst du Mutter, sind das scheinbar auch so anstrengend viele, da kommt nochmal ein ganzer Kosmos an Erwartungshaltungen von außen angeschwirrt.) Das kann ganz vielen Menschen eine beschissene Aussicht aufs Älterwerden geben. Menschen, die sich entweder ihr Leben so nicht vorstellen und dann mit ständiger Mainstream-Bewertung konfrontiert werden, weil: Ja, wie?! Und auch Menschen, die sich das vielleicht so im klassischen Rahmen wünschen, die Lebensumstände aber aktuell nicht ihren Sehnsüchten entsprechen, kommen bei einer normativen Vorstellung vom altersgerechten Verhalten blöd weg, weil sie den scheinbaren Mangel wie einen rosa Elefanten andauernd präsentiert bekommen. Und da hört es auch nicht bei Lebensentwürfen und der Frage nach dem Freizeitverhalten und dem Wohnsetting auf, da kommt ja noch einiges dazu. Ab wann soll ich denn dann keine High Heels mehr tragen? Wann die Haare besser abschneiden? Und wann wird es irgendwie peinlich in den Augen checklistenabhakender Besserwissender? Da habe ich wirklich unterirdisch wenig Bock drauf. Es liegt an mir, mich zu fügen oder mein eigenes Ding durchzuziehen – mit Haaren bis zum Arsch bis ins hohe Alter oder was auch immer.

Was bei vielen so mit Mitte 20 losgeht, gewinnt mit über 30 an Geschwindigkeit: sesshaft werden. Was vorweisen können. „Zur Ruhe kommen" hat etwas von einem Königsweg ab Mitte 30. Settlen, bloß nicht Peter Pan sein, der nie erwachsen werden wollte. Und plötzlich finden es ehemalige coole Backpacker*innen, denen es beim Reisen nicht individuell genug sein konnte, mutig, mit 35 noch einmal eine andere Stadt auszuprobieren.

Die Moral von der Geschichte, merkste selbst, ne? Ich habe so ein bisschen das Gefühl, dass es so laufen soll wie in der Mustervorlage: Individuell sein beim Ausleben, richtig krachen lassen, sich an den Möglichkeiten, die wir Millennials hatten und haben, pappsatt essen. Aber dann kommt irgendwann die Zäsur. Dann wäre es cool, wenn du dich ausgelebt hättest. Und dann kommt Ankommen. Mich langweilen klar definierte Abläufe, die an das Alter gebunden sind. Fand ich das früher beängstigend, dass Älterwerden immer mehr Erwartungen mitbringt, ist es jetzt mein Ziel, mir eigene Etappen zu schaffen. Etappen, die verschmelzen und die meinem Werden natürlich folgen. Ohne Korsett von außen. Mal bin ich klassisch erwachsen, mal auf beste Weise eskalierend, mal spielerisch, mal weise, mal naiv, mal spießig, mal unkonventionell. Aber was ich nicht mehr sein möchte: erschöpft vom Wettrennen ums Ankommen. Und immer schön dran denken: Don't settle for less. Oder settle auch einfach nie, wenn du das nicht willst. Es gibt kein großes Buch übers Ankommen.

Die Geschichte übers Älterwerden

2010

Ich stehe im Morgengrauen im Biergarten vom Kölner Underground, halb gelangweilt und eigentlich schon eher aufs Heimgehen gepolt, aber meine Freundin flirtet gerade mächtig, daher bestelle ich mir eine Weinschorle und beobachte nippend das Treiben. Da kommt ein Typ zu mir und fängt eine Unterhaltung an, ganz kurzweilig eigentlich. Er fragt plötzlich, wie alt ich sei. 25. Er erwidert: „Für 25 hast du aber noch gute Beine." Oookayyy. Puh. Stille erstmal. Ich bin maßlos irritiert, sodass ich nichts Schlagfertiges antworten kann.

Frauen, ihr Alter und ihr Aussehen – eine schwierige Angelegenheit. Nein, völlig untertrieben: Bei diesem Thema geht's misogyn und einfach nur widerlich zu.

Zum Glück war ich so auf Scheibe damals, dass ich schon verstand, dass der Typ richtig einen an der Waffel hat. Aber es hat mich wütend gemacht, weil es das Kernproblem zeigt: Einige Männer bewerten ungefragt Frauen nach ihrem Äußeren und legen beschissene Hot-Maßstäbe an, die eng mit dem Alter verflochten sind. Heute, 12 Jahre später, denke ich: „WTF!" Aber dennoch merke ich, dass solche Aussagen wie kleine giftige Samenkörnchen gesät sind – tief in meinem Inneren. Manchmal keimen sie kurz. Wenn auch nur für eine Millisekunde. Dann erwische ich mich beispielsweise beim Blick in den Spiegel bei der gedachten Frage: Sind das für 37 noch immer gute Beine? Und dann weiß ich gar nicht, was mich wütender macht – dass es Männer gibt, die so eine Scheiße vom Stapel lassen, oder dass mein 25-jähriges Ich es verlässlich ins Innere meines Selbstwertgefühls geleitet und wieder als Beweis hinterlegt hat: „Insbesondere Männer bewerten deinen Körper, diktieren, was schön an dir ist – und wie lange. Deine Schönheit ist deine Währung und das Alter ist dein Gegner." So will es die Erzählung. Aber die Frage ist doch: Willst du es auch so? Oder willst du viel lieber dein eigenes Körpergefühl leben?

Es gibt viele Umschreibungen, die die Kernbotschaft weitertragen, dass Frauen ein Verfallsdatum haben. Geschichten übers Welken, Vertrocknen, über den abblätternden Lack. Und alle zielen nur auf eines: Frauen zu suggerieren, dass ihre Schönheit ihren Wert bestimme und dass nur Jugend schön sei. Und die bliebe nicht für ewig – die Frau verliere also ihren Wert und damit ganz schön viel anderes. Mit diesem Narrativ verbreitet die Gesellschaft eine furchtbare Angst. Die alternde Frau – ein Bild aufgeladen mit Schreckensvisionen.

Die französische Schriftstellerin Françoise Sagan sagte darüber: „Es gibt ein Alter, in dem eine Frau schön sein muss, um geliebt zu werden. Und dann kommt ein Alter, in dem sie geliebt werden muss, um schön zu sein."[14]

Und selbst die Ikone der Frauenbewegung, Simone de Beauvoir, sah das Alter als Bedrohung und bekannte in ihrem Werk „Der Lauf der Dinge": „Mit 40 Jahren überlegte ich mir eines Tages: ‚In den Tiefen des Spiegels lauert das Alter. Und das Verhängnisvolle daran ist, dass es mich überrumpeln wird.' Es hat mich überrumpelt. Oft halte ich bestürzt vor diesem unglaublichen Ding inne, das mir als Gesicht dient … Ich hasse mein Spiegelbild".[15] Oder: „Inzwischen war ich 44 geworden und endgültig ins Schattenreich hinübergewechselt."[16]

Keine aufbauenden Worte. Auch die große Simone de Beauvoir fürchtete das Unsichtbarwerden. Unsichtbar für Männer, für sich öffnende Türen, für Berufschancen, für neue Wendungen im Leben. All das wohnt der Drohung rund ums Verwelken inne. Und es macht eine Scheißangst. Simone, I feel you. Und damit sind wir nicht allein. Frauen leiden daran. Sie leiden daran, älter zu werden. Was für eine traurige Feststellung, ist es doch eigentlich das größte Geschenk, altern zu dürfen. Tja, aber leider killt der Doppelstandard den Freufaktor: Während sich Männer relativ gelassen der Lebensmitte nähern, werden Frauen oftmals ab 30 schon nervös gemacht, dass nun der Alterungsprozess einsetzt. „Der Zahn der Zeit fängt an, an dir zu nagen." In Bezug auf Männer fallen Begriffe wie „reifen" oder „kernig werden". Aber „Frauen welken". Es gibt zig blöde Sprüche über gute Weine & Co. Aber in ihnen steckt eben auch ein Kern Wahrheit: Die Gesellschaft bewertet die Lebensjahre unterschiedlich. Und das ist eine Gemeinheit, denn dem liegt nicht der biologische Prozess zugrunde. Sondern ein kultureller, der das weibliche Altern abwertet.[17] Um noch einmal kurz auf Simone de Beauvoir zu kommen: Dies entlarvte sie selbst in ihrem Werk „Das Alter". „Das Alter lässt sich nur in seiner Gesamtheit erfassen; es ist nicht nur eine biologische, sondern eine kulturelle Tatsache."[18] Wir sehen, selbst eine so kluge Frau mit messerscharfem Verstand vermochte es nicht 100-prozentig, sich den Narrativen zu widersetzen, die älteren Frauen angeheftet werden, um die männliche Vorherrschaft kollektiv zu markieren. Kein Wunder, dass es den meisten von uns so schwerfällt, sich freizuschwimmen von all diesen Bewertungen. Die Autorin Bascha Mika hat es ebenfalls treffend formuliert: „Männer werden älter, Frauen werden alt gemacht."[19] Das Konzept dahinter hat auch einen Namen: Doing Age. Wir sollten dies verinnerlichen, um das große Ganze rund um die Angst vorm Älterwerden zu verstehen. Denn es geht nur bedingt um das Älterwerden an sich. Klar, die eigene Endlichkeit ist ein Riesending, uns damit auseinanderzusetzen, ist nicht der leichteste Kram. Aber das, was über uns Frauen oftmals ausgeschüttet wird, ist nochmal eine ganz andere Nummer. Das Patriarchat zeigt auch da mal wieder, was es für einen Unsinn anrichtet. Diese Geringschätzung von Frauen in der Lebensmitte ist erschreckend und bringt nicht selten psychische Probleme mit sich, weil sich Angst und Druck abklatschen.[20] Wie cool kann denn bitte eine Vorstellung von der Zukunft sein, wenn dir die Geschichte erzählt wird, dass deine Sexyness deine Daseinsberechtigung sei und die ein Mindesthaltbarkeitsdatum habe? Und damit sagen auch deine Karriere und dein Liebesleben auf Nimmerwiedersehen. Das macht Panik. Was steckt dahinter? Leider noch immer, dass Frauen jung, attraktiv und fruchtbar sein müssen, um dem Weiblichkeitsideal zu entsprechen. Runtergebrochen: Sinkt die erotische Anziehungskraft einer Frau auf Männer, verringert sich ihr Wert, ihre Sichtbarkeit, ihre Wichtigkeit. Ihr blüht das gesellschaftliche Abseits. Dahinter – welche Überraschung – steckt natürlich der männliche Blick. Die Kausalkette ist so simpel wie furchtbar: Alles steht mit der Fruchtbarkeit und den langjährigen Geschlechterrollen im Zusammenhang. Sind Frauen nicht mehr im gebärfähigen Alter, büßen sie angeblich enorm an Attraktivität ein – für Männer.[21] Und das patriarchale System sieht dann vor, Platz zu machen für Jüngere.

Aber das sieht die Evolution doch ebenso vor, oder? Ja, sicher können wir uns nicht aller Triebe und Überbleibsel entledigen und sicher spielt sich da auf anderer Ebene auch noch was ab. Dennoch darf das nicht als Argument für misogynen Mist dienen, der ursprünglich mal als Vehikel instrumentalisiert wurde, um eine Ungleichheit der Geschlechter einzuzementieren. Wir sind nicht total machtlos Trieben ausgeliefert, wir können lernen, anderes zu mögen. Wir müssen es aber wollen.

Die alternde Frau ist das Sinnbild für das Böse. Klingt hart, steht aber leider in einer langen Tradition. Unzählige alte Märchen bedienen sich dieser Erzählweise: Die Alte, runzlig und einsam, mit langen ausgemergelten Fingern oder aber mit Übergewicht ist gefährlich und gemein. Sie beneidet die jungen, lieben Mädchen um ihre Schönheit und steht im krassen Kontrast dazu. Ob die Stiefmutter in Aschenputtel, Ursula bei Arielle, die Zauberin bei Rapunzel oder die böse Fee bei Dornröschen. Selbst bei Hänsel und Gretel ist es eine alte Hexe, die die Kinder einsperrt und essen möchte. Die Geschichte über die ältere Frau, die die beste Zeit des Lebens hinter sich hat und verbittert Böses tut, ist tief im Kulturgut verankert. Immer mit dabei: Das Bild vom austrocknenden, verwelkenden weiblichen Körper. Aber wo kommt das eigentlich her? Topaktuell aus dem Mittelalter. Damals versuchte die Gesellschaft bereits eine Ungleichheit zwischen den Geschlechtern wissenschaftlich zu beweisen. Und sie zog dazu die altgriechische Temperamentenlehre heran: Männer galten dort als heiß und trocken, Frauen als kalt und feucht. Long story short: In dieser Vorstellung war irgendwie klar, dass Frauen mit der Zeit an Feuchtigkeit und somit an Lebenssaft verlieren. Anders gesagt: Ähnlich wie Pflanzen ohne Wasser verdorren Frauen mit dem Alter. Ahja. Und wie praktisch, dass sich dieses Bild noch weiterspinnen ließe, denn die Menopause lieferte noch ein brauchbares Indiz – Frauen bluten plötzlich nicht mehr. Wie kommt das? Ja logo, weil sie von innen austrocknen. Runde Sache! Ach ja, und da, wo kein Blut mehr fließt, da wird auch nichts Giftiges mehr aus dem Körper geschwemmt. Also war es scheinbar sonnenklar, dass sich Frauen nach der Menopause von innen vergiften würden.[22] So absurd das heute klingen mag, so sehr prägt es unbewusst noch heute die Erzählweise über älter werdende Frauen. Denn bis heute spricht die Gesellschaft Frauen in der Lebensmitte immer weiter ihre erotische Anziehungskraft, ihren Lebenssaft und ihre Sinnlichkeit ab. Anders gesagt lautet die Botschaft: „Bald sitzt du im Zug Richtung Unfuckable-Land.“ Laut dieses bitterbösen Narrativs sollen wir also irgendwann aufhören, fickbar zu sein. Ein schreckliches Adjektiv, was die männliche Vormachtstellung laut rausposaunt und die Frauen zum Objekt degradiert, was verfügbar ist – bis Mann es nicht mehr will. Kürzlich habe ich einen Post bei der Influencerin und Aktivistin Louisa Dellert gesehen, in dem sie darauf aufmerksam macht, welche beschissenen Nachrichten sie teils erhält. So schrieb ihr wohl vor kurzem ein Typ: „Du bist unfickbar, weil du Falten hast.“[23] Ich finde gar keine Worte dafür. Nur Verachtung für diesen Typen.

Bei den Recherchen zu diesem Buch bin ich auch in diverse Rabbit Holes gepurzelt – von denen ich wünschte, sie nie entdeckt zu haben. Dazu gehörten Foren von Dating-Websiten, in denen sich Männer darüber unterhielten, in welchem Alter Frauen am interessantesten seien. Ich gebe das nicht wieder, um es gar nicht in deinen Kopf zu pflanzen, aber es war erschreckend und glich eher Auto-Bewertungen rund um das Baujahr und In-Schuss-Sein. Traurige Dialoge von selbstgerechten, unreflektierten Menschen, die über Frauen als Objekte sprachen und selbst vergessen haben, sich mal im Perso ihr eigenes Geburtsjahr in Erinnerung zu rufen.

Gezeigt, dass an der männlichen Beurteilung über Fickbarkeit etwas dran ist, hat auch Comedian Amy Schumer. Sie legte den Finger richtig in die Wunde und thematisierte die ganze traurige Wahrheit über die Abwertung von Frauen ü40 in einem Sketch: „The last fuckable day“.[24] In dem Sketch joggt Amy Schumer draußen in der Natur an einem Tisch vorbei, an dem drei Ladies sitzen: Tina Fey, Julia Louis-Dreyfus und Patricia Arquette. Sie feiern Louis-Dreyfus „last fuckable day“ mit Champagner und allerlei Leckerem. Das Trio erklärt der jüngeren Amy, dass es im Leben jeder Schauspielerin den Tag gebe, an dem die Medien entscheiden, dass sie nun nicht mehr glaubhaft „fuckable“ sei. Als Schumer fragt, wer denn „Männern sage, wann ihr Tag gekommen ist, folgt Gelächter und die Aussage, Männer haben einen solchen Tag nicht. Was der Sketch anprangert: Die Tatsache, dass es Frauen in Hollywood über 40 schwerer haben, Rollen zu bekommen, die nicht unter den Typus „asexuelle Mutterfigur“ fallen.[25] Humor hilft: Er zeigt nämlich, wie absurd die Denke ist, Frauen über 40 würden an Sex-Appeal verlieren. Er macht aber auch deutlich, was wir dagegen tun können: Uns mit anderen Frauen zusammentun und sagen: „I don't give a fuck.“ Das ist nämlich ganz schön sexy.

Aber noch einmal zum Kernproblem: Diese Erzählung hält sich hartnäckig und schlägt besonders bei Promis richtig zu. Frauen, die in der Öffentlichkeit stehen, werden mürbe gemacht mit der Timeline ihres Lebens, auf der ihre „verwelkende Schönheit“ eine immense Rolle spielt. Wie ein großes Reklameschild leuchtet da gemeinhin gerne die 40 auf. Die 40 – Leute, geht's noch? Dass es Frauen ab 40, eventuell noch jünger, deutlich schwieriger haben, für gute Filme und Serien besetzt zu werden, daran ändert sich nur schleppend etwas. Bei männlich gelesenen Menschen hingegen: „Boah, was für ein Charaktertyp, der ist gebucht.“ Damit erzähl ich dir wohl nichts Neues. Aber dennoch: Wir müssen uns das richtig auf der Zunge zergehen lassen, wie überbordend unfair das ist. Und haltlos. Und was das verdammt nochmal für Signale an uns „Normalos“ sendet. Schauen wir hier nach Deutschland, sind es auf den ersten Blick einige deutsche Schauspielerinnen, die immer wieder auftauchen. Puh, erst einmal beruhigend. Gräbt man aber tiefer, sind es irgendwie immer die gleichen Ladies: Senta Berger, Iris Berben, Maren Kroymann, früher Christiane Hörbiger und einige andere der „alten Riege". Ulrike Volkers, Simone Thomalla, Andrea Sawatzki, um ein paar der jüngeren Generation zu nennen.[26] Letzte Woche habe ich es dann selbst so erlebt: Ich telefonierte mit meiner Tante und tauschte mich genau über diese Thematik für dieses Kapitel mit ihr aus. Welche Namen kamen direkt wie aus der Pistole geschossen? Iris Berben & Co. Alles wunderbare Frauen und großartige Schauspielerinnen. Und attraktiv, jede auf ihre eigene Weise. Aber was ist denn mit den ganzen anderen Frauen ab 50, die nicht zu den Grandes Dames der Branche gehören und die „Erotikhürde"[27] – wie Maren Kroymann es nennt, wenn Frauen im Alter es geschafft haben, das Attribut weiblich-sinnlich zu behalten – bereits gewuppt haben? Für sie wird es zäh. Auch am Theater sieht es mau aus. Es gibt vor allem in den Klassikern meist Rollen für die Jungen. Oder eben mal vereinzelt eine Rolle als „Alte". Frauen im mittleren Alter sind extrem unterrepräsentiert.[28]

Wenn Idole älter werden

Ein bisschen was hat sich schon getan à la „40 ist das neue 30". Was bleibt: bibbernde Knie vor der 50. Na tolle Wurst. Ich möchte unfassbar gerne 50 und noch viel, viel älter werden. Aber ich möchte nicht nach einer Story leben, dass ich dann unsichtbar werde und irgendwie meine Identität verliere.

Auch hier gibt es Beispiele, die zeigen möchten: „Woah, die Grenze bekommen wir gekickt." Schauen wir uns JLo, Halle Berry und Julia Roberts an. Alles Frauen zwischen 50 und 55, die sagenhaft sexy und voll da sind karrieretechnisch. Aber ich weiß manchmal nicht, ob das den Druck nicht noch erhöht, denn JLo & Co. kümmern sich sicherlich auch immens darum im Alltag, so fabelhaft in shape zu sein und auszusehen wie Mitte 30. Das ist null Vorwurf. Ich feiere die Frauen. Und ich bin ja eh dafür: Jede wie sie will. Doch hier sollte die Beweisführung nicht abgeschlossen sein, dass Frauen ü50 auch noch gefragt sind. Denn sie sind gesellschaftlich voll akzeptiert und für heiß befunden, weil sie deutlich jünger aussehen. You know what I mean? Aber ich fände es schön, wenn wir eine 50-Jährige, der man ihr Alter ansieht, ebenfalls als attraktiv wahrnehmen würde und sie voll im Business wäre. Bestes Negativbeispiel haben wir wohl zuletzt bei dem Ensemble von *Sex & the City* deutlich gesehen. Sarah Jessica Parker und ihre Kolleginnen wurden in den sozialen Netzwerken mit miesesten Kommentaren über ihr Aussehen überschwemmt. Weil angeblich zu viele Falten, zu wenige oder zu gemacht („Pfui, wie armselig"), wegen grauer Haare und weil sie nicht mehr so aussehen würden wie in der früheren Serie – vor ungefähr 25 Jahren. Wow. Das zu lesen, hat mich echt traurig gemacht. Ich kann mir nur schemenhaft vorstellen, wie es sich für die Frauen angefühlt haben muss, dieses gemeine Zeug zu lesen, wo sie doch eigentlich nur ein Revival der Kultserie feiern wollten. Fun Fact: Über die männlichen Co-Stars las man so etwas nicht. Geilerweise haben sich die Schauspielerinnen aber gewehrt. So sagte Sarah Jessica Parker: „Es ist ja nicht so, als hätte ich eine Wahl. Was soll ich tun – aufhören, älter zu werden? Soll ich von der Bildfläche verschwinden?“[29]

Das ist eine Form der Altersdiskriminierung – auch Ageism genannt. In Bezug auf Frauen gibt es eine besonders toxische Mixtur: Ageism meets Sexism. Wir bewerten nämlich wie oben schon erklärt das Alter der Frau anders als das Alter des Mannes – ich sage nur nochmal: Doppelstandards. Und ja, es tut sich etwas: Iris Apfel, eine Ikone von 100 Jahren, hat jüngst eine Kollektion mit *H&M* herausgebracht. Vor einigen Jahren wäre das noch undenkbar gewesen: Eine so alte Frau und Mode – abseits von Beige. Aber es ist so verdammt viel Luft nach oben. Während ich das schreibe, entdecke ich auch ein Posting über einen Text, den Autorin Mira Jacob geschrieben hat: „How had I, a brown woman with a reasonable amount of logic and deep familiarity with being ignored, come to frame aging as a private humiliation instead of just what happens when you don't die?“[30]

Pretty Girls

Auch in der Medienlandschaft geht es nicht besser zu. Scheinbar überall flüstert es uns zu: „Oh, oh, nicht mehr lange, dann kommt die große Wende in deinem Leben.“

Schauen wir uns in der Buchhandlung um, finden wir Buchtitel wie „Das Antifrustbuch für Frauen ab 40“ oder „Frauen lügen nie und werden höchstens 39“. In Online-Magazinen springen uns oft Headlines entgegen wie „Was Frauen ab 40 jetzt styletechnisch beachten sollen“, „Die besten Frisuren für Frauen ab 40“. Was eventuell sogar gut gemeint ist, trägt aber die Geschichte weiter, dass 40 irgendwie ein Ding wäre. Dass wir ein bisschen Angst bekommen sollten vor der Vier und der Null. Ich finde es ermüdend und anstrengend, wie oft ich selbst immer wieder ins Rechnen komme, wie lang mir noch bis zur 40 bleibt. Und ich hasse es. Diese Linie ist künstlich gezogen. Sie macht Druck, wo keiner sein müsste. Das Narrativ, dass Frauen mit dem Alter unattraktiver werden, hat mich geprägt und es hat eine Angst vor der 40 entstehen lassen. Damit fängt die Hetze doch schon an – mit dieser Erzählweise von klein auf: „Du musst schön sein. Das ist deine Macht." Und das Schönsein hat in dieser Erzählung eine schreckliche, klare Definition: jung, weiß, dünn. „Normschön". Ein eindimensionales, ausschließendes Bild, dessen normative Wucht nur schwer zu kippen ist und unter dem superviele Menschen leiden. Für marginalisierte Menschen gilt das ganz besonders. Hier offenbart sich auch die dringende Notwendigkeit, über den eigenen Tellerrand zu schauen: In der Benachteiligung sind weiße, dünne, heterosexuelle Cis-Frauen noch immer privilegiert. Ich bin eine davon. Von trans Frauen erwartet die Gesellschaft beispielsweise durch Hyperfeminität einen Beweis fürs „echte Frausein". Von Women of Color wird erwartet, in einem höheren Maße attraktiv zu sein.[31] Die Konsequenz: Mehrfach-Diskriminierung. Das Alter ist folglich nur eine Facette, auf die ich mich hier beziehe, um zu zeigen, wie scheiße Frauen bewertet werden. Es ist ein Aspekt aus vielen, die das Patriarchat mit seinen veralteten, diskriminierenden, normativen Vorstellungen hervorbringt. Das Patriarchat als Richter darüber, wer sich wie anstrengen muss, um eine Daseinsberechtigung zu haben.

Viel zu oft geht es bei heterosexuellen Frauen beispielsweise in erster Linie darum, sich einen Mann zu angeln, ihn mit ihrer Schönheit zu umgarnen. Und dieses Kopfkino erschuf auch in mir lange eine innere Sanduhr, durch die meine Lebenszeit als attraktive Frau rieselte, weil irgendetwas in mir immer wieder rief: „Beeil dich, du musst einen Mann finden und Karriere machen, solange du noch unter 40 und attraktiv bist! Ach ja, und bis dahin noch mindestens ein Kind bekommen." Hier klatscht sich ein Rollenklischee mit dem nächsten ab. Und alles steht scheinbar vehement miteinander im Zusammenhang – nur so kannst du vermeintlich wirklich Frau sein: schön, verheiratet, Mutter. So jonglierte ich immer wieder Zahlen in meinem Kopf umher und rechnete herum, wie viel Zeit mir bleiben würde, weil ich das alles für mich noch gar nicht auseinanderklamüsert hatte. Ich denke, dass es wohl nahezu überflüssig zu erwähnen ist, dass das alles fernab vom achtsamen Umgang mit sich selbst ist. Zeit erlebte ich plötzlich als etwas so Unkontrollierbares, dass es mir richtig auf meine psychische Gesundheit geschlagen ist. Und es ist schwer, an diesem Punkt gedanklich auszusteigen. Die Grübelei, wie andere dich wahrnehmen, und die Angst, einem Narrativ zu entsprechen, kann so sehr belasten und übermächtig werden, wenn du diesen Unsinn als Wahrheit in dir verankert hast. Ich war teils so besessen davon, ständig über mein Alter und über unerreichte Ziele nachzudenken, über Plattitüden wie „Der Lack blättert langsam" – mit Anfang 30. So traurig rückblickend. Ich habe so lange meinen Wert ausschließlich von der Anerkennung von

Männern abhängig gemacht. Vor allem habe ich meinen Wert fast ausschließlich an meine Optik geknüpft. Persönlicher Tiefpunkt: Mein Freund hat mich betrogen und für eine andere Frau verlassen, als ich Anfang 20 war. Klar, das tat sauweh. Aber nicht nur der Schmerz schwelte in mir, sondern etwas noch viel Verletzenderes kam auf, nämlich eine Überzeugung, dass ich einfach nicht hübsch genug und die andere Frau eben schöner gewesen sei. Um mir das selbst zu beweisen, habe ich in einem Fotobearbeitungsprogramm ein Foto von mir und eins von der neuen Freundin (*Studi-VZ* hat es möglich gemacht) geöffnet und mit der Pipette den Farbton unserer Augenfarbe verglichen. Mit dem Ergebnis: Sie hatte in meiner Wahrnehmung strahlendere Augen und war daher attraktiver und liebenswerter. Meine Augenfarbe fand ich langweilig. Beweisführung abgeschlossen. Also suchte ich krampfhaft nach Indizien, was ansonsten aber an mir hübscher war als an ihr. Wenn ich das so schreibe, kommt eine Welle aus Scham und Traurigkeit hoch, aber es ist wichtig, das mit dir zu teilen. Um dir, mir und anderen Frauen zu zeigen, wie schlimm es ist, wenn wir uns einreden lassen, nur unser Aussehen sei unser Kapital. Nur damit würden wir Männer halten. Oder eben nicht. Heute denke ich, dass ich mein Mitte-20-Ich in den Arm nehmen und sagen möchte: „Vergleich dich nie wieder!" Denn das ist ein geschickt angelegtes patriarchales Spiel: Machen wir Frauen glauben, dass ihre einzige Macht in ihrem Aussehen läge und andere Frauen gefährliche Konkurrenz seien, erschaffen wir ein System, aus dem heraus sich Frauen sogar untereinander abwerten. Weil sie ineinander Rivalinnen sehen, sich kleinhacken, während sich das Patriarchat selig lächelnd zurücklehnt und denkt: „Jawoll, so ist's brav." Dazu gleich noch mehr.

Bleiben wir aber erst einmal noch bei der Macht der Schönheit. Was macht das, wenn dir erzählt wird, dass deine Schönheit deine Währung sei und du sie nicht behaltest? Da habe ich Sorge vor Altersarmut gleich im doppelten Sinne.

Die Story von den Beinen war nur ein Beispiel. Generell hat die Optik für mich immer eine zentrale Rolle in meinem Selbstwertgefühl gespielt. Unterwegs zur Arbeit morgens bin ich nicht aus dem Auto gestiegen, ohne nochmal im Tageslicht in den Spiegel zu gucken und mir schnell das ein oder andere graue Haar auszureißen. Schaue ich mir Fotos von vor einigen Jahren an, denke ich: Was zur Hölle war denn dein Problem? Ich konnte oftmals das Jetzt gar nicht genießen, weil ich immer mit der Suche nach männlicher Bestätigung beschäftigt war, um mich gut zu fühlen. Ich kann mich an Zeiten erinnern, da verhielt ich mich in Bezug auf Männerkomplimente und Hot-Beweise wie beim All-you-can-eat-Buffet. Ich schaufelte alles in mich rein, was ich an Indizien für meine Attraktivität bekommen konnte – Blicke und Komplimente als Bestätigung. Lieber ein bisschen zu viel davon – jetzt, wo es noch geht. Vielleicht reicht das für später aus, wenn Männer sich dann nicht mehr so nach dir umdrehen. Das war zu 100 Prozent in mir als Glaubenssatz verankert. Aber es ist auch meine Aufgabe, dafür zu sorgen, dass ich diesen auflöse. Das ist aber schwer. Echt jetzt. Zuvor musste ich noch einmal völlig freidrehen: Ich sammelte Beweise dafür, dass sich weniger Männer für mich interessieren, dass ich weniger Blickkontakte erhaschen konnte, als ich älter wurde. Dieses Gefühl von scheinbarer Ignoranz kratzte dermaßen an meinem Ego, dass ich selbst baff war. „Jetzt ist deine Zeit vorbei, schade du.“ Ich hatte das Gefühl, dass meine Macht schwinden und sich die gesellschaftliche Prophezeiung vom Unsichtbarwerden erfüllen würde. Was sich so easy anhört, musste ich aber erst selbst lernen. Und tue das heute noch. Und ich weiß, dass ich damit nicht allein bin. Körper und Gesichter von weiblich gelesenen Menschen sind so dermaßen vielen Bewertungen ausgesetzt – und gefühlt darf auch jede*r mitreden.

Ich trauerte um mein jugendliches Ich. Klingt super trivial, hat aber etwas Tiefsitzendes, was nicht geil ist. Ich bin generell in einem Umfeld aufgewachsen, in dem die Optik eine wichtige Rolle spielte. Klassiker meiner Oma, wenn ich ein bisschen blass um die Nasenspitze aussehe: „Du musst mal ein bisschen Landluft aus dem Döschen auflegen!“ Gemeint ist damit Rouge – rosige Wangen für jugendliche Frische. Meine Oma gehört zu den Frauen ihrer Generation, die sich morgens als erstes „zurechtmachen“, immer perfekt, egal, wie es ihr geht. Ich bildete nach und nach ein obsessives Beobachten meines Äußeren aus. Und das war plötzlich mein Stolperstein: Konnte ich genau das in jüngeren Jahren kontrollieren durch Diäten, Style, Make-Up, ging mir plötzlich diese Kontrolle verloren, die Zeit übernimmt irgendwann das Ruder. Das schürte meinen Respekt vorm Älterwerden. Und gleichzeitig verurteilte ich mich dafür, weil ich doch dankbar sein möchte fürs Älterwerden – hatte ich doch selbst erlebt, wie schnell ein junger Mensch aus dem Leben gerissen wurde.

Erinnere ich mich zurück, hatte ich das erste Mal schon in der Grundschule das Gefühl, nicht schön genug zu sein. Ich werde nie den Tag vergessen, als ich auf der Schultreppe saß und zwei Kinder, mit denen ich befreundet gewesen bin, sich links und rechts neben mich setzten und meine Oberschenkel mit ihren dünneren Oberschenkeln in unseren Radlerhosen verglichen und dabei meine als „zu dick" labelten. Ich fühlte mich meine ganze Grundschulzeit über schwer und behäbig, traute mir nicht zu, Ballettunterricht zu nehmen, geriet bei den Bundesjugendspielen echt unter Stress, damit ich auch bloß ablieferte – dabei war ich ein gesundes kleines Mädchen.

In der Pubertät wurde es nicht besser, *Bravo Girl* & Co. erklärten uns schon recht flott, dass Cellulite echt ein Thema ist und Körperhaare sowieso. Mit 14 lag ich heulend auf der Couch, während eine Dauerwerbesendung zu einem Stepper über den Bildschirm flimmerte. Als mein Vater versuchte, herauszufinden, was denn los sei, erklärte ich ihm, dass ich so verzweifelt über meine Oberschenkel sei, weil die schon Dellen hätten. Und dass ich die hasse. Uff. Der Mann war mit Sicherheit überfordert, hatte ich doch kurze Zeit vorher einen Mental Breakdown, weil ich Nick Carter als Liebe meines Lebens einstufte, ich ihn aber wohl nie bekommen würde. Gut, harter Teenager-Tobak, aber er hörte mir zu, nahm mich ernst und versicherte mir, dass alles ok mit mir sei und Nick Carter dann eben nicht der Richtige für mich sei, aber sicherlich da draußen andere Jungs auf mich warten würden, wenn ich älter sei. Ach, Papa! Aber wie das oftmals so ist, glaubte ich den Medien mehr als den Eltern. Und irgendwann gaben meine Eltern nach und kauften mir einen Stepper. Auf dem ich dann gegen meine angebliche Cellulite ansteppen konnte. Ich begann also schon recht früh, einiges an mir scheiße zu finden. Manchmal sogar so sehr, dass es sich wie ein innerer Krieg gegen meinen Körper, Dellen, Beinhaare, schmale Lippen oder was mir gerade nicht zusagte, anfühlte. Wie bei den meisten Mädchen war das ein Resultat der omnipräsenten Prägung von einheitlichen Schönheitsidealen, von Zeitschriften, die jeglicher Diversität entbehrten, die dafür Makel mahnten. Von der Story ums Normschönsein.

Entweder fühlte ich mich zu dick, zu unbesonders oder dann ab Mitte 20 zu alt. Jedes Fältchen begann ich, skeptisch zu beäugen, jeder Augenschatten ließ mich nervös werden. Ich wollte mein Aussehen so sehr festhalten, es bloß nicht verlieren. Verlust. Ja, das, was ich alles verlieren kann – glaubte ich damals noch der gesellschaftlichen Perspektive – war einfach so viel. Zu viel, um mich auf die Zukunft zu freuen, die mir nur noch Schiss machte. Das weibliche Älterwerden als Stück-für-Stück-Auflösung. Solange uns eingetrichtert wird, dass unsere Optik unsere einzige Macht sei und Schönheit immer Jugendlichkeit meine, kann es nur doof werden.

Ui – Weiblich, wild und erfahren

Was ich feiere? Beispielsweise das Buch von Priska Amstutz und Leoni Hof „Das neue 40".[32] Ein Buch, das Frauen zeigt, die andere Bilder präsentieren, die Vorbildpotential haben. Die sagen: „Öhm nö, ich lass mir nicht meine Schönheit über Zahlen diktieren." Die Charakter und Eigensinnigkeit leben. Was mir auch hilft, ist auch hier wieder zu verstehen: Das Narrativ des Unsichtbarwerdens ist Teil des patriarchalen Systems, das Frauen ans Kinderkriegen und somit an ihre angebliche Hauptaufgabe erinnern soll. Jede Falte hat folglich eine Mahnung im Schlepptau, dass das Ende der Fruchtbarkeit näherrücke – in der Theorie. Und an der Fruchtbarkeit hängt noch immer der Wert der Frau. Diese Geschichte müssen wir begreifen, um zu verstehen: Dahinter steckt ursprünglich ein System voller gesellschaftlicher Zuweisungen und männlicher Sorge um Machtverlust.[33] [34]

Die wilde, sich sexy fühlende Frau, die unzähmbar ist und über einen ganzen Batzen an Lebenserfahrung verfügt, die sich ihrer Ausstrahlung und vor allem ihrer selbst bewusst ist, die danach handelt, was ihr Spaß und Freude bringt – ja, diese Frau bedroht immer auch bisschen falsch gedachte Männlichkeit.[35] (Oh boy, die kann für alle Geschlechter richtig bitter sein. #toxicmasculinity) Um diese Bedrohung zu mildern, gibt es seit jeher die einfallsreichsten Unternehmungen.

An dieser Stelle muss ich auch den kleinen Hexen-Exkurs einbringen. Denn was damals geschehen ist, wie viele unschuldige Frauen ihr Leben lassen mussten, macht mich bis heute sprachlos. Frauen mit Wissen, Heilerinnen, Frauen mit sexueller Leidenschaft – sie galten als Hexen und ihr Schicksal waren Folter und der Scheiterhaufen. Dabei konnte der Frau für nahezu alles die

Schuld gegeben werden: Seuchen, Tod, Hagel und Unwetter, schlechte Milch oder Impotenz der Männer. Ein Verdacht genügte und ab ging es vor das Inquisitionsgericht – unter Folter gestanden nicht wenige nahezu alles Absurde, um dann von den Qualen durch den Tod erlöst zu werden.[36] Und genau diese Betroffenen waren Frauen, die sich auflehnten und sich nicht in die konstruierte Rolle einfügten. Die Hexe als Gegenteil der frommen Frau, die die „göttliche Ordnung" akzeptiert, in der der Mann über der Frau stünde.[37] „Im Rahmen von Medizin, Magie und alter Religion hatten die Frauen matriarchales Wissen bis in die beginnende Neuzeit herübergerettet. Die Männer wussten das. Vor allem dem Klerus war klar, wie oberflächlich die Christianisierung des Volkes wirklich war und wie lebendig noch alte Traditionen und das Wissen um die einstige Frauenmacht war."[38] Also lieber mal denunzieren und aus Volksmedizin Giftmischerei machen. Zudem stand die Frau für Fleischeslust, für einen immer bereiten Körper voller Begehren. Eva hat es ja quasi schon mit ihrer Erbsünde für alle versaut. Die Kirche verstand natürlich, dass mit der weiblichen Sexualität immer eine gewisse Macht einhergeht – was unter keinen Umständen geduldet werden konnte.[39] Interessant: Die Story, dass sich Hexen mit dem Teufel einließen, geht im Grunde auf eine enorme männliche Unsicherheit zurück: In einer körper- und sinnenfeindlichen Zeit war eine Frau, die ihre Sexualität ausleben wollte, der Feind Nummer eins – unberechenbar, freizügig, wie von Sinnen geil, nicht bei Verstand – da musste das männliche Ego den Pakt mit dem Teufel konstruieren, weil sich vermutlich hinter der Echauffierung eine Mischung aus Neid und perverser Fantasien tummelte.[40] Fun Fact: Weibliche Sexualität wurde nicht immer verteufelt. Im Gegenteil, in matriarchalen Kulturen in der Vorantike wurden Frauen aufgrund ihrer Fähigkeit, Leben in die Welt zu setzen, enorm wertgeschätzt und verehrt. Weiblichkeit, Fruchtbarkeit, Sexualität hatten etwas Heiliges. Was sich völlig umkehrte als sich die männerzentrierte Gesellschaft entwickelte – in den patriarchalen Kultur- und Religionsgeschichten avancierte die Geschichte über die böse Frau, die kontrolliert werden muss, weil sie weibisch und nicht rational sei, weil sie verrucht und schlecht sei, zu der alles bestimmenden Geschichte. It's all about the storyline.[41] Einen traurigen Höhepunkt markierte die Neuzeit mit ihren Hexenverfolgungen, in denen schätzungsweise 50.000 Menschen in Europa diesem Genozid zum Opfer gefallen sind, davon etwa 80 Prozent Frauen.[42]

Weiblich, auflehnend, selbstbewusst, wissbegierig, erfahren, freiheitsliebend, sexuell aktiv – das geht seit Jahrhunderten mit Ängsten einher. Männlichen Ängsten. Um diese zu kompensieren, entwickelten sich Narrative der verschiedensten Art. Über Hexen, die Femme fatale, über der Hysterie Verfallenen und vieles mehr. Oder aber: Über die mittelalte Frau, der die Erotik abgesprochen wird.

So viel zum Kontext. Den Schritt daraus müssen wir aber selbst machen. Denn wahre Power liegt darin, die oftmals in der Öffentlichkeit gezeichnete Identität der verblassenden Frau nicht für uns anzunehmen. Sondern uns stattdessen immer mehr unserem Frausein bewusst zu werden, es geil und spannend zu finden, Komplexe über Bord zu schmeißen und uns nicht weiter als fuckable oder unfuckable kategorisieren zu lassen – und damit passiv zu bleiben, sondern eine Entscheidung für die eigene Aktivität zu treffen. Da kommt es auf unsere eigene Haltung an. Lasst uns nicht gefallen wollen, sondern dahin kommen, unsere Bedürfnisse wahrzunehmen und auszuleben, statt Altersgrenzen als Richtlinien anzunehmen. Lasst uns nicht versuchen, bumsbar zu bleiben, sondern bumsen. Kleiner Shift im Kopf, große Wirkung. ;) Vor allem: Bei Frauen wird der Sex immer besser, je älter sie werden. Studien zeigen, dass Frauen ab Mitte 30 mehr bei sich ankommen und sich beim Sex weniger einen Kopf darüber machen, wie sie gerade aussehen. Dafür aber genauer wissen, worauf sie stehen. Das beschert entspannteren, leidenschaftlicheren Sex, der mehr vom Genießen als vom Performen geprägt ist. Diese Tatsache hat eine ziemlich fabelhafte Folge: Die Dating-App *OkCupid* hat herausgefunden, dass Frauen ab 40 deutlich besser und öfter zum Orgasmus kommen als Frauen in ihren 20ern.[43]

Das sind doch die Stories, die wir uns erzählen sollten. Das sind doch die Vibes, die wir brauchen und die wir aktiv leben können. Denn immer nur auf die Männer schimpfen, das bringt auch nicht die Wendung. Ganz im Gegenteil, das bringt Verhärtung, wo ein respektvolles, schönes Miteinander doch das Ziel ist. Emanzipation aus Erzählweisen is the key. Und dadurch mit gutem Beispiel vorangehen. Denn auch die Männer sind mit diesen Erzählungen und den Ansprüchen an Frauen aufgewachsen.

Von Heidi und der MILF

Eine, die das voll auslebt und immer wieder genau deswegen auch für Schlagzeilen sorgt, ist Heidi Klum. Wir erinnern uns, welcher Aufschrei durch die Medien ging, als herauskam, dass sie mit dem viel jüngeren Tom Kaulitz zusammen ist. Heidi droppt einfach gerne intime Details und feiert die Leidenschaft zwischen ihr und Tom. Damit ist sie vielen ein Dorn im Auge, kommen nämlich bei ihr gleich zwei Aspekte zusammen, die für einen halben Nervenzusammenbruch bei verstaubt Denkenden sorgen: 1. Heidi Klum hat unverhohlen Lust auf Sex und fühlt sich auch gerne sexy – „in ihrem Alter“. 2. Dazu ist sie noch Mutter von vier Kindern. Und das ist losgelöst vom Alter ein scheinbar ungeschriebenes Gesetz: Mamas und krachende sexy Times gehen nicht zusammen. Müttern wird ja ganz gerne mal ihr Dasein als sexuelles Wesen abgesprochen, weil es jetzt ums Kümmern geht. Das Mütterliche radiert das Sinnliche, das Wollende aus. Es sei denn, du bist eine MILF. Jo, dann sieht es das Narrativ sogar explizit vor.

Meine Güte, ja was denn jetzt?! Es wird also ganz schön viel mitgequatscht bei Frauen, ihrer Libido und ihrer Sexyness. Umso wichtiger: Emanzipier dich davon. You do you.

Wir sollten uns unsere Autonomie zurückholen

So bescheiden sich das alles anfühlen mag zu lesen, so wichtig ist die Botschaft dahinter: Es sind keine biologischen Tatsachen, sondern ein Produkt der Geschlechterungleichheit und gezielter Manipulation. Und glaube mir, als ich mich durch verschiedene Bücher und Artikel zur Thematik gearbeitet habe, spürte ich mehr als einmal eine aufsteigende Beklemmung und war noch eine Weile danach irgendwie nicht gut unterwegs. Doch dahinter kann auch eine Befreiung liegen. Nämlich dann, wenn wir das große Theater hinterblicken und Essenzen herausfiltern, die auf uralte Vorstellungen zurückgehen. Und begreifen: Das, was da von außen suggeriert wird, ist veraltet und giftig. Es kreiert traurige Gefühle. Ein ausgeklügeltes System, in dem die Frau noch immer dem Mann untergeordnet ist, ist schuld daran. Doch Systeme kann man verändern. Natürlich nicht mal eben. Aber in den eigenen Reihen anzufangen, wäre ein Hit. Zum Beispiel, sich an die eigene Nase zu packen, wenn wir merken, ui, die Prägung schlägt durch, wir selbst bewerten gerade eine andere Frau nach ihrem Aussehen, anstatt nach ihrem Können. Oder wenn wir Schönheitsideale reproduzieren, die so viele Menschen diskriminieren. Oder wenn wir eine andere Frau als alt aussehend bewerten. Stop!

Hier müssen wir ganz dringend lernen umzudenken, denn wie Bascha Mika sagt: „Wie schauen wir Frauen in den mittleren Jahren auf uns und auf andere Frauen unseres Alters? Legen nicht auch wir häufig die abwertenden Maßstäbe an, unter denen wir gleichzeitig leiden? Wenn wir hier unser Handeln verändern, erobern wir uns ein ganzes Stück Autonomie."[44] Will heißen: Wir müssen aufhören, uns den Erzählungen über älter werdende Frauenkörper zu fügen und vor allem: Wir dürfen sie nicht reproduzieren. Wir sollten unsere Denkweise und unser Körpergefühl mehr in die Eigenbestimmung lenken, indem wir verstehen. Und Nein dazu sagen. Denn was wir über uns und andere Frauen denken, das liegt in unserer Hand. Unlearning und so. Und diese Power sollten wir ausleben, anstatt passiv im Opfermodus zu bleiben. Wir können entscheiden, welche Rolle wir annehmen, mit welchem Bild wir uns identifizieren und welches Bild wir von anderen Frauen zeichnen. Bascha Mika spricht in ihrem Buch „Mutprobe" vom Kasperletheater oder auch von interessengeleiteter Kommunikation in Bezug auf die Story rund um die alternde Frau. Das ist ein System, das Ungleichartigkeit zwischen Frauen und Männern weiter unterstreichen soll.[45] Das ist der Zweck von Doing Age: Frauen ab einem gewissen Alter ins Abseits zu drängen. Aber das Nein dazu beginnt im eigenen Kopf – so klein der Schritt gegen das System auch sein mag, so viel Potenzial hat er, für dich, für mich und so viele andere Frauen, etwas langfristig zu verändern.

Daher an alle Frauen: Hört auf, euch selbst alt zu machen. Tragt die Story nicht weiter, auch wenn es im Halbwitz gemeint ist: „Dafür bin ich jetzt zu alt" – und dabei sentimental am *Aperol* nippen, obwohl ihr euch in der Mitte des Lebens befindet, die so viel Aufregendes bereithalten kann. Das ist ein perfider Teil von Doing Age, mit dem sich Frauen selbst zerstören.[46] Ich wünsche mir so sehr, Frauen mögen aufhören, sich diese Deadline selbst zu setzen, ich wünsche mir Frauen, die es vorleben, die Mut machen. Im besten Fall kommen wir alle in das Alter – und Vorbilder sind Arschretter.

Ich merke den Unterschied: an mir selbst, wie ich plötzlich die Linien in meinem Gesicht beginne, schön zu finden, wie sie mehr zum Ich-Sein beitragen. Wie ich beginne, meine Erfahrung und mein Reiferwerden toll und spannend zu finden. Wie ich viel mehr mit mir und meinem Körper verbunden bin, Sinnlichkeit leben kann. Wie ich gelassener werde. Und auch in Bezug auf andere Frauen, die ich mal unvoreingenommen ansehe und denke: „Halleluja, gibt es da tolle, sinnliche Frauen, die laut gesellschaftlichem Maßstab schon am Vertrocknen sind." Es steht uns allen richtig gut, den Quatsch nicht länger zu glauben und in eine so wunderbare Selbstsicherheit zu kommen, die Charisma hat. Die wahre Lösung liegt aber meiner Meinung nach darin, dass wir uns als Frauen kollektiv diesem Narrativ verwehren, wir uns gegenseitig stärken, statt in die Pfanne zu hauen und zu lästern, wer was hat machen lassen, wer alt aussieht oder wer noch jung sei, aber später schon sehen würde, dass diese Qualität nicht hält. Wir müssen uns dringend unterstützen und uns diese sexistische Altersdiskriminierung gemeinsam nicht mehr gefallen lassen. Damit streuen wir nämlich ganz schön viel Sand ins patriarchale Getriebe und können langfristig einen Unterschied machen. Lasst uns Vorbilder werden und versuchen, uns zusammen der Panikmache zu entziehen!

Von Konkurrenz und der Sucht, gefallen zu wollen

Auch das Konkurrenzdenken zwischen Frauen ist bewusst geschürt und geht auf die Tatsache zurück, dass die Frau früher meist einen Versorger „brauchte“, weil sie allein nicht überlebensfähig war. Weil sie ohne Mann (so war es konstruiert) nicht wirklich Frau sein konnte – das fehlende Gegenstück zum Mann, das sich von Natur aus unterordnen würde. Männer galten seit Jahrhunderten als die Mächtigen, unter denen es sinnvoll erschien, sich ausschließlich die eigene Stellung zu sichern. In Deutschland ist es Frauen erst seit grob 60 Jahren erlaubt, ein eigenes Bankkonto zu besitzen. „Noch bis 1977 allerdings durfte eine Frau in Westdeutschland nur dann berufstätig sein, wenn das ‚mit ihren Pflichten in Ehe und Familie vereinbar‘ war.“[47] Rechnen wir mal kurz nach und stellen das in Relation zur Menschheitsgeschichte, merken wir schnell, dass das nicht wirklich lange her ist. Die Gesetzeslage vor 1958 zeugt von stetiger Kontrolle, die Männer über Frauen ausübten für einen noch viel längeren Zeitraum. Und damit wundert es nicht, dass früher eine andere Frau eine potenzielle Gefahr darstellte, wortwörtlich zu verhungern und die finanzielle Absicherung zu verlieren. Die Konkurrenz musste in die Schranken gewiesen werden. Hallo, Stutenbissigkeit. Ein Begriff, der zeigt, wie lächerlich der Konkurrenzkampf anmutet, doch im Grunde ist er ein ernstes Problem und geht auf traurige Tatsachen zurück.[48] Heute brauchen wir keinen Mann mehr, der uns heiratet, damit wir versorgt sind. Welch eine Errungenschaft! Wie gut wäre es also bitte, vollkommen aus dem Panikmodus auszusteigen, eine andere Frau als Bedrohung zu sehen, weil sie eventuell hübscher ist. Das wäre ziemlich groß und würde dem misogynen Diktat ein Schnippchen schlagen. Aber die Wahrheit sieht so aus: Neben den Bildet-Banden-Vibes, dem Female Empowerment und den zum Glück zahlreichen feministischen Publikationen und Bewegungen taucht auch immer mal wieder ein Gegeneinander auf. Die andere Frau als Kontrahentin. Das Konkurrenzdenken unter Frauen hat immer auch etwas mit der Bewertung des Mannes zu tun. Und weitergesponnen auch mit sexueller Attraktivität. Die Folgen reichen bis ins Berufsleben, was den wahren Irrsinn daran richtig enthüllt.[49]

Wir sind darauf trainiert, dass „es nur eine geben kann". Carolin Kebekus hat darüber ein ganzes Buch geschrieben, in dem sie genau beleuchtet, wie diese Annahme internalisiert ist. Von der Bibel über die Schlümpfe bis hin zu den Chefetagen: Eine Frau reicht. Und alle wollen diese eine sein. Und diese eine ist nun mal die Schönste, die Besonderste. Das Prinzip Bienenkönigin – oder auch Queen-Bee-Syndrom: die eine Frau auf hoher Position, die andere nicht mit supportet und somit unfeministisch as fuck ist.[50] Bitter, aber leider oft Realität. In Studienergebnissen ausgedrückt: Wie die Gesellschaft für Konsumforschung herausfand, wünschen sich nur zehn Prozent der Frauen einen weiblichen Chef – hingegen 40 Prozent einen männlichen.[51] Und noch spezifischer: 90 Prozent der Frauen und Männer haben laut des Gender Social Norms Index der *Vereinten Nationen* aus dem Jahr 2020 eine gewisse Voreingenommenheit gegenüber Frauen.[52] Also vorverurteilen sich auch Frauen gegenseitig für „typisch weibliche" Attribute – im Potpourri der Argumente mit dabei: Zickenkrieg, mädchenhaft sein, zu emotional sein.[53] Hier passt auch rein, dass Aussagen wie „Ich kann nicht so gut mit anderen Frauen" oder „Ich bin nicht so wie andere Frauen" genau in diese Kerbe schlagen: Das Weibliche sei einfach nicht richtig ernst zu nehmen, anstrengend, unterlegen. Und das reproduzieren Frauen teils selbst, um sich ein Plätzchen unter den Starken zu sichern. Ein Pick-me-Move.[54]

Wie kann das sein? Ein Erklärungsversuch geht so: Schafft es eine, sich in der patriarchalen Struktur nach oben zu arbeiten, verbündet sie sich eher mit den mächtigen Herren – weil sie gelernt hat, dass ihr das Vorteile bringt. Eine lange Tradition, in der Frauen seit Jahrtausenden vom Wohlwollen der Männer abhängig waren und es häufig noch immer sind. Diese Tatsache schubst Frauen seit Generationen in einen Konkurrenzkampf: Die verinnerlichte Sozialisierung, dass es für Frauen nur beschränkt Platz gäbe (eine reicht), lässt Frauen um ihre Position bangen, sobald eine andere Frau erscheint – während Männer klarer mit verschiedenen Stärken und Rollen gesehen werden, schwingt bei Frauen mit, dass die Konkurrenz die gleichen Fähigkeiten besitzt und deswegen eben direkte Kontrahentin ist. Das Ganze hat sogar einen Namen: interfeminine Konflikte.[55] Wenn wir über Feminismus reden, müssen wir also auch darüber reden und und das im Gesamtzusammenhang mitdenken, um es im ersten Schritt eventuell bei uns selbst zu entlarven und im zweiten Schritt dann bewusst zu verändern. Feministische Solidarität sieht nämlich anders aus. Diese ganzen Stories über Zickenkriege, Schwiegermonster, verbitterte, ältere und von Neid zerfressene Frauen, die jüngeren im Job das Leben zur Hölle machen, von männerausspannenden Biestern – ich hoffe, wir arbeiten daran, um nachhaltig etwas zu verändern – mit gemeinsamen Kräften statt gegeneinander. Weil: We are in this together.

Die Psychologin Sandra Konrad hat sich mit der Konkurrenz unter Frauen beschäftigt und schreibt: „Die Frau will gefallen, sie will geliebt und begehrt werden – aber je weniger Wert sie sich selbst beimisst, desto abhängiger wird sie von der Bewertung der anderen. [...] Daher sitzt die Frau in der Falle. Sie sieht auf sich selbst aus einer männlichen Perspektive, die ihre Unterlegenheit immer schon voraussetzt: Die männliche Geringschätzung der Frau ist Teil des weiblichen Selbst geworden."[56] Und Autorin Katja Lewina ergänzt dazu in ihrem *Zeit*-Artikel „Unter Bienenköniginnen": „Das ist das Dilemma: Wo unser Wert gefühlt am Mann hängt, da müssen wir unsere Konkurrentinnen bekämpfen und niedermachen, um uns selbst besser zu positionieren."[57] Ein Kreislauf, der uns unterm Strich alle zusammen schwächt. Miese Nummer. Und besonders schlimm: Es verschärft die soziale Ungerechtigkeit und befeuert intersektionale Diskriminierungen. Weil nur die nach oben kommen, die die besten Voraussetzungen und Ressourcen haben – und diese sind nicht gerecht verteilt. Lasst uns hinterfragen, wann immer wir nur unsere eigene Position im falsch gedachten Feminismus stärken wollen und stattdessen lieber Moves unternehmen, um dann andere Frauen mitzuziehen, hochzuheben, sichtbar werden zu lassen. Nur so können wir langfristig den Unterschied machen. Für uns selbst und für alle.

Die böse andere Frau

Das Narrativ der bösen anderen Frauen ist vor allem in Liebesdingen ordentlich verstrickt. Aber da kommt noch eine andere tückische Nummer mit rein: eine „Liebessucht", wie die Autorin Catherine Gray es nennt. Auf Grundlage der oben beschriebenen notwendigen Tradition, Männer von uns zu überzeugen, sie an uns zu binden, um auch versorgt zu sein, ist es in Fleisch und Blut übergegangen, männliche Aufmerksamkeit nicht selten als eklatanten Boost für unser Selbstwertgefühl zu verstehen. Und vor allem: Attraktivität als Schlüssel für die Liebe zu sehen. Wir berauschen uns daran, richtig hot und woah für jemanden zu sein. Wir suchten nach diesem großen Ding Liebe und wollen es unter allen Umständen finden und behalten.[58] (Stichwort Paarbeziehung als Lebensziel – dazu gibt es an anderer Stelle im Buch noch mehr zu erzählen, ich darf hier nicht eskalieren.) Hier müssen wir aber unterscheiden lernen: Es ist etwas Wunderbares, Spaß am Flirten zu haben. Aber den eigenen Selbstwert nicht nur aus der männlichen Bestätigung zu stärken, ist auch eine wichtige Lektion und der Grat kann schmal sein zwischen Fun und Bestätigungssucht. Wenn wir das aus den Augen verlieren, kann es passieren, dass wir NUR die männliche Bestätigung als Elixier fürs Gutfinden haben. Dann wird's kritisch, denn dann suchten wir. Nach Komplimenten, dem nächsten Typen und der Bestätigung, geiler zu sein als andere Frauen. Und dann sind wir untereinander schlecht zueinander und bewerten unbarmherzig Frauen nach ihrem Aussehen. Ich will das nicht mehr machen. Ich möchte milde und solidarisch sein. Und natürlich meine ich das nicht so kalendersprüchig à la „Habt euch alle lieb". Wir sollen nicht alle Gefühle wegoptimieren. Manchmal finden wir andere einfach nervig, manchmal sind wir eingeschüchtert von der Erscheinung anderer und verhalten uns doof. Passiert. Aber mal reingrätschen in toxische Gedanken wäre ganz gut – warum disse ich jetzt eine andere Frau? Warum habe ich gerade diese bissige Bemerkung gemacht, dass die aber in der Hose schwierig aussieht? Eigene Unsicherheit, weil ich mich heute echt beschissen aufgedunsen fühle? Bedrohung? Neid? Manchmal hat es eben etwas mit uns selbst zu tun. Und sei dir gewiss: Auch diese Frau, die du aus welchen Gründen auch immer gerade richtig durch die Bewertungsmangel drehst, struggelt vermutlich mit den gleichen Dingen wie du. Und manchmal gehört Eifersucht dazu, die uns rasend macht. Denn da, wo wir richtig lieben, ist bei vielen von uns auch – insbesondere bei monogamen Beziehungen – die Sorge da, dass jemand anderes kommen und toller sein könnte. Ich würde sagen: Es ist menschlich, dass das sauweh tun würde. Und jepp, tut es, selbst schon erlebt. Und ja, Eifersucht ist ein Thema, das schwierig ist und sich ähnlich schwer loswerden lässt wie eine dicke, summende, schimmernde Fliege im Zimmer. Wir tun aber in jedem Fall gut daran, diese internalisierte Vergleichshysterie mit anderen Frauen, Brüsten, Vulven, Haaren, Coolness, Humor, Hirnen, whatever für uns mal kritisch zu hinterfragen. Mal ein bisschen mehr Filter draufpacken. In diesem Fall ist das etwas Sinnvolles. Wir können nämlich nur so aus dem engen Korsett aus Schönheits- und

Jugendwahn ausbrechen, wenn wir bei unserem Denken über uns und andere Frauen beginnen. Sonst reproduzieren wir nur das Narrativ, dass Schönheit unsere Währung sei. Und werden unschön raffgierig. Ganz wichtiger Shift, sich da selbst mal ein Korrektiv reinzugeben beim Trash-TV-Gucken, beim Lästern über die Ex des Neuen, die neue Kollegin oder sonst wo. In diesem Sinne: Was wir nicht selbst erleben wollen, sollten wir auch keiner anderen Person zufügen.

Die Geschichte übers Happy End

2020

Ich besuche meine Eltern in der Heimat. Wir gehen essen, treffen beim Verlassen des Restaurants auf weitläufige Bekannte meiner Familie. Es beginnt ein Smalltalk, der gar nicht mal so small ist. Uff. Selbstgerecht beten sie die Eckpunkte ihrer Tochter Sabrina runter: Sie und ihr Mann Oliver sind hierhergezogen, sie ist wieder schwanger, der Oliver hat jetzt einen guten Job im Vorstand, sie bauen gerade. Dann bin ich dran: „Und, Jenny? Verheiratet, Kinder?“ Nope, nicht verheiratet, kinderlos, wohne aktuell zur Zwischenmiete in Hamburg und bin Freelancerin. Eine Mischung aus Besorgtheit und Süffisanz huscht den Bekannten übers Gesicht. Mehr als ein „Aha, mhhhmhhh!“ mit langem Nicken kommt nicht heraus. Was sie eigentlich sagen wollen und es vermutlich auch auf der Heimfahrt tun: „Eieiei, die armen Klinges. Die Tochter geht ja auf die Ende 30 zu und ist unverheiratet. Schade, ist doch immer so ein hübsches Mädchen gewesen.“ Später werden sie sich beruhigt ins ordentlich bezogene Bett legen und mit der zufriedenstellenden Gewissheit einschlafen, dass ihre Sabrina ja alles hat und selig einschlummern. Ich schmeiße mal keck ein: Die Frage, ob Sabrina wirklich glücklich ist, ob Sabrina ihrem Herzen gefolgt ist und sich ins Leben geschmissen hat, die bleibt vermutlich ungestellt. Naja. Und nein, damit will ich nicht in Frage stellen, ob man per se in der Ehe nicht glücklich sein kann. Szenen wie diese zeigen aber das große Problem auf, dass es oft eine Schablone ist, die über das Leben gelegt wird. Das so lange beschnitten und skaliert wird, bis es passt. „Weil man es so macht." Und wieder denkt vielleicht jemand: „Häh, what's up? Wo ist jetzt dein Problem? Dann scheiß doch einfach auf Schmidts, Konrads und wie sie alle heißen." In der Theorie easy, tue ich ja. In der Praxis gar nicht sooo easy, weil ich so groß geworden bin und im Dunstkreis fast jede*r verheiratet ist und Kinder hat. Vor allem in der Kleinstadtidylle gehört das zum guten Ton und ich bin der „Sonderling" und crashe die Vorstellung von einem gelungenen Leben in den 30ern. Ich habe bisher kein Happy End. Und die Zeit für eins läuft mir angeblich davon. Und das ist ein Problem – aus der Perspektive von Konrads & Co. Um das von mir abzuschütteln, brauchte ich eine Weile. Denn die Vorstellung vom Happy End, das wir erreichen sollen, ist fest zementiert – auch fernab vom dörflichen „Wer steht wo"-Wettbewerb. Das macht mir manchmal Angst. Dann vergesse ich, dass noch so viel anderes in mir ist, was mich antreibt. Dann gewinnt das Mangeldenken, das ich unbewusst von außen übernehme. An diesen Tagen gelingt es mir nicht gut, nichts drauf zu geben, was andere über mich sagen. An anderen wiederum gebe ich mir zehn von zehn Punkten im Bei-mir-Bleiben. Ungeniertes Ausfragen als Wettbewerb – meine Eltern sind davon mittlerweile auch übel angenervt und ich bin so stolz auf sie, wie sehr sie gelernt haben, umzudenken, was ein glückliches Leben ausmacht.

Die Mär von Hochzeit und Kind und Happy End finden wir in unzähligen Filmen. Wir sind schon als Kind darauf getrimmt und jede RomCom endet noch heute meist so. Denken wir uns zurück in die Kindheit und erinnern uns an bekannte Märchen, fällt auch auf, ein Prinzip kommt häufig vor: Prinz findet schöne junge Frau, sie heiraten und wenn sie nicht gestorben sind, dann leben sie noch heute. Ganz ohne Opfermodus-Mimimi: Ein Großteil von uns ist schlichtweg so sozialisiert. Das geht den meisten Männern nicht anders – „happy wife, happy life" und so. Wir bekamen es in Märchen und Filmen ständig vorgelebt. Das Schlimme: Schauen wir genauer hin, sehen wir bei all den Prinzessinnen vor allem eins: Sie sind schön. Und passiv. Ohne den Prinzen hätten sie ihr Leben niemals auf die Kette bekommen, wären immer die Dienstmagd geblieben, hätten weiterhin gepennt oder wären im Turm geblieben. Da sie aber hübsch sind, richtet es der Prinz. Sonstige Fähigkeiten sind überflüssig.[59] Als kleines Mädchen konnte ich mich gar nicht entscheiden, welche *Disney*-Prinzessin ich am liebsten sein würde. Dabei sind sie als Vorbilder gar nicht mal so wertvoll. Früher habe ich selbst mit *Barbies* immer wieder Hochzeit gespielt und Heirat als großes Ziel gesehen, das es vor allem anderen zu erreichen gilt. Ich habe auch die Welten vermischt: Da kam *Barbie* mal bei *Arielle* vorbei – ganz egal, weil die Mission war ja irgendwie die gleiche. Dünn, schön und auf der Suche: nach Ken oder Eric, um endlich zu heiraten. Ich habe so auf DAS weiße Kleid gegeiert, dass ich mit meinem Kommunionskleid schon eine Mini-Braut gemimt habe. Es war gedanklich sowas von geritzt, dass ich in meinem Erwachsenenleben diesen perfekten Tag haben werde. Und als ich groß wurde, wurde der persönliche Hype darum irgendwie immer weniger. Es kamen andere Dinge und Ziele dazu, die meine Bucketlist echt aufgemischt haben. Aber zwischendurch habe ich mich immer wieder gefragt, ob das alles so richtig ist mit dem Unverheiratetsein, mit meinen Entscheidungen. Weil die kindliche Vorstellung und Prägung so weit von dem Leben entfernt war, das ich führte. Was ja im Grunde überhaupt kein Problem war, aber in meinem Kopf und manchmal in meinem Außen zu einem gemacht wurde. Wir sehen: Erzählungen haben einen massiven Impact auf unsere Wahrnehmung und formen Lebensrealitäten. Deswegen finde ich es großartig, kleinen Kindern schon eine Bandbreite an Möglichkeiten für ein schönes Leben aufzuzeigen. Heiraten kann eine davon sein – gerne auch gemixt mit anderen.

Was mir zum Beispiel gefällt: Angeblich ändert die Schauspielerin Penelope Cruz immer das Ende, wenn sie ihren Kindern Märchen vorliest. In ihrer Version antwortet Cinderella dem Prinzen, nachdem er um ihre Hand angehalten hat: „Nein, danke, ich möchte keine Prinzessin sein. Ich werde viel lieber eine Astronautin oder Köchin.“[60]

Auf die Plätze, fertig, los!

Immer wieder schwingt mit: „Finde den Mann zum Heiraten, dann ist alles gut.“ Das war früher definitiv so, weil damit die Absicherung der Frau garantiert war, welche ja als Hauptaufgabe hatte, eine gute Ehefrau und

Mutter zu sein. Verheiratet zu sein, bedeutete, versorgt zu sein. Aber wir müssen heute nicht mehr versorgt werden. Wir dürfen frei wählen. Und bei diesem Wählen finde ich ganz wichtig, zu hinterfragen: Will ich heiraten, weil ich richtig Lust auf Letzfetz-Feierei und auf ein tolles Versprechen an meine große Liebe habe? Oder habe ich eine Hochzeit auf der Agenda, weil ich denke, das gehört einfach dazu, und ich es noch nie hinterfragt habe? Und vor allem: Werde ich panisch, wenn ich ab einem gewissen Alter unverheiratet bin – weil ich dann einen Zug als abgefahren sehe, in dem sonst vermeintlich alle sitzen und Richtung Happy End reisen? Erster Punkt ist ein Knaller-Punkt: Baby, let's get married, meiner Meinung nach. Zweiter Punkt ist konditioniertes Denken. Fraglich, ob das ein guter Grund fürs Heiraten ist. Und außerdem: Eine Hochzeit kann eine Etappe im Leben sein, aber doch bestimmt nicht DAS Happy End. Im besten Fall geht es doch weiter. Mit Fragen wie: Wie halten wir Beziehungen am Laufen? Wie viel hat der Invest in sich selbst damit zu tun, in Beziehungen und Ehen glücklich zu bleiben? Ehen bleiben nicht statisch einfach happy. An Beziehungen und funktionierenden Ehen will gearbeitet werden, damit sie nicht zu einer Ödnis werden, die frustriert, weil man sich irgendwie verloren hat. Ich finde es so eindimensional, dort ein Happy End zu sehen. Doch die Übererzählung geht leider noch immer so. Das zieht eine wahre Hochzeitsmania nach sich. Bis ins Kleinste aufgeplüschte Feste, der Run auf den Brautstrauß, die Suche nach dem perfekten Kleid, dem perfekten Junggesellinnenabschied, die perfekten Cupcakes und Locations.

Generell finde ich Hochzeiten auch wunderbar, eventuell möchte ich selbst heiraten. Aber die Haltung dazu finde ich schwierig: Es ausschließlich als DEN Tag des Lebens zu sehen. Als das Happening, worauf sich angeblich alle Frauen stürzen. Und vorher richtig reinbuttern, um die Kerle zu zähmen (Formulierungen wie „ihn vor den Altar gezerrt" oder „endlich unter der Haube sein" passen da ebenso in diesen Kosmos). Frauen werden, wenn es um die Hochzeit und das Happy End geht, oftmals als hysterisch gezeichnet. Brautzilla. Ein Wort, das einer Industrie entspringt, die Frauen den schönsten Tag des Lebens verspricht und damit richtig viel Asche macht. Klar, bei so viel Erwartungshaltung können mal die Nerven durchgehen.

Mein Albtraum auf Hochzeiten ist das Brautstraußwerfen. Ich fühle mich immer vorgeführt. Zusammengepfercht und als heiratswillig gelabelt. Hier stehen die, die noch nicht das Glück hatten. Und ich fühlte es bisher so null. Einmal so wenig, dass mir wirklich der Brautstrauß gegen den Kopf flog, weil ich einfach keine Fanglust hatte und dementsprechend Reflexe wie ein Faultier. Als ich den Strauß dann aufhob, wurde mein angeblicher Freund zu mir nach vorne gebeten. Fun Fact: Ich war als Single auf dieser Hochzeit. Ich fand es ganz lustig, einige andere Augenpaare aber offensichtlich für mich unangenehm. So what.

Ich habe dir ja schon erzählt, dass ich selbst schon zweimal Paare als freie Traurednerin getraut habe, was Bock für zehn gemacht hat. Das waren aber auch so richtige Partner-in-crime-Paare, die hoffentlich alt und runzelig miteinander werden und ihr bestes Leben leben. Der Punkt ist: Hochzeiten sind an sich echt eine feine Sache. Liebe sowieso immer. Ich finde es nur nicht mehr zeitgemäß, Menschen das als Muss aufzudrücken und insbesondere Frauen als wuschige Weibchen zu verallgemeinern, deren einziges Lebensziel es wäre, märchenhaft vorm Altar zu stehen, und ihnen ab einem gewissen Alter eine Grundnervosität zu unterstellen.

Beispiel gefällig? Die Autorin Vicky Spratt hat in einem Artikel für *Refinery 29* erzählt, wie ihr Umfeld darauf reagiert hat, als ihre jüngere Schwester verlobt war und sie selbst unverheiratet. „Geht es dir gut?" war die am meisten gestellte Frage. Einfach aufgrund der Tatsache, dass nicht sie, sondern die kleinere Schwester vorm Altar stand. Ein konstruiertes Wettrennen at its best. Spratt irritierte die Tatsache, dass alle automatisch davon ausgingen, sie müsse darunter leiden, dass die „natürliche Reihenfolge" unterbrochen werde und sie nicht als Erste heiratet. Denn sie selbst freute sich einfach nur für ihre Schwester – ganz ohne Vergleich zu ihrem Leben. Auch sie führt an, dass wir daran erkennen, unverheirateten Frauen werde noch immer unterstellt, geradezu hysterisch auf Ehemann-Schau zu sein, bis sie den Ring am Finger haben.[61] Sie sagt: „Wir betrachten [die Frauen] gleichzeitig als zerbrechlich und gefährlich, obwohl doch so viele von ihnen – wie ich – einfach dankbar dafür sind, finanziell unabhängig zu sein und zu einer Zeit zu leben, in der anerkannt wird, dass es manchmal einfach besser ist, vorübergehend allein zu sein – anstatt in einer unglücklichen Beziehung festzusitzen [...]."[62]

Lasst uns doch alles als wunderbare Etappen sehen, ohne Wettrennen, ohne Hetze, ohne Zielvereinbarungen. Die einen heiraten, die anderen nicht. Wieder andere geben sich erst in der zweiten Lebenshälfte das Jawort. Und was ist eigentlich mit den Ehen, die geschieden werden? Erkennen wir den Menschen ihr Happy End dann wieder ab? Ich glaube, leider schon. Auch eine doofe Sache, wie ich finde: Scheidung ist Scheitern. Und scheitern will man nicht. Daher bleiben einige Menschen aus Angst vorm Versagen vielleicht in unguten Ehen hocken. Frauen leider oftmals auch, weil finanzielle Abhängigkeit wegen Missständen in der Care-Arbeit sie zwingt. Da läuft im großen Ganzen natürlich etwas schief. Worauf ich aber hinaus möchte, ist: den Missstand in der Wahrnehmung zu begreifen und wenigstens das versuchen zu begradigen. Denn Scham vor der gesellschaftlichen Bewertung sollte bitte auf keinen Fall der Grund sein, an einer Ehe festzuhalten, die beide Partien eigentlich tief unglücklich macht. Ich finde, dass es zwischen einfach direkt hinschmeißen und aussitzen noch eine ganze Reihe an Möglichkeiten gibt. Und die sollten Menschen ergreifen können, ohne das Gefühl zu haben, versagt zu haben. Denn es sind ja durchaus nicht wenige Ehen, die nicht halten. 39,9 Prozent der Ehen wurden 2021 geschieden.[63] Wenn die alle gescheitert sind, dann ist es wohl eine berechtigte Frage, warum die Ehe noch immer als höchstes Ziel propagiert wird. Es hinkt also. Fakt ist: Entschließen wir uns zu heiraten, wissen wir einfach nicht, ob es für immer ist. Wäre extrem schön, wenn. Ist aber auch nicht der Weltuntergang, wenn nicht. Meiner Meinung nach sind Ex-Beziehungen und auch Ehen, die nicht gehalten haben, Erfahrungen – Epochen eines Lebens. Das nimmt doch herrlich viel Druck aus der Sache und gibt viel Freiheit: zu heiraten oder es auch zu lassen, wenn man keinen Bock hat. Denn beim Ende sind wir hoffentlich alle lange noch nicht.

Die Norm der Ehe

Es gibt mittlerweile viele feministische Bücher, die die Ehe als Must-do hinterfragen, und trotzdem empfinde ich manchmal den Lebensentwurf der Ehefrau als einen, auf den es im Endeffekt doch hinauslaufen soll und von dessen normativem Charakter ich mich nur schwer distanzieren kann. Die Vorstellung, vielleicht niemals zu heiraten, hat irgendwie etwas von Rebellin sein, von gegen den Strom schwimmen oder eben von „hat keinen abbekommen“. Aber das soll es doch alles nicht sein. Ich wünsche mir ein Nebeneinander von Lebenssituationen. Für alle Geschlechter.

Dennoch ist in vielen Köpfen das Hetero-Ehe-Modell die Norm. Mann-Frau-Kombi als Übererzählung zu Liebe und Partnerschaft. Und eine Norm ist einfach immer schwierig, weil sie Menschen ausschließt und damit „unnormal“ macht. Aber wo hat diese Norm denn ihren Ursprung? In unserer Vorstellung ist die Ehe der Sicherheitshafen voll Liebe, Geborgenheit, Zugehörigkeit, Zuhausegefühl, Leidenschaft. Best Buddies halt – für immer. Diese Vorstellung, wie sie auch in Film & Co. inszeniert wird, ist aber eigentlich keine 300 Jahre alt. Denn Liebe und Ehe waren ursprünglich mal zwei verschiedene Dinge. Die übergeordnete Erzählung aus „Mann und Frau treffen sich, verlieben sich, heiraten, bekommen Kinder" ist nicht immer so gewesen. So klar uns das heute als die natürlichen Steps vorkommt, so wenig hatte es im Grunde ursprünglich miteinander an der Brause. Die Ehe war eher ein Deal – sie diente dazu, Eigentum zu sichern, clevere politische Allianzen zu bilden, gute Beziehungen zu pflegen.[64] Die alten Griechen sahen es als notwendiges Übel an, um für Nachwuchs zu sorgen. In ihren Augen aber waren Frauen „minderwertig". Auch die Römer nutzten die Ehe als politisches Instrument, um Eigentum zu vermehren. Für Lust und Leidenschaft gab es ganz selbstverständlich Affären. Als sich der christliche Glaube um 300 n. Chr. immer weiter in Europa ausbreitete, hielt mit ihm auch die Vorstellung Einzug, die wahre Liebe gelte nur Gott. Alles Körperliche, Sinnliche, Wollüstige war sündhaft. Die Ehe diente dazu, möglichst ohne Lust christlichen Nachwuchs hervorzubringen. Mit bravem Beischlaf, nur dem Zweck dienend. Und das ging lange so vonstatten.[65] Mit Romantik hatte das alles rein gar nichts zu tun. Diese rasende Liebe, dieses totale Verknalltsein, das war außerhalb der Ehe angesiedelt und kam im elften Jahrhundert vermehrt mit einer Sehnsucht nach Romantik auf. Minnesang und Ähnliches offenbarte Begierde und sich verzehrende Gefühle. Meist wegen einer unerfüllten Liebe.[66] Die Ehe als Zweckgemeinschaft blieb bestehen. Mehr Schnittmenge teilten sich die Ehe und die Liebe erst in der Mitte des 18. Jahrhunderts, zumindest im Bürgertum. Für den Adel hingegen galt es noch lange, Bündnisse zu sichern.[67] Das Ehebild, das unserem heutigen als Vorlage dient, entstand aber erst im Zuge der Industrialisierung. Die sich zunehmend technisierende Welt brachte rasante Entwicklungen und auch unabsehbare Veränderungen mit sich. Im Ideal der Liebe und der frei gewählten Partnerschaft fanden die Menschen Behaglichkeit und Sicherheit. Die Ordnung im kleinen Kreis mit Mann und Frau und Liebe als Bindeglied.[68] Die Gesellschaft trennte dann plötzlich Arbeit und Familie. Das brachte einen Sinn für Privatsphäre, für die Gemütlichkeit des Heimeligen mit sich. Und klare Rollenverteilungen: Die Frau kümmerte sich um Heim und Familie, der Mann nahm die Ernährerrolle an. Vor allem im besser betuchten Bürgertum konnte sich der Mann um die Erwerbsarbeit kümmern und Frau und Kinder davon entbinden. [69] Gunda Windmüller trifft in ihrem Buch „Weiblich, ledig, glücklich – sucht nicht" den Nagel auf den Kopf: „Typisch weiblich, typisch männlich – was wir ja auch heute noch kennen –, diese Eigenschaften entstehen damals aus einer ideologischen Notwendigkeit heraus."[70]

Was immer mehr folgte: eine Zuweisung von Charaktereigenschaften für Männer und für Frauen. Insbesondere die Frau wurde psychologisiert. Einen traurigen Höhepunkt markiert da die Wende zum 20. Jahrhundert mit hanebüchenen Begründungen für die Wesensunterschiede von Männern und Frauen. (Dazu gehörte, dass der geringere Schädelumfang der Frau ihre angeblich verminderte Intelligenz beweise. Uff.) Der Frau wurde alles Weiche, Gefühlige zugeordnet. Es wurde so lange zum Paket geschnürt, bis es angeblich die perfekte Ausstattung zur Mutterrolle hatte. Der Mann war hingegen für alles Grobe, Starke verantwortlich. Er würde die Betüdelung durch die Frau brauchen, die zuhause alles perfekt hielt. Der Mann der Kopf, die Frau das Kümmern.[71]

Warum? Nun, die Industriegesellschaft brauchte diese Rollenverteilung, um erfolgreich zu sein. Diese Einteilung in Arbeit und Familie begründete die traditionelle Kleinfamilie – Großfamilien adé. Wo lange Zeit auch Angestellte und Gesinde zur Familie gehörten, konzentrierte sich nun mit erstmaliger emotionaler Aufladung alles auf Frau-Mann-Kinder.[72] Ein intimer Safe Space wurde geschaffen. Wir sehen: Der Nestbau-Kult war nicht schon immer da, er entwickelte sich erst im 19. Jahrhundert und mit ihm eine neue Aufgabe der Frau. Die klassische Hausfrau war geboren, die ihre Erfüllung im sauberen Heim und der Kindererziehung finden sollte.[73]

Die Zweierbeziehung und Ehe waren also nicht seit jeher gleichbedeutend mit Liebe, das hat sich historisch entwickelt. Von Liebesheirat können wir erst ab dem 19. Jahrhundert sprechen. Sie ist aber bis heute das, was die Gesellschaft abfeiert und der Staat unterstützt – mit rechtlichen und steuerlichen Vorteilen. Mit Romantik wurde das Ganze irgendwann als Sahnehäubchen garniert und so zu einem Kuchen, der verheißungsvoll glücklich machen sollte.

Warum ich das erzähle? Weil es hilft, sich das mal bewusst zu machen, wenn wir denken, wir hätten unser romantisches Happy End noch nicht oder werden es im Leben verpassen. Ein Happy End, das ursprünglich ein gesellschaftliches Konstrukt war, das gar nicht mal sooo romantisch war. Das macht das Konstrukt nicht per se zu etwas Blödem. Es ist keine Aufforderung, das nicht zu wollen. Vielmehr finde ich die Hintergrundinfo hilfreich, insbesondere wenn sich beispielsweise das Modell für uns gerade nicht am Himmel abzeichnet und in uns deswegen möglicherweise der Krisenmodus ausbricht. Ich finde, die Vorstellung, dass es nicht so 1:1 in der Natur liegt, sondern herbeigeführt wurde, relativiert etwas. Und lässt uns fragen: Möchten wir deswegen jetzt echt unseren Seelenfrieden killen oder lassen wir es einfach mal neutral laufen und nehmen mit, was gerade alles schön im Leben ist – statt todesnervös zu werden, dass wir sonst Gefahr laufen, unser Leben gegen die Wand zu fahren?

Mir das zu verdeutlichen, lässt mich all das Happy-End-Gelernte mal im Kopf entwirren und mich verstehen: Moment mal, da ich nicht mehr als Frau automatisch für Heim und Herd verantwortlich bin und meine Hauptaufgabe darin besteht, einem Mann Nachkommen zu schenken, die ich allein aufziehen soll und meinen Mann als Personal Assistant zu unterstützen, ist es für mich doch heute gar nicht grundlegend wichtig, verheiratet zu sein. Ich kann für mich selbst sorgen. Und ich kann frei entscheiden und sehen, dass das Bild der verzweifelten unverheirateten Frau auf eine ganz andere Zeit zurückgeht. Mir hilft es, mich dann nicht diesem Narrativ zu unterwerfen und selbst so über mich zu denken. Denn eine Ehe ist letztendlich ein Ding auf dem Papier. Sie macht dich nicht zu einem Menschen, der irgendetwas besser auf der Kette hat. Die Werte, die ich vielleicht mit jemandem leben möchte, kann ich auch so heute glücklicherweise leben. Und wenn ich Bock auf Versprechen habe, dann kann ich auch heiraten, wenn da ein passender Mensch an meiner Seite ist. Beides ist fein. Daher: Bitte „Hochzeit“ klemmen als Smalltalk-Thema! Ich würde mir wünschen, dass wir die Überheblichkeit sein lassen, dass Verheiratete etwas richtiger gemacht haben. Das ist heutzutage zum Glück eine völlig persönliche Entscheidung.

Wenn ich mal so überlege: Die Frage, ob ich verheiratet bin und/oder Kinder habe, bekomme ich meist von verheirateten Menschen, Eltern oder Menschen, die es werden wollen, gestellt. Und es hat etwas von: „Warum lebst du eigentlich nicht meinen Lebensentwurf?“ Irritation in 3, 2, 1 … Irritation kann auch schnell in Bedrohung umschwingen. Daher lieber mal selbstverständlich eine eher schwierige Existenz unterstellen, wenn das heilige Dreieck aus Mann, Kind, Haus nicht da ist. Eine Normerfüllung gibt Orientierung im Außen, den richtigen Weg zu gehen. Eine Ehe ist ein High-Five für die sichere Bank – das macht die Mehrheit so, kann also nicht sonderlich falsch sein. Weicht jemand davon ab, kann das verunsichern: Gibt es etwa noch andere gute Entscheidungen? Habe ich die falsche Wahl getroffen? Es klopft uns niemand auf die Schulter und sagt: „Hier geht's lang zum guten Leben.“ Allgemein genormte Meilensteine sind quasi das Schulterklopfen der Gesellschaft. Und einem vermeintlichen Mangel bei anderen mit Mitleid zu begegnen und diese als unglücklich zu zeichnen, kann sich so anfühlen, als hätte man selbst alles richtig gemacht.

Auch diese Betrachtungsweise hilft mir, wenn mir unsensible Kommentare und Fragen Druck machen. Damit kappe ich die empfundene Überlegenheit, die in solchen Fragen oft mitschwingt und bringe sie auf Augenhöhe. Siehe da, im Grunde geht es doch – wie so oft im Leben – um Unsicherheit. Und Unsicherheit ist ein schlechter Berater, um festzulegen, was ein Leben erst erfüllend macht. Just saying.

Die Geschichte übers Singlesein

Wir haben uns eben angeschaut, wie die Geschichte über uns hängt, dass wir hübsch sein müssten, um einem Mann zu gefallen. Und dass diese Hübschheit angeblich vergeht. Irgendwie sonnenklar, dass bei dieser Erzählung das Singledasein auch richtig abschmiert. Sagen wir, wie es ist: Singles haben keinen guten Stand. Und das kann ich zu 100 Prozent unterschreiben. Singles fehlt die Geborgenheit, der Halt, das Glück, die Sicherheit – in den Köpfen der anderen. Und Singles sind Fragezeichen. Der Bashing-Scheiß ist real! Fragen, die ich mehr als einmal gehört habe, in Phasen, in denen ich keinen Partner hatte: „Du siehst doch gut aus, warum bist du eigentlich Single?" Was eigentlich fast als Kompliment gemeint ist, versteckt unter der Oberfläche jedoch allerhand blödes Zeug. Es geht schon damit los, wer in welchem Kontext die Frage stellt. Fremde mit Flirtabsichten sollten es sowieso besser sein lassen – lahme Anmache. Lockere Bekannte, die auf Smalltalk-Ebene aufgeschnappt haben, dass wir Single sind, ohne dass es ums Thema Beziehungen geht: auch eher schwierig, weil es übergriffig ist und nicht jede*n etwas angeht. Wir fragen ja auch nicht direkt drauflos: „Warum bist du eigentlich in einer Beziehung?" Aber gehen wir mal von einem okayen Setting aus, wir reden mit Freund*innen, Familie oder in netter Runde über den Beziehungsstatus oder whatever in diese Richtung. Dann rutscht die Frage ebenso mal schnell heraus und sie ist durch und durch gut gemeint. Doch ich finde, auch dann bringt das große Fragezeichen hinter dem Satz oftmals viel Problematisches mit.

1. Diese Frage reduziert aufs Äußere und suggeriert, dass Attraktivität doch eigentlich ein Garant für Beziehungen sei. Außerdem: Wer bestimmt eigentlich, was attraktiv bedeutet?

2. Sie bringt subtile Zweifel hervor nach dem Motto: „Hm, sieht ganz gut aus, daran kann es nicht liegen, komisch. Dann muss die Person irgendwie schwierig sein."

3. Sie zeigt einen vermeintlichen Mangel auf. Denn ungeachtet eines vorhandenen oder nicht vorhandenen Beziehungswunsches erhebt diese Frage die Beziehung zum Normalzustand und das Singlesein zu einem Mangelzustand, der Gründe haben muss. Wenn der oder die Gefragte Single ist und einen klaren Beziehungswunsch hat, ist das eine Sache. (Macht es aber auch nicht besser, nochmal ordentlich in der Sehnsucht zu wühlen.) Gibt es aber keinen Wunsch nach einer festen Partnerschaft, kommt das wieder einem Problematisieren von außen gleich. („Das macht man aber doch so, was stimmt mit dir nicht?") Und darauf hat nun weiß Gott niemand Bock! Also, was lernen wir? Eine Frage, ganz viel Subtext. Und ziemlich viel Single-Diskriminierung. Vor allem in der Zeit, als ich fast sieben Jahre Single gewesen bin, hat mich die Frage teils echt genervt bis getroffen. Weil mir irgendwann auch das kecke Argument ausging und ich plötzlich merkte: Die Zweifel färbten ab. War ich lange happy als Single ohne Minderwertigkeitsgefühle, rumorte es plötzlich in mir: „Puh, ja, warum

eigentlich?“ Ich verlor dann selbst aus den Augen, dass ich kein halbes Leben führte. Denn dass es kein ganzes Leben sei, schwingt in der Frage nach dem Singlesein immer mit. Beziehung und Verheiratetsein ist nicht doof – die Art, wie die Gesellschaft auf Singles schaut, ist das Problem. Denn wie Carolin Emcke in ihrem Buch über das Begehren schreibt: „Wir sind nicht nur das, was wir sein wollen. Wir sind auch das, was andere aus uns machen.“[74]

Single-Shaming

Wir Menschen sind soziale Wesen. So viel steht fest. Wir brauchen Beziehungen. Ohne menschliches Miteinander kommen wir auf Dauer nicht klar, können sogar krank werden. Nur hat sich da in unserer Gesellschaft ein Denkfehler eingeschlichen. Dieses Stillen der Nähe setzen wir ganz häufig mit der klassischen Paarbeziehung gleich. Daher assoziieren viele auch heute noch Singles automatisch mit dem Wort „einsam“. Das ist aber ein totaler Irrglaube. Natürlich sitzt da als Single jetzt nicht automatisch abends ein Mensch auf meiner Couch. Und natürlich kann es vorkommen, dass wir uns als Single ab und zu mal einsam fühlen – insbesondere wenn das Umfeld größtenteils verpartnert ist und diese Beziehung stets die Priorität bildet. Einen pauschalen Zusammenhang von Beziehungsstatus und Einsamkeit finde ich dennoch absolut problematisch. Nur weil bei Paaren immer eine andere Person zugegen ist, schützt das nicht vor Einsamkeit. Wenn der Mensch auf der Couch vielleicht gar nicht so gerne mit mir über die Dinge spricht, die mich beschäftigen, dann kann das einsamer sein, als allein zu sein. Das ist nämlich ein himmelweiter Unterschied.

Ich erinnere mich an Situationen, da war ich mit einem Mann zusammen, lag neben ihm im Bett und fühlte mich so einsam wie noch nie in meiner Singlezeit. Weil ich spürte, wir sind innerlich nicht connected, er kann mich nicht sehen, mit der Tiefe, mit der ich gerne gesehen werden möchte. Dieses eisige Gefühl im Magen mit der Gewissheit garniert „Hier bin ich falsch" war auch richtig beschissen.

Aber trotzdem: Singles sind in den Augen der Verpartnerten anscheinend immer die irgendwie Wartenden. Sie sind die, denen ein bisschen Glück fehlt. Oder aber die, die sich nicht genug anstrengen, zu egoistisch oder sonst wie nicht normal sind. Und das ist ätzend. Die Paarbeziehung stellt für viele den Normalzustand dar, den es zu erreichen gilt. Und das wird mal mehr, mal weniger deutlich klargemacht. Nicht nur in Deutschland. So strömen beispielsweise in Shanghai die Eltern von Unverheirateten an den Wochenenden in den People's Park, um sich mit anderen Eltern über ihre Kinder auszutauschen und diese zu verkuppeln – der Shanghai Marriage Market zeigt ganz klar: Single und unverheiratet wird zur beschädigten Ware.[75] Ähnliches gehört auch in Teilen Norddeutschlands seit langer Zeit zur Tradition. Unverheiratete Frauen bekommen an ihrem 25. Geburtstag den Schachtelkranz überreicht, der, wie der Name schon sagt, aus leeren, aufgereihten Schachteln besteht und symbolisieren soll, dass die Empfängerin eine „alte Schachtel" sei. Der Schachtelkranz ist das Gegenstück zum Grünen Kranz, den die

Frau bekommt, wenn sie vor ihrem 25. Geburtstag heiratet – auch Jungfrauenkranz genannt.[76] Und um es komplett zu machen: „Alte Schachtel" bedeutet ursprünglich „alte Vagina", ist heute aber noch immer ein verbreiteter, abwertender Begriff für eine ältere Frau.

Egal, wie scherzhaft es eventuell gemeint ist, das sind traditionelle Diskriminierungen. Aber auch bei ganz simplen Dingen ziehen Singles oft den Kürzeren. Das merke ich selbst in alltäglichen Situationen. Letztens habe ich mit einer engen Freundin darüber gesprochen, wie unsere Familienurlaube als Singles meistens verliefen. Der gemeinsame Nenner war, dass wir beide ganz zuverlässig das schlechteste Zimmer bekamen. So bewohnte meine Freundin einen kleinen Dachboden als einzige der Familie, während die Eltern, Geschwister und Partner*innen in geräumigen Zimmern logierten. Japp, das kenne ich auch. Auch so ein Ding: Irgendwie fahre ich als Single immer automatisch hinten im Auto bei einem Pärchen mit – das hat etwas Infantiles allein auf der Rückbank. Aber dass Singlesein mit vielen Nachteilen in Zusammenhang gebracht wird, kommt auch daher, dass in unserem öffentlichen Leben oft Paare bevorteilt werden. Doppelzimmer sind pro Person immer günstiger, möchte ich als Single ein Zimmer buchen, mache ich immer den schlechteren Deal. Oder aber schauen wir mal in unser Gesetzbuch: Dort gibt es viele Gesetze, die nur Verheiratete begünstigen. Auch erleben Singles häufig eine Stigmatisierung am Arbeitsplatz. Kein*e Partner*in und keine Kinder? Dann ist eine Überstunde doch nicht dramatisch. Die Freizeit von Singles wird oftmals als weniger erfüllt eingeschätzt als die von Paaren.[77] Oder aber: Verheiratete Männer werden für Positionen bevorzugt, weil man ihnen nachsagt, gute Managerkompetenz zu haben und Frau und Kinder wie eine Art Qualitätssicherung funktionieren. Einen Baum hat er sicher auch schon gepflanzt.[78]

Die Psychologin Bella DePaulo prägte zwei Begriffe in diesem Spannungsfeld: Singlism – also die ungerechte Behandlung, Stigmatisierung und Diskriminierung von Singles. Und auch Matrimania. Damit ist der Hype um Hochzeit und romantische Beziehungen gemeint.[79] Die werden gefeiert bis zum Umfallen. Das Singlesein aber wird bedauert. Und in diesem Zusammenhang ist natürlich auch eine Tatsache nicht von der Hand zu weisen: Singles klatschen so oft für andere, zelebrieren Hochzeiten, Verlobungen, Einweihungen und Geburten der anderen. Mit Glückwunschkarten, Babyausstattungen, Gutscheinen und sonstigen Geschenken. Wird eine Person weder heiraten noch Kinder bekommen oder mit Partner*in ein Haus bauen, guckt sie in die Röhre. Denn die Verwirklichung anderer Träume hat nicht das Zeug dazu, Grund für eine fette Feier zu sein. Hier geht es mir null um den finanziellen oder materiellen Wert. Es geht mir nur um die Verhältnismäßigkeit, die zeigt, dass unsere Gesellschaft leider sehr einseitig zelebriert. Wie Catherine Gray schreibt: „Einer alleinstehenden Person, die sich ihr erstes eigenhändig verdientes Heim kauft, wird nicht der gleiche Jubel, die gleiche Aufmerksamkeit zuteil wie einer, die sich verlobt."[80] Und das ist ungemein schade. Vor Kurzem war ich zu einer Bekannten eingeladen, deren Partygrund ich sehr gefeiert habe: Sie zelebrierte ihren Geburtstag, ihre Scheidung, ihre neue Wohnung und ihren Doktortitel. Boom.

Bei einem meiner letzten Dates kamen wir auf das Thema Single-Benachteiligung zu sprechen und siehe da: Der Mann war sogar noch abgefuckter als ich von der allumfassenden Single-Herabsetzung. Er erklärte mir, er sei es leid und habe das jetzt auch einigen befreundeten Pärchen mal mitgeteilt, dass sie sich weniger Mühe bei Verabredungen geben, wenn er allein als Single komme. Während seine Pärchen-Freund*innen bei Treffen mit anderen Pärchen-Freund*innen nett gedeckte Tische vor die Nase gesetzt bekämen, würde er vermehrt als Single zwischen Tür und Angel empfangen. Weil für eine*n allein sich ja nicht so ein Aufwand lohne. Oder aber, was ich auch nur zu gut kenne: Die Tatsache, dass viele verpartnerte Freund*innen mich automatisch als zeitlich flexibler wahrnehmen und mir so Spontan-Slots anbieten, wenn es gerade passt. Subtext: Wir Singles haben eben mehr freie Zeit, weil zuhause ja niemand auf uns wartet. Und natürlich mit dabei: Jede nahezu passende alleinstehende Person könnte Partner*innen-Potenzial haben – der Verkupplungsversuch startet in 3, 2, 1 … auch das nervt als Single. Das brodelte auch ordentlich in dem Mann, den ich datete. Immerhin hatten wir so eine Gemeinsamkeit.

Was diesen nicht unbedingt böse gemeinten Flapsigkeiten zugrunde liegt, sind tief eingespeicherte Annahmen über Singles. Die aber echt überholungsbedürftig sind.

Die Angst vor dem Singledasein ist sozial konstruiert und wir müssen in unseren Köpfen das Konstrukt demontieren. Was hilft dabei besser als mal mit Vorurteilen aufzuräumen?

Lass mal checken

Hartnäckig hält sich die allgemeingültige Vorstellung von der Einsamkeit der Singles. Wie wir oben schon gesehen haben, müssen wir da zwischen einsam und allein unterscheiden. Und außerdem gibt es noch ein paar Fakten, die zeigen: Singles sind nicht automatisch einsamer als Paare. Laut einer von Professor Robin Dunbar am Institut für kognitive Anthropologie an der *Universität Oxford* durchgeführten Studie kickt ein neuer Partner im Durchschnitt zwei enge Freund*innen aus dem Inner Circle.[81] Autsch. Das kann ich kaum glauben. Oft bekommt dann der*die neue Partner*in die Aufmerksamkeit und Zuwendung, die sonst in platonische Beziehungen gesteckt werden. Endet die Partnerschaft aber, schalten diese Menschen in einen Krisenmodus – nur dann mit kleinerem Freundeskreis. Läuft jetzt nicht gerade optimal, merkste selbst, ne?

Außerdem bestätigt auch die Psychologin Bella DePaulo, dass viele Singles alles andere als einsam sind, sondern meist mehr Freund*innen haben als verpartnerte Menschen. Diese haben sich meistens gegenseitig im Zentrum und vielen reicht das angeblich. Die Story, die uns immer erzählt wird: „Menschen in Beziehungen haben jemanden. Singles nicht.“ Studien zeigen ein anderes Bild: Singles sind tendenziell glücklich und haben meist mehr Freund*innen als Verheiratete.[82]

Das Problem ist eher: Bilden Pärchen dann noch die klassische Kernfamilie, wird diese gerne als muckelige Keimzelle gelebt, der alles andere untergeordnet wird. Denn wo man vorher als Freundeskreis für emotionalen Support und Alltagsgemeinsamkeit füreinander da war, rutscht plötzlich der*die Partner*in rein. Und das hat man als Single nun einmal nicht in der Hand, da sind wir natürlich darauf angewiesen, wie die Leute in unserem Leben so drauf sind, wie sehr sie zwischen Freundschaft und Familie unterscheiden, wie unterschiedlich sie diese pflegen. Diese Lebensrealität-Diskrepanz kann Mauern zwischen Freundschaften ziehen – muss es aber nicht. Ich habe gute Referenzen im Freundeskreis, dass es auch anders geht. Dennoch: Singles können ein Gefühl von Alleinsein erleben, weil sie zu keinem Gespann mehr richtig dazugehören, wenn ihre Freund*innen größtenteils settlen. Das ist erstmal hart und trifft viele ü30-Singles, das möchte ich gar nicht schönreden. Diese Neuverteilung der Prioritäten verändert natürlich auch das eigene Leben – das kann sich ganz schön schmerzhaft anfühlen. Der Gedanke sollte neben den Studienergebnissen mitgedacht werden. Dennoch ist nicht die ganze Welt verpartnert, es gibt also auch noch Leute, die man neu in sein Leben lassen kann, um diese Lücken auf lange Sicht zu schließen. Auch hier macht es so viel Sinn, im Leben flexibel zu bleiben. Passend dazu haben Dating-Apps wie *Bumble* mittlerweile auch einen BFF-Modus, in dem es darum geht, platonisch neue Leute kennenzulernen. Neben Klassikern wie „Neu in der Stadt“ oder „Suche nach Tennispartner*in“ ist mir beim Umschauen vor allem eins aufgefallen: Viele Menschen in den 30ern wollten ihren Freundeskreis erweitern, da sich die Mehrheit der „Anderen" im Nestbau-Modus befände und deutlich weniger Zeit für spontane Unternehmungen hätte. Eine Tatsache, die ich nicht von der Hand weisen kann, und die ich genauso auch schon fühlte. Aber daraus abzuleiten, die armen Singles seien per se einsam, ist eine falsche Schlussfolgerung. Offensichtlich gibt es ja einige Leute, die nicht mit Mitte 30 automatisch im klassischen Lebensmodell sitzen. Vielmehr geht es doch darum, eine Flexibilität mitzubringen, zu akzeptieren, dass sich Gewohntes ändern kann, aber selbst ebenso beweglich zu bleiben und offen zu sein. Da schließt sich der Kreis wieder zu den Studienergebnissen, dass Singles tendenziell mehr Freund*innen haben. Ich glaube, dass die Bereitschaft, sein soziales Netz immer wieder zu erfrischen und offen für neue Menschen zu sein, tendenziell bei Singles höher ist. Das ist jetzt aber nicht wissenschaftlich belegt, sondern eine steile These von mir.

Außerdem verrät dePaulo in ihrem *TED* Talk noch etwas Interessantes: Heiraten mache Leute nicht langfristig happy. Ihr Glückslevel steige nur bei der Hochzeit etwas an, danach pendele es sich wieder ungefähr wie vorher ein. Und dann beziehe sich dieser Glückssprung auch nur auf die, die verheiratet bleiben.[83] Also schreiben wir uns hinter die Ohren, dass das nur eine Geschichte ist, die uns erzählt wird: „Erst, wenn du geheiratet hast, bist du wirklich glücklich." Singles sind im Durchschnitt gar nicht so traurig, wie sie gerne gezeichnet werden. Aha.

Mehr noch: Laut einer Studie des Verhaltensforschers Paul Dolan von der *London School of Economics* geht es vor allem Singlefrauen im Durchschnitt ziemlich gut. Die Ergebnisse sagen, die „glücklichste und gesündeste Untergruppe sind Frauen, die nie verheiratet waren und keine Kinder haben." Doch das Stigma erzählt die Geschichte der traurigen Singlefrauen – und das kann sich irgendwann wirklich aufs eigene Wohlbefinden auswirken, da sich ständiges Mitleid absolut nicht gut anfühlt. Interessant daran: Die soziologischen Studien bringen hervor, dass es eher die Männer sind, die durch romantische Beziehungen profitieren: Sie haben bessere Beziehungen zur Familie, leben gesünder und verdienen scheinbar sogar mehr. Bei Frauen ergaben sich hingegen keine signifikanten Unterschiede.[84]

Was auch gerne angenommen wird: Singles sind egoistisch, sie sind hedonistisch und auf ihre Karriere versessen. Nope, sorry not sorry. Auch da gibt es etliche Studien, die das Gegenteil beweisen, nämlich, dass Singles echt sozial super involviert sind, dass sie gerne zur Gemeinschaft beitragen. Im Vergleich zu Verheirateten strengen sich Singles angeblich sogar mehr an, um mit ihrer Familie in Kontakt zu bleiben und haben Bock darauf, sich in ihrer Stadt oder Gemeinde aktiv zu integrieren.[85]

Nimm das, Singlism!

Du kannst nicht einfach Single sein

Singlesein sei nie der Normalzustand, eher ein Zustand, den es zu ändern gelte. Etwas Unfertiges. Etwas, das Sätze brauche wie: „Du wirst schon noch jemanden finden."

Single sei ein Zwischenzustand. Und das lassen Pärchen Singles oft spüren. Ob es aus purer Überzeugung oder aus Angst vorm Unbekannten ist, das ist fraglich. Zudem braucht Singlesein immer eine Rechtfertigung. Menschen wollen Erklärungen für diesen Zustand, die Leute möchten Singlesein einordnen können, wollen eine Geschichte drumherum: Top-Story dazu ist alles rund um den Trauerkloß, der einsam zuhause sitzt und einfach nicht den richtigen Menschen findet. Bei Frauen geht die Story dann recht schnell in Richtung Crazy Cat Lady. Ich erinnere mich noch: Mit Mitte 20 echauffierte sich mal ein damaliger guter Freund von mir, weil ich nach einer Trennung gerade nicht so in Dating-Laune war und eher eine Weile mein Ding machen wollte. Er sagte im Spaß, aber es hallte nach in mir: „Also du musst dich schon bisschen ranhalten, sonst endest du mit C&C – und ich meine nicht Coco Chanel, sondern Cats & Candles." Was als quirlige Neckerei gemeint war, besaß aber dennoch einen Funken Mahnung. Und gibt preis, wie nah die Singlefrau an Einsamkeit und halb angefressen von den eigenen Haustieren in der Wohnung liegend in der gesellschaftlichen Vorstellung angesiedelt ist.

Wenn du nicht traurig bist als Single, dann sei aber ein karrieregeiles Feierbiest, das sich alles nimmt und casual datet, bis es kracht. Es braucht also ein Stattdessen im Leben ohne Partner*in, um nicht als traurig und einsam wahrgenommen zu werden. „Sei bitte eine starke Singlefrau, dann wird dein Beziehungsstatus geduldet, wenn an die Stelle der Beziehung etwas anderes tritt." Mit der Feststellung bin ich nicht allein, auch Autorin

Antonia Wille spürte in ihrer Singlezeit die bescheuerte Erwartungshaltung: „[…] tobe dich aus, sei ein selbstbestimmter Single, der tut, was er will, neben Karriere, Freund*innen und Restaurantbesuchen. Das Singleleben soll die persönliche Bereicherung schlechthin sein."[86]

Es gibt da kaum Grautöne dazwischen. Dabei kann ein Singleleben beides sein, wie die Wellen im Leben eben sind. Es darf alles da sein. Alles hat seine Berechtigung. Es gibt nicht nur Schwarz und Weiß. Überzeugter Single oder Beziehungsfanatikerin. Es gibt sooo viele Schattierungen. An manchen Tagen dunkles Anthrazit, an anderen Hellgrau. Aber es ist immer fluide. So ist es im Singledasein. Wir sind Menschen und keine Haushaltsgeräte, bei denen wir Programme einstellen können, die dann laufen. Nicht nur Single-Kaltwäsche oder Beziehungsschonwaschgang. Es gibt Sonntage, an denen feiere ich es total, abends bisschen cringe zu sein und *ZDF*-Familiensaga zu gucken. Tage, an denen ich es liebe, so viel unverplante Zeit am Wochenende haben zu können, die ich mit Freund*innen-Frühstück, Spaziergängen oder, oder, oder füllen kann. Dann finde ich es so großartig, keine Kompromisse machen zu müssen und meine Energie in mich zu stecken und in mein Sozialleben und nicht darin, eine romantische Beziehung am Laufen zu halten. Mal freut es mich enorm, erfrischende Online-Dating-Unterhaltungen zu führen. Und dann gibt es Abende, an denen ich da hänge und mir jemanden auf meiner Couch wünsche, mit dem ich mich verbunden und von dem ich mich angezogen fühle. Das bedeutet aber nicht, dass ich die ganze Zeit traurig bin. Und es bedeutet auch nicht, dass ich die ganze Zeit on fire bin und *Tinder* wegflexe. Aber das ist das, was die Leute irgendwie an dem Phänomen Singledasein festmachen und wissen wollen. Irgendwie erwartet man entweder Traurigkeit oder Vollgas-Highlife bei einem Single. Und klar, es gibt auch einiges zwischen Single und Beziehung: Casual Dating, Freundschaft Plus – nenne es, wie du willst. Redet man aber wirklich darüber, ja puh, dann schnellen auch manchmal Augenbrauen hoch. Es ist also irgendwie ziemlich schwer, als weiblicher Single das Richtige zu tun – außerhalb einer monogamen heterosexuellen Paarbeziehung. Wie diese zu laufen hat, da gibt es auch klare Vorstellungen: von der Häufigkeit des Sex bis hin zu Rollenklischees über romantische Gesten. Dabei wird aber außer Acht gelassen: In einer Beziehung geht's ja auch mal hoch her – und dann ist es wieder superschön. Aber Singlesein will eingeordnet werden. Gelabelt. Ich habe schon diverse Labels getragen in meiner Zeit als Single. Das Single-Biest, das doch immer für witzige Geschichten gut ist und den Langzeitpaaren mal amüsant *Bumble* & Co. erklären kann oder immer eine aufregende Dating-Geschichte parat hält. Oder aber ich galt als Powerfrau (dummes Wort, kennst du einen Powermann?), die die Männer abschreckt und stattdessen immer mehr vom Leben möchte. Aber es haftete auch schon der Traurig-Sticker auf mir. „Ach ja, das arme Ding hat einfach kein Glück in der Liebe scheinbar." Eine Mischform ist mir auch schon untergekommen. Das unglückliche Feierbiest, das die innere Leere mit Alkohol zuschüttet und wegfeiert – aber unglaubwürdig. Das Traurige daran:

Passiert sogar unter Frauen selbst. So war ich Teil eines Junggesellinnenabschieds in einer anderen Stadt – wir ließen uns nach der Feierei nachts noch mit einer kleineren Gruppe durch die Bars spülen und fanden uns letztendlich morgens um sechs Uhr auf einer Dachterrasse mit nett skurrilen Leuten und noch skurrileren Unterhaltungen wieder. Knaller-Erfahrung. Am nächsten Tag gaben einige Ladys, die nicht noch mitgezogen waren, einige blöde Anspielungen von sich. Judgement aus den eigenen Reihen ist besonders schade.

Ich will aber keine Sticker tragen. Ich will ich sein, mal happy as fuck, mal heulend – ob als Single oder Teil einer romantischen Beziehung. Und das hat jeder Single verdient, sein zu dürfen, ohne sich mit Geschichten für die anderen ausstaffieren zu müssen, weil der Beziehungsstatus das verlangen würde. Als Zwischenstep zum echten Leben. Als Paar.

Als ich mich auf die Mitte 30 zubewegte und zu diesem Zeitpunkt Single gewesen bin, bekam ich direkt oder hinter meinem Rücken die verschiedensten Versuche von Erklärungen für meinen „schwierigen Zustand" mit: vom Klassiker „zu anspruchsvoll, zu kompliziert, zu emanzipiert" über „psychisch verkorkst". Oder meine sexuelle Orientierung wurde in Frage gestellt: „Ist die vielleicht lesbisch und will sich nicht outen?" Diese Spekulation ist doppelt bescheuert: Zum einen, weil es zeigt, dass Singlesein eine Erklärung braucht. Zum anderen, weil es Homosexualität denunziert – als etwas, was unnormal sei. Einfach wow, dass einige Menschen wirklich annehmen, ich hätte mich lieber all die Zeit als Single ausgegeben, anstatt zur vermuteten eigenen Wahrheit zu stehen. Was für ein Bullshit. Das sollten wir doch langsam besser können. Und wieder sieht man: Dieses starre Festhalten an der Norm bringt oftmals einfach eklig triefende Überlegenheit rüber und vor allem die Gier nach Erklärungen – so herbeigezogen diese auch sein mögen.

Single zwischen Mitleid und Risiko

Dann gibt es da noch eine verzwickte Sache beim Singlesein: Du bewegst dich nämlich oft zwischen Mitleid und Bedrohung. Ich habe es schon erlebt, dass ich plötzlich von anderen Frauen als Gefahr wahrgenommen wurde, wenn ich Single war. Der männerverschlingende Vamp und so. Als Singlefrau könne ich ja gar nicht anders, als auf der Suche zu sein. Ich selbst habe mich schon von anderen Frauen bedroht gefühlt, wenn ich mit einem Partner zusammen war und auf einer Party eine Singlefrau ausgelassen und lustig ihr Leben lebte. Ein Alarm schrillte sofort in mir und meine Laune ging in den Keller – zusammen mit meinem Selbstwertgefühl. Wie kleingeistig von mir. Aber hey, besser spät als nie checken. Da sind wir nämlich wieder bei der Story, dass für uns Frauen ab der Pubertät angeblich der Startschuss falle und wir uns wild auf die Suche nach Männern machen. Das Wettrennen ums große Typenangeln – eine gute Partie machen und diese auch behalten. Life Goal. Nicht.

Warum die Überhöhung der Liebesbeziehung problematisch ist

Die Paarbeziehung wird gehypt in unserer Gesellschaft. Aber nicht, weil sie immer so schön ist und nur Vorteile bietet. Sondern, weil es so in den Köpfen ist, dass sie schlichtweg die Norm darstellt. Der Normalzustand eben, alles andere ist Warten oder Versagen. Mir ist es wichtig, da ganz klar zu unterscheiden. Die Liebe, ja die Liebe, eieiei, die ist etwas ganz Großartiges. Aber die Paarbeziehung als Normsystem ist es nicht. Denn das glorifiziert das Eine und beschämt das Andere. Fakt ist: Die Gesellschaft hat Geschlechtsnormen und Paarnormen sozialisiert. Heteronormativität als beschlossene Sache mit der Institution der heterosexuellen Paarbeziehung als Leitmotiv.[87] Gekrönt durch die Ehe, die vom rationalen Zusammenschluss zum Liebes-Highlight avancierte – wie wir eben schon herausgefunden haben. Und so glauben wir, wir würden erst durch die romantische Paarbeziehung ganz; unser Deckel komplettiere uns. Eine heikle Erzählung für die Wahrnehmung des Selbst.

„Der Kampf für die Gleichstellung von Singles ist für Singles ebenso wichtig wie für Menschen in Beziehungen."[88] Viele Menschen verharren in halbgaren Beziehungen aus Angst, als bedauernswerter Single wahrgenommen zu werden, einsam zu sein oder eine Stufe auf dem Lebenstreppchen nicht zu erreichen. Dabei wäre es gut, romantische Beziehungen mal kritisch zu hinterfragen. Denn solange es der ausschließliche Zustand ist, den es in diesem Leben zu erreichen gilt, solange verpaaren sich auch Optionen – es ist zwar nicht die große Liebe, aber verfügbar, passabel und besser, als Single zu sein. Die Angst, nicht ins Raster zu passen, lässt einige Menschen sich arrangieren. Aber in der Liebe sollte man richtig lieben. Es ist viel zu schade, auf dieses Gefühl zu verzichten, weil man denkt: „Naja mit diesem Menschen passt es ja ganz ok." Das ist wie lauwarme Suppe – auch nicht wirklich geil. Ich kenne Paare, bei denen ich das so als Zweckbeziehung sehen würde, weil da Menschen sind, die sich gegenseitig Aufmerksamkeit geben und in eine ähnliche Richtung blicken. Kann man machen. Aber ich will das nicht machen. Ich glaube, solange die Alternative zu praktischen Beziehungen nur der verpönte Singlestatus ist, solange werden sich Menschen auch ohne fette Liebe zufriedengeben. Oder schlimmer, in Konstellationen ausharren, die ihnen sogar schaden. Stichwort toxische Beziehungen und so. Ich konnte insbesondere ab 30 teilweise eine Stuhlpolonaise beobachten: Plötzlich ging die Musik aus und viele setzten sich auf den nächsten freien Stuhl, wählten also schnell verfügbare Partner*innen, um bloß nicht übrig zu bleiben. So kam es mir vor – ein Bild, das witzigerweise auch die beste Freundin der Protagonistin aus Holly Bournes Roman „War's das jetzt?" von der Lebensphase ab 30 zeichnet: die Reise nach Jerusalem.[89]

Ich tanzte zu der Zeit gar nicht mit um die Stühle. Ich feierte auf ganz eigenen Partys meine erwachsenen Möglichkeiten, endlich mal Kohle zu verdienen, frei und ausgelassen zu sein.

Aber das kritische Hinterfragen ist gar nicht mal so einfach, denn nicht selten spürte ich, dass ich plötzlich als Miesmacherin dastand, die an dem Ideal der romantischen Liebe sägte. Die Schlussfolgerung: Ich sei angeblich neidisch, weil ich es selbst nicht habe, daher zweifele ich das an. Einfach so nein. Ich hinterfrage nicht kritisch die Liebe (die liebe ich), ich hinterfrage kritisch den Herdentrieb, sich an Menschen zu binden, mit denen man nur so geht-so-happy ist, weil man das ab einem gewissen Alter einfach so machen sollte. Weil es normal sei, dann in einer Beziehung zu sein. Weil wir insgeheim Angst vor einem Verfallsdatum haben, das es gar nicht gibt. Wenn wir aufhören, diese schreckliche Scheiße zu verbreiten von: „Dann sind alle Guten vom Markt. Dann will dich keiner mehr. Dann ist Verliebtsein auch ein bisschen lächerlich." – Ja, dann könnten wir uns auch etwas entspannen und dem richtigen Verknallen mal wieder Raum geben, anstatt Torschlusspanik zu bekommen.

Und bei diesem ganzen Du-sollst-in-einer-Beziehung-leben-Gedöns geht es mir oft viel zu wenig darum, was eine schöne, nährende Beziehung wirklich ausmacht. Wie wir wirklich in Beziehung mit Menschen treten und diese auch für lange Zeit lebendig halten. Das hat nämlich auch einen ganzen Haufen mit uns selbst zu tun. Mit Selbsterkenntnis, Persönlichkeitsentwicklung, mit Selbstreflexion. Du musst doch wissen, was du magst, wer du bist, wer du sein möchtest, um dich erfüllend und für beide Seiten bereichernd mit einem anderen Menschen zu verpartnern. Und das auch bitte auf Augenhöhe und mit dem Ziel, gemeinsam zu wachsen, sich zu spiegeln. All das fällt in der Story ums Ehemannfinden irgendwie hinten runter. Wie fahrlässig.

In tausend Ratgebern gibt es Tipps und Tricks, wie man dem Singlesein ein Ende setzen kann, wie wir uns den perfekten Typen angeln, ihn anlocken mit Spielchen von Desinteresse oder mit sexy Looks. Auch weit vorne: Online-Kurse und Coachings zu Selbstliebe, um endlich geliebt werden zu können, und zu Blockaden, denn: „Du bist doch irgendwie selbst schuld, wenn du Single bist. Du bist nicht auf der richtigen Seite, das muss sich ändern, koste es, was es wolle. Du musst nur an den passenden Rädchen drehen, um endlich des Rätsels Lösung zu finden, warum du nicht in einer romantischen Beziehung bist." Das machen sich auch einige dubiose selbsternannte Beziehungsexpert*innen zunutze, um teure Programme zu verkaufen, mit denen endlich der Mangel behoben werden kann. Natürlich kann es sinnvoll, wenn nicht sogar lebensnotwendig sein, die eigene Liebes-Journey therapeutisch aufzuarbeiten, sich Verletzungen anzuschauen. Manche Menschen müssen schlichtweg lernen, sich zu öffnen, um sichere Bindungen eingehen zu können. Aber die ganze Industrie, die mit dem Mangelgefühl der Singles Geld verdienen möchte, sollten wir kritisch beäugen. Denn das erzeugt einen perfiden Druck, gepaart mit Scham im Sinne von: „Du kannst alles haben, wenn du es nur genug willst."

Teresa Bücker trifft es im Vorwort von Malin Lindroths Buch „Ungebunden" auf den Punkt: „In einer Gesellschaft, in der in ohrenbetäubender Lautstärke erzählt wird, dass es an jeder Person selbst liege, das Beste aus ihrem Leben zu machen, dass, wenn sie sich nur genug anstrenge, alles gelingen könne, in solch einer Gesellschaft ist es kaum möglich, diese Dinge nicht selbst, wenigstens ein bisschen zu glauben.“[90]

Statt so viel Invest reinzubuttern, um zu begreifen, was potenzielle Partner*innen anzieht, ist es doch hammersinnvoll, uns erst einmal mit uns selbst richtig auseinanderzusetzen. Und an oberste Prio zu stellen, was wir selbst mögen, erregend und gut finden. Wie bereichernd wäre es, kleinen Kindern die Geschichte zu erzählen: „Die wichtigste Beziehung ist die mit dir selbst. Wenn die gesund ist, dann können ganz viele andere tolle dazukommen.“ Wir sollten von klein auf lernen, dem Alleinsein die Bedrohung zu nehmen. Und verstehen, dass sich Glück und Erfüllung nicht ausschließlich aus der romantischen Liebe speisen.

Nimm dir Zeit, geh auf eine Reise mit dir, anstatt dein Hauptziel darin zu sehen, den*die Lebenspartner*in zu finden und sich als hässliche Versagerin zu fühlen, wenn das mit Mitte 30 nicht passiert ist. Es ist eine harte Lektion, aber eine so wichtige: Niemand kann dir Sicherheit geben – nur du selbst! Je früher wir das begreifen, desto früher verstehen wir auch, dass eine Paarbeziehung nicht unser Sicherheitsnetz ist, das wir finden müssen. Umso weniger können uns andere Menschen einen Mangel andichten und umso gesünder suchen wir uns Partner*innen aus, mit denen wir gerne zusammen sind. Weil es voll matcht und nicht, weil die Uhr das vorgibt.

Die Sache mit den Beziehungen

Ich habe gelernt, dass eine Beziehung nicht einfach ein Zustand ist, in dem wir uns befinden. Beziehungen sind

Biotope aus verschiedenen Lebensstilen, Kommunikationsstilen, Blickwinkeln, Ängsten, Glücklichmachern, Lebenseinstellungen, inneren Dämonen, Meinungen, Expartner*innen, Verletzungen, Goldmomenten. Zwei Menschen – in der traditionellen Liebesbeziehung gedacht – legen ihren Erfahrungsschatz zusammen. Das ist etwas Lebendiges, etwas, das wirbelt und fließt und mal verstopft. Wir müssen aktiv sein, wenn wir mit einem Menschen in Beziehung stehen. Ebenso lebendig bleiben. Immer darauf bedacht sein, einander nicht aus den Augen zu verlieren. Wachsen. Lasst uns doch viel mehr darüber sprechen. Über diesen großartigen, teils auch angsteinflößenden Vorgang, den es meiner Meinung nach für eine gesunde Beziehung braucht. Aber was wir stattdessen oftmals präsentiert bekommen, sind statische Zustände, die zur Markierung der Norm dienen. Einfache Einteilungen, die kategorisieren. Und bewerten: Single, verlobt, verheiratet. All das verrät nichts über den Glücklichkeitsgrad der Menschen. Überspitzt gesagt: In den Augen der Gesellschaft ist es besser, in einer blutleeren, toten Beziehung zu stecken, als Single zu sein. Das ist aber nicht meine Definition von Glück. Und auch erst recht nicht von Liebe. Und deine sicherlich auch nicht. Für sich selbst, für die Chance auf ein vibrierendes Leben einzustehen, den Hintern aus drögen Partnerschaften oder, noch schlimmer, aus gefährlichen Partnerschaften zu bewegen – das alles ist sowas von wichtig. Da darf nicht die Sorge ums Singlesein der Kleber zwischen zwei Menschen sein. Und das ist es aber, was das Narrativ aus dem Sorgen-Single, insbesondere der Singlefrau bewirken kann. Alleinstehend. Ungeiler Begriff, so schneidend bis drohend. Katja Kullmann plädiert übrigens für einen eigenen Begriff: die singuläre Frau. In ihrem gleichnamigen Buch verlangt die Autorin eine Neubewertung der alleinstehenden Frau – raus aus dem Traurig-Morast.

Dass das echt nötig ist, habe ich immer wieder selbst erlebt. Ich war 34, hatte zwei Selbstständigkeiten mit eigenem Online-Magazin und meinem Freelance-Dasein aufgebaut, lebte bereits in verschiedenen Großstädten, reiste allein und vieles mehr. Und trotzdem: Nichts davon schien so sehr als erfolgreich durchzugehen wie eine Beziehung für die gedachte Ewigkeit oder eine Verlobung. Bei all dem wurde ich dennoch oft damit konfrontiert, dass das ja alles gut und schön sei, aber der Mann an meiner Seite fehle.

Kleine Kostprobe:

2018

Da ich ortsunabhängig arbeiten kann, besuche ich unter der Woche meine Eltern. Es ist Montagmorgen, acht Uhr. Noch vor dem ersten Kaffee klingelt es an der Tür, eine flüchtige Bekannte meiner Eltern möchte etwas abgeben. Länger nicht gesehen, kurzer Smalltalk. „Und, deine Mutter hat erzählt, du hast da jetzt so ein eigenes Projekt?" Ich: „Ja, ganz gut, genau, ich habe ein Online-Magazin mit einer Freundin gegründet und mich zusätzlich gerade als Texterin selbstständig gemacht, läuft also ganz gut." „Aha. Und Mann?" Ok, wow, geht schnell zur Sache so früh am Morgen. Ich erwidere: „Da gibt es aktuell keinen bestimmten." Ihre Antwort: „Schlecht! Zwischen 25 und 30 sollten Frauen Kinder auf die Welt bringen." Nach kurzer Sprachlosigkeit kommt mir zum Glück noch ein „Steht bitte wo?" über die Lippen. Dennoch fallen mir natürlich erst im Nachhinein die passenden Antworten ein, zu perplex bin ich über die absurde Situation. Alter, ich habe dir gerade von zwei beruflich coolen Dingen erzählt und du problematisierst mich, weil ich Single bin?! Und das vor dem ersten Kaffee an einem Montag. Was für ein Träumchen. Eine von vielen Episoden, in denen ich schon oft gespürt habe, dass ich nicht die Meilensteine hervorbringe, die die konservativ denkende Gesellschaft gerne abfeiert. Klingt jetzt easy von wegen „Ja, kann dir ja auch egal sein", aber dennoch musste ich da erst einmal reinwachsen, weil ich es gerade Anfang 30 schwierig fand, plötzlich so unverhohlen auf meine Lebensplanung angesprochen zu werden. Aber ich begriff mehr und mehr: Jede blöde Frage nach Partner*in und Beziehung spiegelt nur die eigene Angst der Leute. Die Gleichung, die in deren System stattfindet: Beziehung = Sicherheit. Geordnetes Leben mit Eigenheim, Kind & Kegel = Sicherheit. Als Single ist man Systemsprenger*in und fördert die tiefsitzenden Ängste im Gegenüber zutage. Einmal begriffen, kannst du diese Fragen und Aussagen mit sorgenvoller Miene als Päckchen mit eigenen Ängsten verstehen, das dir übergeben wird. Das Geile: Du musst es ja nicht annehmen.[91]

Mein Timing mit der Liebe

Bis Ende 20 war ich in einigen wenigen langen Beziehungen. So happy ich war, so sehr war auch oft FOMO dabei – die beschissene Fear of missing out. In meine Beziehungen mischte sich eine Sorge, dass es das ja jetzt schon sein könnte. Meine Angst, etwas zu verpassen, wirbelte mein Unterbewusstsein ganz schön auf. War ich teils auf Wolke sieben und lebte bestes Love Life, gab es auch Momente, in denen ich mich beengt fühlte. Zeitgleich existierte aber auch da schon meine Verlustangst. Ganz schön viel Gegensätzliches in mir. Ich habe schöne, innige Beziehungen mit wunderbaren Männern geführt, die mir ziemlich viel Tolles gegeben haben. Aber ich kannte mich so wenig rückblickend, dass ich in anderen Frauen und Exfreundinnen eine dauernde Bedrohung sah, die mich manchmal in ein streitbesessenes Etwas verwandelte, das seine Ängste durch Provozieren versucht hat zu kompensieren. Ich wollte immer und immer mehr Bestätigung. Ich hatte Spaß daran, Partner an emotionale Grenzen zu bringen, weil ich das als absurde Liebesbeweise empfand. Kein gesundes Selbstbild. Kein gesundes Beziehungsgefüge. Tief im Inneren fühlte ich nach dem Unfalltod meines ersten Freundes eine enorme Angst, verlassen zu werden. Oder betrogen, was leider auch passiert ist. Also nahm ich eine volle Packung Herzschmerz und eine Schutzrüstung mit in meine 30er. Mit dem Ergebnis, dass ich Männer anzog, die bis nach Meppen mingeln wollten. Also schön unverbindlich, aber gerne schmusig und vertraut wie eine Beziehung. Das Beste aus beiden Welten eben. Wie ich später feststellte, war ich zu diesem Zeitpunkt selbst null bereit für eine Beziehung und suchte mir – wenn überhaupt – nur die, die mir nicht so gefährlich werden konnten – zu viele Verletzungen von vorherigen Beziehungen waren noch nicht ausgeheilt. Aber ich versuchte es ja hin und wieder mit Dates, so musste ich mir nicht nachsagen lassen, ich versperre mich für die Männer. Denn die Gesellschaft möchte Singles sehen, die sich bemühen, die Bereitschaft zeigen, endlich auf die richtige Seite zu wechseln.

Rückblickend weiß ich, dass ich auch viel torpedierte. Ich war also sowas von nicht ready, mich für immer zu binden, aber sowas von bereit, mich und meinen Weg zu finden. Es wäre für mich der falsche Step gewesen, früh zu heiraten und mich fest zu committen.

Dann kam eine Zeit, in der ich so mit mir beschäftigt war, dass für Männer und Dates wirklich lange kein Platz blieb. Das war die Zeit meiner mentalen Krise, von der ich dir am Anfang des Buches erzählt habe. Selbstfindung at its best. Rückblickend ein Stückchen Freischwimmen aus der Liebessucht, weil ich lernte, mich auch ganz ok zu finden, ohne dass ein Mann mir das bestätigt. Ich bin auch ohne Mann an der Seite oder zumindest ohne einen, der irgendwo in meiner Umlaufbahn schwirrt, ein ziemliches Komplettpaket. Aber ich lernte auch, es wunderbar zu genießen, wenn ein toller Typ da ist. Und wieder offen für eine Beziehung zu sein, ohne sie krampfhaft zu suchen.

Ich glaube fest daran, dass hintenraus alles Sinn macht. Wenn es also mit der Liebe nicht so rundläuft, wie du dir das als Kind, als schwärmender Teenager oder wann auch immer vorgestellt hast: Lass dich bitte nicht von den Zeitfenstern der anderen verunsichern. Vertraue darauf, dass du auf deinem Weg in deinem Timing bist. Und vor allem: Genieß es auch, Single zu sein! Daran ist wirklich rein gar nichts falsch. Du bist nicht dein Beziehungsstatus.

Auf die Freundschaft

Das lange Singlesein ist auch immer irgendwie mit der Vermutung verbunden, Bindungsprobleme zu haben. Aber ist das wirklich so? Ich will nicht bestreiten, dass wir mit massiven Schäden in puncto Vertrauen und Einlassvermögen aus romantischen Beziehungen herausgehen können. Aber den Singlestatus als klares Indiz für Bindungsunfähigkeit zu sehen, ist jetzt ein bisschen sehr einfach gedacht. Denn wir verbinden uns im Leben nicht nur mit den Menschen, mit denen wir eine romantische Beziehung eingehen. Im besten Fall haben wir Freund*innen, Familie und ein vielschichtiges soziales Netz. Das sind Beziehungen, die wir zu diesen Menschen pflegen. Schaue ich auf die teils 20 Jahre enge Freundschaft, die ich mit Herzfreund*innen habe, empfinde ich mich als echte Beziehungskönnerin. Auch wenn ich in keiner romantischen Beziehung stecke, bin ich immer Teil von vielen Beziehungen. Denn freundschaftliche Beziehungen sind Beziehungen. Sie finden oft nur leider nicht die gleiche Anerkennung und nicht die gleiche sorgsame Pflege. Eben weil wir die romantische Beziehung überhöhen und überfrachten, anstatt sie als einen Teil in einem bunten Beziehungsgeflecht zu sehen. Dieser engstirnige Fokus rückt oftmals Freundschaften in den Hintergrund und lässt uns nach dieser großen EINEN Verbindung lechzen, um die Sehnsucht nach Gemeinschaft zu stillen. Denn so will es die Geschichte von einem glücklichen Leben.

Dabei sagen Studien etwas anderes: Der Anthropologe und Psychologe Robin Dunbar (mal wieder, schlauer Typ) ist der Auffassung, dass wir uns mit fünf anderen

Menschen tief verbunden fühlen müssen, um glücklich zu sein – nicht nur mit einem.“[92] Unser internalisierter Glaube daran, dass wir den Mann zum Heiraten finden, Kinder bekommen und es uns als Kernfamilie richtig muckelig machen sollen, gleichzeitig Freund*innen ab und zu zu Besuch kommen können, aber in zweiter Reihe stattfinden, kann uns also ganz schön aufs Glatteis führen. Denn bei allem finde ich bis heute Folgendes schräg: In der Paarbeziehung stehst du dir auf vielen Ebenen so nah, baust dir eine kleine gemeinsame Welt auf und es kann mit ein paar Worten vorbei sein. „Es ist aus“, „Ich trenne mich.“ Wutsch. Schlussmachen und zack. Das, was ich so pervers schmerzhaft finde: So nah wir uns in der romantischen Beziehung sind, so erbarmungslos schnell verlieren wir jeglichen Anspruch. So schnell sind wir wieder zwei Einzelteile, die keinen Plan davon haben, was beim anderen abgeht. Mit wenigen Sätzen verlieren wir jeglichen Anspruch auf ein Wir, was vielleicht gestern noch der Fixstern gewesen ist. Das ist verdammt hart. In Freundschaften muss es schon gewaltig krachen, damit so etwas passiert, meist schleicht es sich aus. Allein deswegen finde ich das Denken, mit dem viele von uns groß geworden sind, dass die Paarbeziehung die wichtigste Beziehung sei, problematisch. Wir tun gut daran, diese Vorstellung etwas zu demontieren und die romantische Beziehung nicht weiter so dermaßen zu überhöhen, sie ein bisschen vom Hoheitspodest zu stupsen und sie gleichwertig zu Freundschaften zu sehen. Sie kann ein verdammt glückstiftender Faktor sein und richtig viel Freude machen. Aber auch andere Beziehungen sind elementar.

Ein wichtiger Gedanke: Was kann die romantische Beziehung? Gefühlt die ganze Welt und die Werbung versprechen Folgendes: „Wenn du eine*n Partner*in gefunden hast, ist dein Leben reich gefüllt mit Wärme, Liebe und Teamsein.“ Neben all den Zuckerguss-Botschaften haben wir verlernt, dass wir das nicht ausschließlich in romantischen Beziehungen finden. Wir sehnen uns nach echter Verbundenheit und Nähe. Verlässlichkeit. Liebe. Total menschliche Bedürfnisse, die wir auf keinen Fall unterdrücken sollten. Aber statt ausschließlich in romantischen Beziehungen nach der Befriedigung dieser zu suchen, könnten wir auch ein bisschen lernen umzudenken. Welche Menschen in meinem Leben geben mir das Gefühl, verbunden und geliebt zu sein? Ich finde, das lässt uns ein bisschen weniger Druck auf dem Kessel haben und unsere eigenen Gefühle hinterfragen. Mich bewusst damit auseinanderzusetzen, welche Bedürfnisse hinter meinen Wünschen stecken, ist für mich Selbstwirksamkeit. Auch freundschaftliche Beziehungen als Bedürfniserfüller zu betrachten und nicht nur den Rucksack voller Anforderungen der romantischen Liebe auf den Buckel zu packen, mindert den Druck meiner Meinung nach auf viele Weisen:

1. Auf den*die Partner*in, dass er*sie alles sein muss. Kein Mensch kann alle Erwartungen erfüllen. Der*die Partner*in sollte am besten alles vereinen: immer da sein, immer zuhören, immer Rat wissen, bombastischer Sex, tiefe Leidenschaft, Halt in allen Lebenslagen, gleiche Interessen – die Liste ist lang. Und unrealistisch. Nicht selten ächzt die romantische Beziehung unter der immensen

Erwartungshaltung. Verteilen wir die „Zuständigkeitsbereiche“ auf mehrere Menschen, ist es leichter für alle.

2. Auf Singles, dass sie sonst ein halbes Leben hätten. Einfach nein. Denn die Geschichte entspricht nur der Vorstellung von einem Ideal, das geschaffen wurde in einer Zeit, in der insbesondere die Frau ohne Mann nichts wert war und ihr Leben nicht bewerkstelligen konnte. Und die bis heute noch in den Köpfen wabert – in abgewandelter Form.

3. Auf einen selbst, dass die Beziehung jetzt aber auch wirklich funktionieren muss. Nein. Denn du bist nicht automatisch einsam, wenn du keine*n Partner*in hast. Du bist ein Pflänzchen mit vielen Wurzelverwurschtelungen, die dich nähren. Wenn der eine Zweig verstopft oder Giftstoffe anstatt Nährstoffe reinschleust: Ciao, Kakao! Die anderen Wurzelbereiche ballern auch viel Gutes rein.

Nein zu Überempowerment – Ja zur Gleichsetzung

Ich möchte hier gar nicht empowern, Single zu sein. Meiner Meinung nach ist dieses Single-Überempowerment auch der falsche Weg. Laut schreien „Ich brauche keinen Mann!“ ist die falsche Message. Männer sind doch etwas Fabelhaftes. Außerdem kreiert das auch wieder Druck. Druck auf Menschen, die eine tiefe Sehnsucht nach einer innigen Partnerschaft spüren, die aber vorgelebt bekommen, man müsse als Single ein Powerhouse sein, das ständig die Ungebundenheit zelebriert und immer stark ist und sich selbst so hart liebt – nee, das ist nicht mein

Ding. Sondern: Manchmal ist das, was gerade ist, auch einfach ok so. Mal ist man Single, mal in einer Beziehung. Und Beziehungen können ganz individuell gestaltet werden – ganz nach dem persönlichen Gusto der Teilnehmenden. Ob offen, geschlossen, poly, whatever. Lasst uns nicht eine Lebens- und Liebesform als Ideal statuieren, sondern lasst uns anerkennen, dass nahezu alles im Leben Vor- und Nachteile hat. Ob Single oder Teil einer Beziehung: Beides kann cool sein, beides kann doof sein. Und immer kann es abwechselnd beides sein.

Ich liebe es, wild zu lieben. Und oh Boy, was habe ich das schon getan! Und wie ist mir das um die Ohren geflogen und hat mich ordentlich mit Krawumm verletzt. Aber ich will gar nicht Schluss damit machen. Ich stehe voll auf Verlieben, auf ein Wir, eine Partner-in-crime-Attitüde. Ich liebe es, einen großen Löffel zu haben, der mit Herz und allem Pipapo an mir hängt und umgekehrt. Aber ich will nicht mein Leben nur auf dieses eine Ziel ausrichten. Genauso liebe ich es nämlich, mein Wochenende als weißes Blatt zu betrachten, das ich nach Lust und Laune bunt bemalen kann – mit Familie und Freund*innen, oder auch allein. (In der Theorie – in der Praxis macht mir mein Hang zu tausend Projekten da oft einen Strich durch die Rechnung.) Ich liebe es, zu flirten oder mein geheimes Single-Verhalten zu zelebrieren. Kurzum: Beides hat doch etwas wahnsinnig Tolles und auch Schattenseiten. Daher ist es gleichwertig. Und vielleicht hat auch beides seine Zeit.

Wenn wir aufhören, den Beziehungsstatus als starren Zustand zu sehen, sondern mehr mit unserer eigenen

Entwicklung in Einklang bringen, schmeißen wir ordentlich Ballast ab. Dafür müssen wir vor allem das endzeitliche Denken über Singlefrauen Ende 30 über die Wupper werfen und aufhören, die Roulette-Nummer zu spielen: „Rien ne va plus, nichts geht mehr." Mein lieber Scholli, ich denke, da geht noch ganz schön viel! Wenn wir unseren Beziehungsstatus spielerischer sehen, uns nicht nur über die ganzen Unterschiede zwischen Singlesein und Beziehung definieren, wenn wir Singlesein nicht ab einem gewissen Alter als Endgegner ansehen, dann können wir uns dem Flow im Leben besser hingeben: Mal bin ich Single, mal bin ich in einer Beziehung. Aber ich bleibe ich. Das ist doch das, worauf es ankommt. Immer führe ich ein ganzes Leben. Und genau das ist doch der Punkt. Egal, in welchem Alter.

Die Geschichte über die Karriere

„Es scheint gesellschaftlicher Konsens, dass man bis 30 etwas erreicht haben und wer sein sollte.“[93] So beschrieb die damals 25-jährige Journalistin Ann-Kathrin Hipp ihre Sicht aufs Erwachsenwerden. Außerdem sagte sie: „In den Mittzwanzigern ist das Bedürfnis da, aufzurechnen und zu vergleichen, ob das Leben den Erwartungen entspricht.“[94] Da haben wir es: „… ob das Leben den Erwartungen entspricht.“ Einige Menschen geraten sogar in eine sogenannte Quarterlife-Crisis, weil die Ansprüche an sich selbst und an das Leben so hoch sind und zeitgleich die Möglichkeiten unendlich und die Messlatte vom Elternhaus so hängt, dass man sich kräftig recken und strecken muss. Dann beschleicht auch Mittzwanziger schon das Gefühl, zu langsam zu sein. Auf der einen Seite sind wir Millennials noch so darauf konditioniert, eine Familie zu gründen, etwas zu erreichen, was sich im Wohlstand widerspiegelt und einfach richtig zu performen. Auf der anderen Seite wuseln wir durch einen Irrgarten an Möglichkeiten, saugen „the good life“ zwischen Healthy Food und Workation der anderen bei *Instagram* auf und haben 1.001 Dinge auf der Bucketlist. Und das am besten alles, bevor dann der Nachwuchs kommt. Uff, ganz schön viel Holz zum Abarbeiten. Was erst einmal wie harte Luxusprobleme klingt, kann ganz schön viel Druck verursachen. Nämlich den Druck, die richtigen Entscheidungen zu treffen, die Möglichkeiten auch ja nicht zu verschleudern. Den imaginären Stempel von „erfolgreich“ zu bekommen. „30 under 30“ und all der Kram schürt die Früher-höher-schneller-weiter-Mentalität. Ich habe dir ja im ersten Kapitel schon von meinem persönlichen Jugendkatalog erzählt. Das glich bei mir eine Zeit lang fast schon einer Sucht – es war nie genug. Hatte ich in Düsseldorf, Köln und München damals bereits gelebt, sagte meine innere Stimme: „Ja, aber was ist mit Hamburg? Und wie ist das denn jetzt mit Work & Travel und Schildkröten retten und in einer Auffangstation arbeiten – das könntest du doch auch noch!“ Aber ich will auch gucken, dass ich ja in hippen Agenturen unterkomme, also vielleicht doch noch ein unbezahltes Praktikum? Wieso ist denn Tamara mit 28 schon Gründerin? Noch mehr ranklotzen sollte ich dann. Und aber auch richtig Spaß haben, denn yolo und so und bald ist ja dann auch die Party vorbei. Weil dann heißt es ja auch settlen, weil „das macht man so mit über 30“. Da können sich die Hirnwindungen schon mal wunddrehen.

Warum ist es in unserer Gesellschaft so sexy, früh alles zu rocken, was den Job angeht? Warum hetzen wir so durch wunderbare Jahrzehnte, im besten Fall straight und ohne Umwege? Je früher Führungsposition oder eigenes Unternehmen, desto erfolgreicher. Angeblich. Wir rennen also los, um alles immer schneller durchzuziehen, verkürzen Schulzeit und Studium, sparen hier und dort Zeit ein. Bis Ende 30 sollte aber auch wirklich alles stehen. Karriere, Kinder, Ehemann, Eigentum. Für mich immer dabei: Das Gefühl, die Zeit und die von anderen definierten Meilensteine und Statussymbole treiben mich in die Enge. Ich muss mich immer wieder emanzipieren, um bei diesem vermeintlichen Wettrennen auszusteigen – es ist erschreckenderweise so sehr drin in meinem Kopf. Wie oft ging mir eine innere Stimme auf den Geist, die mir erzählt hat, dass ich weiter sein müsste in meinem Alter? Dass ich mit meiner Ausbildung jetzt schon auf irgendeiner Führungsposition sitzen müsste? Weil sich dann auch das Studium amortisiert hätte. Ja, meine innere Kritikerin ist in der Tat eine sehr radikale Zeitgenossin. Ohne Frage. Dennoch muss sie diese fixe Idee vom altersgerechten Erfolg ja irgendwo herhaben. Und klar, wenn ich den Oberfehler machte und mich mit anderen verglich, sah ich Wohnungen und Urlaube und einen Lifestyle, den ich mir oftmals nicht leisten konnte. Weil ich mich entschieden hatte, mit 33 meinen Job zu kündigen, nicht von Agentur auf Unternehmensseite zu wechseln, um auf der klassischen Karriereleiter zu klettern. Ich ging ins Ungewisse, machte mich damals als Texterin und Social-Media-Beraterin selbstständig und versuchte, mit einer meiner besten Freundinnen unser frisch gegründetes Online-Magazin zum Laufen zu bringen. Was meine innere Kritikerin mir ins Ohr säuselte, hämisch und unverschämt: „Na, die Idee hättest auch mal bisschen früher haben können, dann könntest du jetzt schon weiter sein." Dabei nervt es mich so sehr: Diese Starrheit im Kopf, dass es noch immer als mutig und unkonventionell gilt, auch mit über 40 mit einem neuen Job zu starten, etwas zu gründen oder was umzuwerfen. Es werden so gerne die Karrieregeschichten erzählt von jungen Leuten, die es vor 40 „zu etwas gebracht haben". Schade, wir werden doch alle im besten Fall älter als 40 und bis dahin so viele Highlights schon verballert zu haben, macht's ja hintenraus irgendwie auch langweilig.

Außerdem verschärft die Altersdiskriminierung ein riesiges Problem, nämlich die Chancenungleichheit. Traurigerweise haben nicht alle Menschen die gleichen Startbedingungen – denn die sind in unserer Welt leider ziemlich oft vom sozialen Status abhängig. Kommt dann die Altersgrenze als nächste Hürde, setzt das der Ungerechtigkeit noch einen drauf.

Eine traurige Tatsache: Immer wieder sagen vor allem Menschen über 50, dass es am Arbeitsmarkt schwer sei, sich noch einmal umzuorientieren. Ich habe das Gefühl, es gibt da etwas Paradoxes: Bei Führungspositionen macht ü50 auf jeden Fall was her – zumindest bei weißen Männern. Sie gelten als erfahren und somit als sichere Nummer für hohe Posten. Genau diese Kompetenz, die mit Erfahrung verknüpft wird, spricht man jüngeren Menschen – insbesondere Frauen – gern ab. Bestes Beispiel: Annalena Baerbock. Was gab es Aufschreie, als sie Kanzlerin werden wollte. In der eigenen Familie diskutierten wir hitzig darüber, wie gut sie sich als Bundeskanzlerin eignen würde. Und welcher Satz fiel: „Sie ist doch viel zu jung für so eine Aufgabe, ihr fehlt es an Erfahrung." Gut, der Öffentlichkeit stieß dazu noch sauer auf, dass sie Frau und Mutter ist. („Ja, und was ist mit den Kindern?!") Wir erinnern uns: Bei ihren männlichen Kollegen interessierte es nicht die Bohne, ob sie Kinder hatten. Aber gut, das Thema ist noch einmal ein ganz eigenes und möchte ich hier an dieser Stelle nicht vertiefen.

Ich möchte vielmehr aufzeigen, dass der Arbeitsmarkt und das Alter widersprüchlich miteinander zusammenhängen können. Und die Realität so aussieht: Geile Karrierechancen haben ältere weiße Männer, weil sie als souverän und erfahren gelten. Die Krux: In weniger hohen Positionen sieht es doch gleich anders aus, da geht die Gleichung „älter = sauerfahren" nicht mehr so glatt auf. Insbesondere bei Frauen winken dann ungerechterweise verminderte Chancen am Arbeitsmarkt. Auch das ist Altersdiskriminierung. Und das ist abstrus. So rennen wir weiter durchs Leben und schuften uns ab, um möglichst früh möglichst viel zu erreichen. Weil es uns eventuell später verwehrt bleiben könnte, einfach weil uns andere Menschen als Entscheidungsträger*innen zu alt für einen Neuanfang oder eine bestimmte Position sehen könnten. Was für ein riesiger Misthaufen. Und so ein Widerspruch. So heißt es in einem *Zeit*-Artikel: „Eine frühe und ungerechtfertigte Aussortierung aus dem Jobmarkt widerspricht zudem komplett der modernen Arbeitswelt, die auf lebenslanges Lernen und längere Berufszeiten setzt, die über Fachkräftemangel klagt und uneingeschränkte Flexibilität fordert."[95] Es gibt also noch einiges zu tun. Älterwerden muss ein besseres Image bekommen. Älterwerden muss in unseren Köpfen das Endzeitliche entzogen bekommen, das uns schon im mittleren Alter suggeriert wird. So haben wir doch alle Angst davor, unsichtbar zu werden, mit 50 zurückzublicken und schon zu resümieren, was man geschafft oder nicht geschafft hat. Und so preschen wir durch die ersten Lebensjahrzehnte auf der stetigen Suche nach Bestätigung und nach Erfolgen, die wir von der Checkliste abhaken können, bis die künstlich gezogene Deadline kommt. Und die blöde Realität zeigt: Die kommt beruflich für Frauen oft spätestens mit der 50. Weil uns plötzlich nicht nur die Schönheit, sondern auch die Kompetenz abgesprochen wird. „Zu alt. Zu eingefahren." Oder aber einfach: „Zu erfahren und selbstbewusst. Zu schwer formbar."[96] Kein Wunder also, dass viele von uns den Druck verspüren, vor allem in den 30ern richtig Gas zu geben und alles schon erreichen zu müssen – auch im Beruf. Danach wird's schwierig – so heißt es in den toxischen Narrativen. Die leider auch oft in der Arbeitswelt noch reproduziert werden. Unter Deckmäntelchen, denn eigentlich ist Altersdiskriminierung nicht zulässig. Aber was tief im Kern sozialisiert ist, kickt man nicht mal so eben.

Wie bei allem: Wir können bei uns anfangen. Indem wir anders denken lernen über die Etappen im Leben. In der Hoffnung, dass wir immer mehr werden. Deswegen liebe ich dieses Zitat und es hat mich schon oft aufgebaut, wenn ich mich zu langsam im Leben gefühlt habe. Es transportiert meiner Meinung nach die Message, die wir brauchen:

„Normalize finding love in your 40's.
Normalize chasing dreams in your 30's.
Normalize finding purpose in your 50's.
Normalize taking huge risks in your 20's.
Life is made up of many chapters. It does not "end" at 25.
Let's stop acting like it does."

Persia Lawson[97]

WORD!

Die Geschichte über die biologische Uhr

2021
Tetanus und Uterus

Eine kleine Verletzung an der Hand erinnert mich daran, dass es mal wieder Zeit ist, meinen Tetanus-Schutz aufzufrischen. Problem: Hausarzt ist im Urlaub. Coolerweise kann ich schnell zu einer Vertretung. Uncoolerweise stellt sich diese als älterer weißer Mann heraus, der schnell vom Thema Tetanus zum Thema Uterus kommt. Wer sich jetzt fragt: „Wie das?“ – Es ist eine der tausend Situationen, in der man als Frau mit Mitte 30 erstaunt darüber ist, wie doch alles in den Kontext von Fruchtbarkeit und Kinderwunsch gepackt werden kann. Denn es geht zwar akut nur um meine Tetanusauffrischung, aber netterweise schaut der Arzt auch mal nach dem Stand der Impfdinge. Und als er bei der Rötelschutzimpfung hängen bleibt, blubbert es aus ihm heraus: „Kinderplanung abgeschlossen?“ Erstaunt antworte ich: „Nö, noch gar nicht begonnen.“ Und so nimmt die Übergriffigkeit des Arztes, der mich ganze zehn Minuten kennt, ihren Lauf: „Oh, dann sag ich mal, die Uhr läuft, tick tack!“ Dabei tippt er sich mahnend auf seine nicht vorhandene Armbanduhr. Ok. Wow. Boom.

Es sind diese Situationen, bei denen man hinterher immer zwölf schlagfertige Antworten weiß, aber just in der Sekunde leider nur lähmende Leere im Kopf herrscht. Also stammele ich irgendetwas Semi-Abgeklärtes von wegen, es sollte ja auch schon mit dem*der Partner*in passen und diesen Partner habe ich noch nicht für mich getroffen. Beim Aussprechen merke ich bereits, wie sehr es sich nach Rechtfertigung anhört. Und das macht mich noch wütender, dennoch habe ich keinen Zugriff auf den Teil meines Gehirns, der die richtige Antwort ausspucken könnte. Eine davon wäre beispielsweise: „Ach echt, man kann nicht zeitlich unbegrenzt Kinder bekommen? Ach Gottchen, da bin ich ja froh, heute nur durch Zufall bei Ihnen gelandet zu sein, damit Sie mir diese wichtige Info nochmal kurz mansplainen! Glück gehabt!"

Fruchtbarkeitspanikmache

Ernsthaft, ich frage mich, was Menschen glauben, die solche Tick-Tack-Äußerungen von sich geben, und welche Intention hinter den Aussagen steckt. Sie können nicht wirklich glauben, sie erzählen einem da etwas ganz Neues, dass es biologische Grenzen bei der Fortpflanzung gibt. Also WTF? In meinem Fall hat es mir wieder ganz klar die patriarchale Struktur aufgezeigt und meinen Platz als Frau darin. Aus Sicht des Arztes gehört ein Kinderwunsch zur Frau wie das Grundbedürfnis, zu atmen. Hat man den ab einem gewissen Alter nicht, wird dir suggeriert, etwas stimme nicht mit dir – und wenn nur ganz subtil. Oder aber man wird belächelt und mit einem Blick bedacht, der sagt, man müsse ja mal erwachsen werden und mit 36 Jahren erkennen, dass das Ende der Möglichkeitsfahnenstange langsam in Sicht sei. „Mach hinne!" Genau das habe ich gespürt, als ich auf diesem Stuhl im Wartezimmer saß. Ich weiß es eigentlich besser, bin mir im Klaren, dass alles bisher so lief, wie es zeitlich für mich und meine Entwicklung wichtig war. Dennoch, diese Reduzierung auf „Frau, kinderlos, 36" hat mich verletzt. Sofort kamen die Zweifel wie Blitze angeschossen, die Vergleiche mit den Lebenswegen anderer wieder hoch. „Was ist, wenn ich einfach komisch bin, weil ich bis dato nicht auf Familiengründung gepolt bin?", „Warum bin ich keinen anderen Weg gegangen, warum brannte dieses Verlangen bisher nicht in mir, auch zu settlen, wie viele andere in meinem Alter?", „Was ist, wenn der Arzt recht hat und ich naiv bin, mir die Zeit wegläuft, falls ich doch Mutter werden möchte?" All dieser Scheiß kam wieder hoch durch eine dumme Frage. Ich brauchte den ganzen Tag, um mit meinem Inneren in den Dialog zu gehen, wieder alles durchzukauen und dieses unbehagliche Druckgefühl abzuschütteln: mein Leben, meine Bedürfnisse, mein Timing, meine Entscheidungen. Punkt. Wie meine Therapeutin mal sinngemäß sagte: „Sie müssen sich immer fragen, ob Sie den Weg dahin gewollt hätten. Sie müssen das Mögen stärken! Hätten Sie rückblickend mit Ende 20, Anfang 30 alles daransetzen wollen, den klassischen Weg aus Kind & Heim zu gehen? Denn bedenken Sie: Die Menschen mit dem normativen Familienmodell, mit denen Sie sich an den unsicheren Tagen vergleichen, haben an diesen Punkten in ihrem Leben Entscheidungen getroffen und ihr Leben so gelenkt. Hätten Sie das damals auch gewollt und gegen ihre Erfahrungen und Erlebnisse tauschen wollen?" Wenn ich mir das immer wieder ins Gedächtnis rufe, kann ich klar sagen: Nein. Ich war damals so sehr auf Freiheit und Feiern und

Reisen und Selbstständigkeit aus, dass alles andere mich unfassbar unglücklich gemacht und mich in eine Form gepresst hätte, die mich erdrückt hätte. Es ist total toll, wenn es für andere genau richtig war, für mich aber war es das bis dato nicht. Denn es ist mein Timing. Und es ist verdammt schade, dass es immer wieder im Außen so in Frage gestellt wird. Das kann ich nicht wirklich ändern. Was ich aber ändern kann, ist meinen Umgang damit. Ich möchte mich aus diesem Narrativ und diesen Zeitfenstern befreien. Aber was von Kindesbeinen an in unserer Gesellschaft so beigebracht wurde, lässt man nicht easy-peasy an sich abprallen. Es ist harte Arbeit, sein eigenes Denken und Fühlen zu shiften und den eigenen Weg zu finden. Und dabei gibt es immer wieder auch Rückschritte – wie eben bei mir in besagter Arztpraxis. Gut, ich habe auch null damit gerechnet, dass das Thema von Tetanus auf meinen Uterus abschweifen kann, aber gut. Es ist doch auch so: Wer keine Kinder hat, hat Gründe dafür. Von nicht wollen, noch nicht bereit fühlen, Umstände passen aktuell nicht, der*die passende Partner*in fehlt oder auch weil es nicht geht. Und alle diese Gründe haben gemeinsam: Es geht keine andere Person etwas an! Von daher sind diese Belehrungen über die biologische Uhr einfach nur ein No-Go! Sie hinterlassen nur ein schales Gefühl des Mangels, des Unnormalseins, des Drucks oder auch der Trauer über etwas, das man vielleicht niemals haben kann, obwohl man es möchte. Ob es jetzt Neugier ist oder ein Suhlen in der eigenen vermeintlichen Normerfüllung – die Intention hinter solchen Bemerkungen ist so oder so nicht cool. Also große

Bitte: Lasst es doch bleiben, so unbedacht solch private Fragen zu stellen oder „Tipps“ zu platzieren! Weil im Zweifel: none of your business und so. Lasst uns lieber freier denken und normalisieren, dass jeder Mensch eigene Vorstellungen von einem erfüllten Leben hat und dieses vor niemandem rechtfertigen muss. Und lasst uns so sensibel werden und verstehen: Wir wissen nicht immer, was das Gegenüber gerade hinter sich hat und wie sehr unsere Bemerkung im schlimmsten Fall verletzen oder unter Druck setzen kann.

Eine ganze Industrie verdient mit

Doch die Geschichte über die biologische Uhr wird auch über Anzeigen & Co. auf Social Media weitergetragen. *Instagram* und *Facebook* zeigen mir verlässlich Ads zu Fruchtbarkeitstests und Social Freezing an (Du erinnerst dich: Das heißt, Eizellen entnehmen und einfrieren zu lassen). Das ballert. Und trifft mich. Erst oft, dann manchmal, jetzt selten. Ein Gedanke hilft mir, mich davon weniger treffen zu lassen: Dahinter steckt auch eine ganze Industrie. Das Versprechen: „Kontrolliere dein Leben und deinen Körper, damit du ja nicht das schönste Gefühl im Leben verpasst: das Muttersein! Zähle lieber jetzt deine Eier! Lass sie einfrieren! Lieber heute noch, weil tick tack!“ Die Aufforderungen schreien mich an. Ich lerne aber immer besser, wegzuhören, indem ich auch die rentable Geldmacherei dahinter durchschaue. Ein Geschäft mit der Angst. Baby-Panik-Headlines geben Klicks und verkaufen Zeitungen. Eine Menge Firmen, die all die Tests und Optimierungen anbieten, verdienen damit eben auch fettes Geld. Ganz nüchtern betrachtet – my kind of Selbstfürsorge.

Als kleiner Gamechanger mauserte sich für mich zudem folgende Erkenntnis, die ich während meiner Recherchen bekam: Die Fruchtbarkeitspanikmache geht auf ziemlich alte Studien zurück. Sehr alte Studien. Im Klartext: Uns wird überdurchschnittlich oft erzählt, ab 35 sinke die Fruchtbarkeit rapide. Gemeinhin heißt es oft ernüchternd, dass jede dritte Frau zwischen 35 und 39 Jahren nach einem Jahr nicht schwanger geworden sei. Aha. Woher kommen denn die Erkenntnisse? Die Psychologin Jean M. Twenge begab sich von ihrem eigenen Kinderwunsch angetrieben auf Spurensuche und teilte in einem Artikel in *The Atlantic* etwas Unglaubliches: Oh, die Eine-von-drei-Frauen-ab-35-Statistik geht auf die Geburtentrends von 1670–1830 zurück. Ok. Cool. Sie sind also Zeugnisse einer Zeit, in der es weder Antibiotika noch Fruchtbarkeitsbehandlungen oder Elektrizität gab.[98] Und diese Ansage lässt unfassbar viele Frauen weltweit heute noch tonnenschwere Wackersteine im Magen spüren. Richtig viel neues Wissen gibt es bis heute nicht, wie es tatsächlich um Reproduktionsfähigkeit und Alter bestellt ist. Aber eine neue Studie von 2004 verschafft eine etwas rosigere Aussicht: Von 770 Frauen wurden 82 Prozent der 35- bis 39-Jährigen, die zweimal wöchentlich Sex hatten, innerhalb eines Jahres schwanger. Bei den 27- bis 34-Jährigen waren es 86 Prozent. Nicht ganz so die Schreckensnachricht, die so oft verbreitet wird. Natürlich nimmt die Fruchtbarkeit mit dem Alter ab und die Risiken in einer Schwangerschaft können steigen. Aber

Unfruchtbarkeit hängt nicht hauptsächlich mit dem Alter zusammen, es gibt unzählige junge Frauen, die darunter leiden. Ebenso gibt es unzählige Frauen, die mit über 40 Kinder bekommen. Also ein bisschen mehr durchatmen, bitte! Und übrigens: Viel zu selten sprechen wir darüber, dass ein unerfüllter Kinderwunsch auch am Mann liegen kann.[99]

Diese Fakten lösen jetzt nicht alle Probleme, sind aber mehr als gut zu wissen, oder?

Noch einmal kurz zurück zu den übergriffigen Fragen:

Was kannst du tun, wenn du die Betroffene bist und eine unsensible Anspielung oder Fragen dir kurz den Boden wegkicken? Atmen im ersten Schritt. Immer eine gute Idee, nicht direkt zu reagieren. Und dann wirklich die Frage gedanklich aussieben: Was bewegt die Person zu dieser Äußerung? Welche Körnchen eigene Wahrheit lassen sich darin finden? Oftmals blitzen da kleinste Partikel fetter Unsicherheit auf, weil du mit deinem Lifestyle vielleicht gegen etwas sehr Verinnerlichtes stößt bei der anderen Person. Oder weil du in dem Moment Sinnbild dafür bist, dass es auch noch etwas anderes im Leben geben kann, das erfüllend sein könnte – und das macht manchmal Angst. Denn tief drinnen haben die meisten von uns doch Sorge vor falschen Entscheidungen. Oder aber es steckt eine harte unempathische und horizontal beschränkte Denke dahinter. Kann auch so simpel sein. Was auch immer, meist erkennst du: Die Aussage hat gar nicht so viel mit dir zu tun. Eher mit der Person selbst. Und der Gedanke fühlt sich irgendwie direkt besser an.

Mareike Nieberding formulierte es mal so: „Wer nach Kindern fragt, fragt nach Partnerschaft, Gleichberechtigung, Erziehungsarbeit, Geld. Die K-Frage ist eine große Frage, die mitunter schmerzhafte Antworten hervorbringt, die Interesse voraussetzt und die Bereitschaft, sein eigenes oft für selbstverständlich gehaltenes Lebensmodell auch mal in Zweifel zu ziehen."[100] Aber wie reagieren? Die Autorin Christina Klein hat in einem *Stern*-Artikel auch eine gute Antwort für aufdringliche Fragen nach dem Privatleben parat. Sie skizziert den Dialog auf einer Familienfeier so: „Uuuuuund bei dir so?" – „Was bei mir so?" – „Naja ich mein, hast du Kinder, einen Mann?" – „Nein. Aber ich habe ein Leben, Freunde, Tiere, einen Job, den ich liebe, und erstmalig finanziell ein bisschen Freiheit im Leben."[101] Merken wir uns!

Auch geil kommt, die Fragenden mit dem zu treffen, was viele Menschen Kinderlosen ohnehin vorwerfen: „Nope, ich will keine Kinder, ich mag es gerne, in meinem Leben auszuschlafen." Kannst du mit was immer dir beliebt ersetzen. Der Spruch wird für Erstaunen sorgen, garantiert.

Und wenn die Fragenden damit einen wunden Punkt von dir treffen? Nämlich Sehnsüchte, die du hast, aber deine Lebensumstände das aktuell nicht hergeben – egal, ob wir von Beziehung, Karrierehoch, Traumzuhause oder Kindern sprechen? Dann hilft es mir meist, die Perspektive ganz klein zu halten und mich auf mich und meinen Weg zu konzentrieren. Eine klare Grenze ziehen und den Ball zurückspielen. Zu sagen, dass das jetzt schon etwas privat sei, wäre auch eine Option und ist völlig legitim.

Und sofort versuchen, nicht in den Vergleich mit anderen zu gehen. Unerfüllte Sehnsucht und Vergleich mit anderen. Boom. Fertig ist ein Mix aus Traurigkeit und Versagensgefühl. Daher lassen wir das schön bleiben. Auch wenn es so verlockend ist, nach links und rechts zu spinsen. Aber im akuten Fall von Erklärungsnot bei neugierigen Fragen ist das keine gute Idee. Und vielleicht erkennst du dann in deiner eigenen Geschichte Gründe und Lösungen. Vielleicht entdeckst du auch dafür andere Vorteile in deinem Leben, die aktuell da sind. Denn nichts ist immer nur geil und golden. Mir hilft es oft, wenn ich mir verinnerliche, meinem eigenen Timing zu trauen. Schauste nochmal oben, was meine Therapeutin dazu zu mir sagte. Dieser kleine innere Monolog bringt mich meist wieder auf Kurs, wenn ich mich frage: „Warum stehe ich nicht da oder da?" – „Weil es Gründe für andere Entscheidungen gab, die auch richtig geil waren", „Weil vielleicht manches nicht geklappt hat, dafür anderes" oder „Weil es vielleicht Fragezeichen gibt, ob ich das überhaupt möchte. Kinder zum Beispiel." „Weil man es eben so macht und es dazugehört", finde ich heutzutage ein recht schwaches Argument zur Familiengründung.

Das bringt mich nämlich zur Frage: Wie stelle ich denn überhaupt für mich fest, ob ich Kinder möchte? Große Frage, daher gibt es ein eigenes Kapitel über den Kinderwunsch. Und was darüber auch gerne verbreitet wird. #cliffhanger.

Die Geschichte über den Kinderwunsch

„Wenn du später mal eigene Kinder hast, dann weißt du, wie das ist.“ Ganz unbedacht kommen diese Sätze daher, geben aber Innewohnendes preis: die Geschichte, dass der Kinderwunsch zum Frausein gehört. Die Mutter als Urrolle der Frau. Diese Erzählung exkludiert vieles: dass es Frauen gibt, die keine Kinder möchten. Dass es Frauen gibt, die keine Kinder bekommen können. Dass nicht nur Frauen menstruieren und gebärfähig sind. Diese Erzählung, so unschuldig sie dahingesagt ist, ist übergriffig und diskriminierend. Und kann zermürben. Welchen Satz ich auch selbst schon zu hören bekommen habe: „Eine Frau weiß gar nicht, was Liebe ist, wenn sie keine Kinder bekommt. Kinder in die Welt zu setzen, ist das höchste Gut.“ Ich finde ihn anmaßend. Und bevor Schnappatmungen losgehen: Na sicherlich ist es ein unbeschreiblich pures, reines, wunderbares Gefühl, ein Kind zu haben, eine ganz besondere Form der Liebe, die ein grandioses Geschenk sein kann und niemand möchte dies absprechen. Aber lasst uns bitte anerkennen, dass nicht jede Frau Mutter wird, nicht jede einen Kinderwunsch hat. Lasst uns doch lieber erzählen, dass ein Leben mit, aber auch ohne Kinder, wunderschön sein kann. Macht Mut, spart Nerven und schränkt niemanden ein.

Aber so leicht ist es offenbar nicht: Wie ich selbst schon häufig zu spüren bekam, ist die gesellschaftliche Sichtweise noch immer dicht mit dem Narrativ verwoben, dass es der Wunsch jeder Frau sei, Mutter zu werden, sonst stimme etwas nicht. Als sei etwas kaputt, Muttersein sei Weiblichkeit. Die Aufgabe, die jede erfüllen müsse, um als vollwertige Frau wahrgenommen zu werden. Aber Momentchen, bevor wir uns blindlings dafür entscheiden, Kinder in die Welt zu setzen, weil man das angeblich so macht, sollten wir mit etwas anderem schwanger gehen. Nämlich mit der Frage, ob wir überhaupt Kinder möchten. Und dass das keine einfache Frage ist, weiß ich selbst am besten. Eine Antwort darauf zu finden, ja, da habe ich kein Patentrezept. Was ich aber empfehlen kann, ist, sich vielschichtig mit dem Thema Kinderwunsch auseinanderzusetzen.

Ältere Generationen (zum Beispiel meine Mutter und meine Tante) haben sich gar nicht bewusst die Frage gestellt, ob sie Kinder möchten. Es war einfach normal. Ich hingegen traue mich oft gar nicht richtig zu sagen, dass ich nicht weiß, ob ich Kinder möchte. Das Unverständnis darüber, das scheinbar Allerheiligste am Frausein in Frage zu stellen, ist enorm. Mutterschaft ist an Weiblichkeit gebunden, ohne das sei die Frau noch immer unvollständig, skurril, lieblos, unweiblich, ein Mannsweib, eine Emanze, ohne Weichheit oder aber sehr bedauernswert – ein Auszug aus dem Beschreibungssortiment. Bedenken wir, dass nicht jede Frau, die sich Kinder wünscht, auch Kinder bekommen kann, wird dieses Narrativ noch problematischer. Ein unerfüllter Kinderwunsch wiegt mit Sicherheit sehr schwer und kostet Kraft. Was Betroffene dann sicherlich nicht brauchen: Bewertungen und Gelaber über genormte Weiblichkeit von anderen Menschen.

Aber auch die bewusste Entscheidung gegen Kinder hat eine Daseinsberechtigung und macht dich nicht schrullig oder weniger weiblich.

Woher kommt aber die meist vorherrschende Ansicht „Kinderkriegen – das möchte doch jede Frau"? Und warum schockiert es die Massen so, wenn eine Frau von ihrer Reproduktionsfähigkeit nicht Gebrauch machen möchte? Weshalb karikiert die Gesellschaft Nichtmütter so dermaßen als kalt, egozentrisch, hedonistisch oder tief unglücklich?

Gehen wir mal auf Spurensuche

Mütterlichkeit wurde den meisten von uns schon ganz früh beigebracht: mit Babypuppen, die wir füttern konnten, die sogar gewickelt werden mussten, weil das, was oben reinkam, auch unten wieder rauskam. Ich weiß jetzt nicht, wie viel das über mich aussagt, dass meine Puppe mal eine verschimmelte Windel anhatte, weil ich mich lieber mit meinem restlichen Spielzeug beschäftigte, anstatt sie zu wickeln. So what, Fakt ist: Wir werden mit Kümmern und Bemuttern groß. Das Üben für später fängt früh an. Maternität als Synonym fürs weibliche Erwachsensein – und als ein Paradebeispiel für die Wucht von Geschlechterrollen. Um das besser zu verstehen, schauen wir mal kurz in die Vergangenheit und greifen uns einen Begriff heraus, der heute noch die Urrolle der Frau legitimiert: der Mutterinstinkt. Er gilt als heiligstes Ausstattungsmerkmal einer Frau. Als Gegebenheit, an der nicht zu rütteln ist. Er besagt, die Fähigkeit der Frau zur Nächstenliebe, zur Fürsorge, zum Kümmern sei naturgegeben. Fühlen Frauen diesen Instinkt nicht, könne also etwas nicht stimmen. Vor allem früher diente der Mutterinstinkt schlichtweg als Druckmittel, als Gradmesser zur psychischen Gesundheit einer Frau. Damit lassen sich bis heute Frauen wunderbar in die Enge treiben („Na, hast du etwa keinen Mutterinstinkt?") oder aber belohnen („eine ehrenhafte Mutter, die sich bedingungslos aufopfert dank ihres Mutterinstinktes").[102]

Jetzt tut es vielleicht kurz weh: Es wurde bis heute kein stichfester biologischer Beweis für einen solchen Instinkt gefunden, den ausschließlich die Frau besäße. Upsi. Woran es keinen Zweifel gibt: Hormone ändern sich in der Pubertät und in der Schwangerschaft. Der Mutterinstinkt hingegen ist in Wahrheit soziologisch und kulturell implementiert. Er wurde seit jeher im Patriarchat bewusst herangezogen, um das typisch Weibliche zu definieren und die Lebensaufgabe einer Frau zu untermauern.[103] Klar. Logo, Männer wie Rousseau forschten damals zum Thema und kamen zu dem Schluss: „Eine Disziplinierung, ein gewisser Zwang, sei nötig, um Frauen die Mutterrolle nahezubringen. Aber dann würden sie sich in die Lebensweise, die Natur und Vernunft ihrem Geschlecht vorschreibt, fügen."[104] Achso. Wie praktisch, so ließ sich ja recht easy vermeiden, dass Frauen auf dumme Gedanken kamen – wie beispielsweise ihr Recht auf Bildung und Freiräume im öffentlichen Leben einzufordern. Zu dieser Zeit war es insbesondere bei Frauen der Oberschicht üblich, die Kinder in erster Linie von Ammen großziehen zu lassen. Das verschaffte Müttern die Möglichkeit, sich zu bilden oder sonst wie den eigenen Interessen nachzugeben. Kindererziehung und Zuneigung, wie wir sie heute kennen, gab es nicht. Damit die Freiheiten der Damen nicht Überhand gewannen, machten es sich Rousseau & Co. zur Aufgabe, die Frauen an ihren Instinkt zu erinnern.[105]

Die männliche Vormachtstellung blieb also gesichert – Mutterinstinkt it is. Heute sehen wir das zum Glück wesentlich differenzierter und haben die Strukturen aufgebrochen und einige Errungenschaften in Sachen Gleichberechtigung (wenn auch noch lange nicht genug) geschaffen. Und dennoch: Unsere tiefsitzenden Überzeugungen zur Kernfamilie als einzig wahrer Weg, zu Mutterschaft als Glücksgarant, all das ist noch immer verwurzelt mit dem Konstrukt der bürgerlichen Familie mit klassischen Geschlechterrollen, welches die Industrialisierung hervorgebracht hat und das nach dem Zweiten Weltkrieg in der BRD eine Blütezeit hatte. Je mehr die Kindererziehung in den Fokus geriet, desto mehr wurde im gesellschaftlichen Diskurs von der allumfassenden Mütterlichkeit Gebrauch gemacht. Theorien zur Mutter-Kind-Beziehung untermauerten die vornehmlich weiblichen Fähigkeiten wie Emotionalität und Empathie, Selbstlosigkeit und liebevolle Fürsorgefreude. Die Frau als Herrscherin der Gefühlswelt der Familie. Zuhause. Der Mann im öffentlichen Leben als Ernährer.[106]

Das Problem ist folgendes Paradox: Der gesellschaftliche Tenor besagt, dass der einzig richtig Weg für eine Frau das Mutterwerden sei. Ist sie dann Mutter, steht sie aber nicht selten vor einem ganzen Haufen Herausforderungen, bei denen sich die Gesellschaft plötzlich nicht mehr so mütterfreundlich zeigt: „Du musst die Mutter sein, die alle Erwartungen erfüllt. Bekomme mehr als ein Kind, alles andere ist egoistisch, aber auch nicht mehr als allerhöchstens drei, sonst wird es lotterig. Lass dich nicht gehen, sei aber auch nicht ständig auf dein Aussehen bedacht. Hausarbeit ist keine richtige Arbeit, arbeiten gehen ist aber auch nicht ideal, wenn das Kind zu lang in Betreuung muss. Wofür hast du schließlich Kinder bekommen?" Würde ich Mütter noch weiter fragen, die Liste wäre schier endlos. Mütterbashing ist real – das habe ich als Nichtmutter auch mitgeschnitten. Mit Adleraugen richten sich die Blicke auf die Mamas und was die womöglich verkacken. Der Druck ist enorm. „Sei eine gute Mutter, sei schnell wieder in Form. Opfere deinen Körper liebend gerne für deine Kinder, aber sorge nach der Geburt bitte dafür, dass man dir gar nicht ansieht, dass du Kinder bekommen hast." Vaginalverjüngung lässt grüßen. Kein Scherz. Wo vorher Fruchtbarkeit als Weiblichkeit propagiert wurde, ist das Muttisein plötzlich unsexy. Ich komme da nicht mehr mit. Lassen wir die Leute doch einfach ihr Leben leben. Meine Güte nochmal!

Die Glorifizierung der Mutterschaft zeigt in der Realität oft eine hässliche Fratze: eine Abwertung der Mutter und der Care-Arbeit. Ein Nichtgesehenwerden. Eine Reduzierung der Chancen. Ein unfassbares Ungleichgewicht zwischen den Geschlechtern. Dinge wie das Ehegattensplitting, das gesetzlich 1958 eingeführt wurde, formvollendeten das männliche Ernährermodell in Westdeutschland. In der DDR gingen damals die Mütter ganz selbstverständlich arbeiten, hier galt in der Familienpolitik die Leitlinie eines sozialistischen Menschen, der vollzeitberufstätig sein sollte – ungeachtet des Geschlechts.

Für Frauen bedeutete das allerdings: Vollzeitjobs UND Kinder UND Haushalt. Das war auch nicht unbedingt optimal verteilt, forcierte aber keine finanzielle Abhängigkeit der Ehefrau. Die Westdeutschen packten die Frau nach dem Zweiten Weltkrieg zurück in die Behaglichkeit des eigenen Häuschens – als Ehefrau, Hausfrau und Mutter. Stichwort Versorgerehe. Eine Entwicklung, die unterschiedliche Prägungen mitbrachte.[107]

Ja puh, da liegt einiges im Argen. Das sind die wirklichen Probleme – nicht wie eine Frau ihr Leben gestalten möchte, sondern wie die Möglichkeiten in der Realität aussehen. Sechs Prozent der Väter arbeiten in Teilzeit, allerdings haben 66 Prozent aller berufstätigen Mütter die Arbeitszeit reduziert.[108] Bei Alleinerziehenden sehen wir es noch krasser: Für Alleinerziehende ist der Spagat zwischen Arbeit und Kinderbetreuung besonders herausfordernd. Der überwiegende Teil der erwerbstätigen Alleinerziehenden mit minderjährigen Kindern sind Frauen – satte 86,9 Prozent.[109] Das Kind gehöre zur Mutter. Klappt Vater-Mutter-Kind nicht, hat vor allem die Frau die Doppelbelastung. Wie die Autorin Nadine Pungs schreibt: „Kommt es zur Scheidung, folgt die Altersarmut oft zwangsläufig, weil der Staat die Ehe fördert und nicht die alleinerziehende Mutter.“[110] Diese bittere Tatsache ist in der Geschichte über das gute Leben als Mama und Ehefrau nicht mit drin. Was heißt das jetzt? Soll jetzt niemand mehr heiraten oder Kinder bekommen? Natürlich nicht, damit sollen wir bitte auf keinen Fall aufhören. Kinder sind etwas Wunderbares, eine unbeschreibliche Bereicherung. Ich möchte damit nur zeigen, wie eindimensional die gesellschaftlichen Erwartungen sind und wie blöd es ist, wenn wir eine Norm preisen, die gar nicht immer der sichere Weg ist. Und wie wichtig es ist, Lebensentscheidungen auch mal zu reflektieren und verschiedene Szenarien durchzuspielen, statt nur einem Ideal nachzulaufen. Es ist auch das, was ich unter Feminismus verstehe: Chancengleichheit für alle. Ich finde es feministisch, mal nicht zu bewerten. Wir dürfen Menschen auf keinen Fall dafür shamen, wenn sie sich das ganze Paket wünschen. Frauen, die von Herzen gerne Mama und Hausfrau sein möchten: Go for it! Aber genauso essenziell wichtig ist es, Frauen nicht zu verurteilen, wenn sie das alles nicht wollen, weil sie anderes möchten. Eigentlich in der Theorie eine ganz einfache Kiste: Mach doch, was du möchtest. Und was dir möglich ist. Das, was wir so kennen und als normal erachten, zu hinterfragen, bedeutet nicht, etwas verdrängen zu wollen oder niederzumachen. Es bedeutet schlichtweg, mal zu schauen, was es noch geben kann. Als Nebeneinander. Hinterfragen bedroht nicht. Hinterfragen schafft Möglichkeiten. Für alle Menschen.

Kinderfrei glücklich

Was für viele Menschen kaum vorstellbar ist: Es gibt sie, die Frauen, die safe wissen, dass sie keine Kinder möchten. Manche wissen es, seitdem sie Teenager sind, andere haben es erst später für sich herausgefunden, als das Thema wirklich relevant wurde. Egal wann, eines bleibt gleich: Frauen ohne Kinderwunsch werden nicht ernst genommen. „Das kommt schon noch", „Wenn der Richtige auf der Matte steht, wirst du automatisch in den Nestbaumodus kommen" – eine Auswahl an Sätzen, die Frauen ohne Kinderwunsch häufig entgegnet bekommen. Es scheint, als sei es in der allgemeinen Vorstellung so verankert, dass eine Frau keine Entscheidungsgewalt hat, sobald sich ein potenzieller Erzeuger für ein niedliches Baby abzeichnet. Als sei das im Frausein automatisch eingespeichert. Und das mag ja auch sicher bei vielen so sein. Evolution hat bei vielem die Finger mit im Spiel – I know. Dennoch: Einiges ist eben auch über Generationen als Konstrukt von allgemeingültigen Lebensstufen tradiert. Wir müssen endlich mal verstehen: Viele Frauen können sich auch noch andere Dinge außer Muttersein vorstellen – nicht nur anderes noch daneben, sondern komplett alles außer Mutter zu sein. Das findet aber die Gesellschaft nicht so prall. Nützt der Satz mit dem „Wart's ab, kommt noch" nichts, kommt der große Paukenschlag: „Du wirst es später bereuen, keine Kinder bekommen zu haben." Dann kommt das große Narrativ über die kinderlose, einsame, todtraurige Frau auf den Tisch, die gegen ihre Bestimmung lebe. „Kinderlos glücklich, das kann nicht sein. Das ist wider die Natur. Oder ist sie etwa Kinderhasserin?" Auch so ein Unsinn, der Frauen, die keine Kinder bekommen möchten, gerne unterstellt wird: Sie mögen keine Kinder. Was für ein Bullshit, ich kann super mit Kindern klarkommen, sie richtig niedlich und toll finden und trotzdem keine eigenen wollen.

Das Interessante: Frauen gelten gemeinhin sehr schnell als egoistisch. Ihnen wird Egoismus viel schneller vorgeworfen, weil es im weiblichen Grundkonzept verankert sei, aufopfernd und fürsorglich zu sein. Während zu männlichen Eigenschaften Durchsetzungsvermögen und Streben nach Selbstverwirklichung und Ehrgeiz ganz selbstverständlich gezählt werden.[111]

Ohne Kinderwunsch scheint die Frau egoistisch und hedonistisch – etwas, das gar nicht mit dem Bild zusammenpasst, das die Gesellschaft allzu gerne zeichnet. Frauen seien selbstlos. Selbstlosigkeit sei die Top-Eigenschaft einer guten Mutter. Holla die Waldfee. Lass das Wort mal wirken! Somit greift die Entscheidung gegen ein Kind also all das an, was gemeinhin gerne mit Weiblichkeit assoziiert wird, weil sie scheinbar der Gegenentwurf von Selbstlosigkeit ist.[112]

Wir sehen: Was ursprünglich als Attribut rund um die biologischen Geschlechter konstruiert wurde, hat weitreichende Folgen und erschwert es Frauen auch heute noch, ganz freie Entscheidungen zu treffen. Die Pflicht zur Fürsorge pappt an uns wie klebriger Kaugummi. Dabei kann diese ja ganz unterschiedlich aussehen, wenn wir uns denn dem Attribut verschreiben wollen. Wir kümmern uns um Freund*innen, Eltern, Großeltern, Tiere, eventuell beruflich um Kinder – Fürsorge beschränkt sich nicht auf eigene Babys. Aber die Fürsorge-Geschichte ist eng abgesteckt. Menschlicher Nachwuchs soll es sein. Sich dieser ungeschriebenen Fürsorgepflicht bewusst zu verwehren, ist für manche Menschen ein Unding. Nicht selten wird mit dem Rentensystem als Totschlagargument gedroht. Ja gut, sehen wir ja, wie gut das System funktioniert. Außerdem finanzieren die Kinderlosen mit Steuern ja auch wiederum Kitas und Pipapo. Trotzdem, der Egoismus-Vorwurf hält sich hartnäckig bei Frauen, die keine Kinder möchten. Sagen diese dann ganz offen, dass sie gerne viel schlafen, es lieben, oft in den Urlaub zu fahren, sich voll auf ihren Beruf konzentrieren wollen, Babygeschrei nicht gut handeln können oder Ähnliches, nimmt die moralische Empörung richtig Fahrt auf. Ja wie, da wagt es jemand, anders zu empfinden?! Aber mit Verlaub, ist das Bekommen eines Kindes nicht immer ebenso egoistisch getrieben? Man geht ja schließlich dem eigenen Wunsch nach. Man kann das Kind schlecht vorher fragen, ob es zur Welt kommen möchte. Hand aufs Herz, die wenigsten sehen Kinderkriegen als ihre Pflicht als gute Bürger*innen zum Erhalt der Gemeinschaft. Vielmehr geht es doch ums eigene Lebenswerk, um eine eigene Sehnsucht, eine Wunscherfüllung, eine Aufgabe, ein sinnstiftendes Familiending.

Was ich total wichtig finde: Nicht nur Kind ODER Karriere oder Kind UND Karriere sollte es als Wahloptionen geben. Es muss auch ok sein, wenn man nichts von beidem will, sondern einfach nur ein gechilltes Leben, ohne Verantwortung für einen anderen Menschen tragen zu wollen und nicht die Erfüllung im Job zu finden. Sondern einfach im Leben, in den Möglichkeiten, in der Zeit für sich und in schönen Dingen. Menschen, die das als Glücksformel definieren, sind keine Weirdos. Das sind meistens Menschen, die ganz schön viel Erwartungsballast abgeworfen haben und sagen: „Ich lebe nur einmal, das möchte ich mit so wenig Stress wie möglich." Fair enough.

Muttersein wird oft so romantisiert, aber bei all dem Schönen und Intensiven, was Mamasein ganz sicher mitbringt, schauen wir auch mal auf den Boden der Tatsachen: Care-Arbeit, ein ganzes Leben umkrempeln, Schlafmangel, oftmals Belastungen in der Beziehung, Freundschaften verändern sich, soziale Isolation, Organisation innerhalb der Kleinfamilie, die manche Firmen sich wünschen würden, Sorgen und Ängste, finanzielle Engpässe – all das ist nicht an den Haaren herbeigezogen, sondern betrifft viele Menschen mit Kindern im realen Leben. Ist es nicht völlig legitim, dass es Menschen gibt, die sagen: „Nein, das Konzept Familie funktioniert für mich nicht." Dafür aber vielleicht ein anderes. Und diese Menschen sollten wir nicht als kalt und egoistisch abstempeln, weil sie etwas anderes glücklich macht. Das ist doch das Tolle: Ein erfülltes Leben kann kunterbunt verschieden aussehen. In den Köpfen der Mehrheit gleicht das aber einer Lüge. Zu tief sitzt die Überzeugung vom Mutterglück als einzig wahres Glück einer Frau. Eine neue Studie der sozialwissenschaftlichen Fakultät der Dualen Hochschule in Gera hat die Beweggründe von Frauen ohne Kinderwunsch untersucht. Das Ergebnis: Mehr Freizeit war für 82,4 Prozent der befragten Frauen ein relevantes Kriterium, gefolgt von der größeren Chance auf Selbstverwirklichung (80 Prozent) und dem Wunsch, keine Verantwortung für die Versorgung und Erziehung eines Kindes übernehmen zu müssen (73,4 Prozent).[113] Die Studie räumt mit der Annahme auf, dass

Frauen sich angeblich wegen Rahmenbedingungen gegen Kinder entscheiden – wie etwa Vereinbarkeit von Beruf und Familie. Nope.

Linn Strømsborg arbeitet es in ihrem Roman „Nie, nie, nie“ pointiert heraus. Ihre Protagonistin möchte keine Kinder, ihrem Umfeld missfällt dieser Entschluss. So reflektiert sie: „Kannst du glücklich sein, wenn dich alle für unglücklich halten? Wenn ich mich gegen Kinder entscheide, wird man mir dann immer mit Mitleid und Bedauern begegnen, von der Häme und den Egoismus-Vorwürfen mal ganz zu schweigen? Halten dann alle mein Leben, mein hoffentlich glückliches Leben mit lieben Menschen, Büchern, Spaß, gutem Essen, durchfeierten Nächten, Festivals, Quizabenden, Kinobesuchen, Joggingrunden und freundschaftlichen Umarmungen für wertlos im Vergleich zu einem Leben, in dem für all das kaum Zeit bleibt, weil man vor allem Mutter und Familienmitglied ist?“[114] Genau diese Überheblichkeit, diese herablassende Betrachtungsweise von Frauen, die sich für ein Leben ohne Kinder selbstbestimmt entscheiden, macht mich sauer. Wie kann sich denn eine Mehrheit vorstellen können, was jede Einzelne glücklich machen kann? Wie können denn andere Lebenskonzepte bis zur Unkenntlichkeit verwischt oder mit traurigen Klischees inszeniert werden, sodass Frauen teils selbst nicht an andere Glücksfaktoren glauben als an Nachwuchsgebären?

Ähnlich wie bei Beziehungen werden auch Kinder oftmals als eine Art Sicherheit wahrgenommen: „Da versorgt mich jemand im Alter, da umgehe ich Einsamkeit, da bleibe ich geistig jünger.“ Aber sind wir doch mal ehrlich: All das sollte niemals ein Grund sein, Kinder in unsere Welt zu setzen. Denn das ist viel egoistischer als keine zu wollen. Und zum Konzept Sicherheit: Es gibt keine garantierte Sicherheit im Außen. Eine Kernfamilie zu gründen, schützt dich nicht davor, im Alter allein dazustehen. Denn Kinder sind keine Altersvorsorge. Es gibt keinen Garantieschein für ein inniges Eltern-Kind-Verhältnis im Erwachsenenleben, keinen für ständige Verfügbarkeit. Du siehst: Es ist dein eigener Job, dir diese Sicherheit für dich selbst zu geben. Das zu verinnerlichen, macht frei. Ist aber not easy. Weil auch hier: Mit diesen Erzählungen sind viele von uns aufgewachsen. Wir sollten aufhören, ständig in Frage zu stellen, wie denn ein Leben ohne Kinder glücklich machen kann und stattdessen sagen: „Geil, die stehen für ihre Bedürfnisse ein." Oder aber wir sollten den Blickwinkel ändern und sagen: „Wow, eine Entscheidung für das ungeborene Kind, weil die Person sich nicht vorstellen kann, ein guter Elternteil zu sein und entsprechend Verantwortung übernimmt." Denn als schlechte Eltern kann man auch ganz schön viel versauen, davor habe ich beispielsweise superviel Respekt.

Und bleiben wir in der heterosexuellen Cis-Gender-Bubble, da kann ich aus eigener Erfahrung sagen, dass Männer wie auch Frauen die Nase rümpfen, stellt man den Wunsch infrage, ein Kind zu haben. Das ist interessant. Wenn eine Frau ihr Glück nicht im Kinderkriegen sieht, schmälert sie damit ja nicht das Glück von voll in der Sache aufgehenden Müttern. Nicht selten schwebt das aber als stiller Vorwurf mit drumherum. Das habe ich selbst mehr als einmal erlebt.

Was ich auch schon beobachtet habe: Frauen, die eine mütterliche Rolle ausleben, ohne biologische Mutter zu sein, werden von anderen Frauen angegangen, dass sie keine richtigen Mütter seien. Mütterlichkeit ist aber ein Begriff, der allen Menschen zusteht. Was spricht es denn biologischen Müttern ab, wenn Menschen mütterliche Gefühle für wen auch immer empfinden? Das verstehe ich null. Es nimmt doch niemandem etwas weg. Energieverplemperung hoch zehn.

Es gibt mittlerweile einen etablierten Begriff für Menschen, die keine Kinder möchten. Viele bezeichnen sich als kinderfrei, was direkt anders wirkt, positiver, mehr nach eigener Entscheidung. Es klingt weniger nach Mangel. Es gibt sogar eine weltweite Community, die ein kinderfreies Leben entstigmatisieren möchte: *WE ARE CHILDFREE* – eine Plattform für Menschen, die sich bewusst gegen Kinder entschieden haben und die zeigen, wie wild und schön auch dieses Leben sein kann.

Neben ganz persönlichen Motiven gibt es auch immer mehr Menschen, die bewusst nicht noch mehr Kinder in diese Welt setzen möchten, wo es doch rund um Klimakrise & Co. allerhand Probleme gibt, die nicht von einer rosigen Zukunft zeugen. Stattdessen kümmern sich diese Menschen vielleicht lieber um Kinder, die bereits auf der Welt sind und Unterstützung brauchen.

Unterm Strich: Es ist eine maximal persönliche Entscheidung, ob man Kinder bekommen möchte oder nicht. Beide Entscheidungen haben ihren Preis, den man zahlt und beide haben ihre erfüllenden Seiten. Darauf können wir uns doch vielleicht einfach einigen und die

Planung über den Uterus allen gebärfähigen Menschen selbst überlassen.

Ich finde es wichtig und sehr erwachsen, uns selbst mal zu hinterfragen, ob wir uns ein Leben mit Kindern vorstellen können? Ob es richtig das Herz hüpfen lässt? Ob wir uns vorstellen, die Geduld dafür zu haben? Ob wir uns im Klaren darüber sind, was das für unser eigenes restliches Leben für eine Verantwortung bedeutet? Sich ernsthaft diese Fragen zu stellen und zu versuchen, eine Antwort losgelöst vom allgemeinen Konsens zu treffen, daran ist gar nichts verwerflich, sondern das ist alles schlichtweg verantwortungsbewusst – uns selbst gegenüber, aber auch potenziellen Kindern gegenüber. Was dazu wichtig ist: ganz klar zu trennen, was ein wirklicher Kinderwunsch ist und was nur die Angst, in den Augen der Gesellschaft ohne Kinder bedauernswert zu sein. Hast du darüber schon einmal nachgedacht? Das Schwangerwerden sollten wir mehr von der Das-macht-man-so-Agenda streichen und lieber auf die Boah-yes-will-ich-sowas-von setzen, wenn wir das für unser Leben wollen. Letztens sagte eine sehr reflektierte Frau zu mir: „Ich habe das Gefühl, dass die Leute heute krasser darüber nachdenken, ob sie sich einen Hund anschaffen wollen, als darüber, ob sie ein Kind möchten." Für mich unvorstellbar, so oft habe ich schon in meinem Hirn durchgenudelt, wie ein Leben mit Kind wohl wäre. Ob ich so viel zurücktreten möchte? Und auch: Was würde mir fehlen, wenn ich keins haben werde? Und ich habe noch immer keine Antwort darauf.

Und was ist mit „Ich weiß es nicht"?

Ich bin 37, zur Zeit Single. Für mich sind also beide Leben noch möglich: ein Leben als Mutter und ein Leben ohne Kinder. Genau diese 37 lässt mich mich aber immer mehr mit einem Lebenskonzept beschäftigen, in dem keine eigenen Kinder vorkommen. Und ebenso mit der Frage „Will ich wirklich aus tiefstem Herzen Mutter werden?" Dass ich es nicht weiß, beruhigt mich manchmal, weil es mich die schönen Seiten von beiden Lebenskonzepten erkennen lässt. Weil es mich die Offenheit akzeptieren und mich sogar daran erfreuen lässt – an manchen Tagen. An anderen wiegt es schwer wie Blei für mich. Da stresst mich die offene K-Frage ungemein. Da wünschte ich, ich hätte Gewissheit: Will ich das und wird's passieren, oder wird mein Leben ohne Kind laufen – gewollt oder ungewollt? Was mich dabei mürbe macht: gegen den Druck anzulaufen. Denn natürlich weiß ich, dass ich nicht unbegrenzt Zeit habe. Ja, ich habe Angst davor, dass es irgendwann für mich doch superklar wird und ich ein Kind möchte, dann auch den Partner dazu habe – es aber nicht mehr geht und sich vielleicht doch das schreckliche Narrativ über Reue bewahrheitet als dunkle Wolke über meinem Leben. Denn genau das reden dir schließlich als Frau so viele ein: „Irgendwann wirst du es bereuen." Ich habe ebenso Schiss davor, zu realiseren, dass ich möglicherweise vom Mental Load überfordert sein werde und merke, dass ich mein Leben von früher vermisse und realisiere, dass ich gar nicht die mentalen Ressourcen habe, die so ein kleines Wesen fordert und verdient hat. Das Haben zu bereuen, ist in diesem Fall sicherlich schlimmer als das

Nichthaben zu bereuen – da müsste ich mich nur mit mir auseinandersetzen und nicht trotzdem mein Bestes für einen kleinen Menschen geben. Ehrlich gesagt, oft spukt es in meinem Kopf herum: Das Rund-um-die-Uhr-Kümmern macht mir einfach keine Freude. Manchmal habe ich den Gedanken. Dann assoziiere ich Muttersein mit durchgetakteten Tagesabläufen, wenig Schlaf und kaum Raum für Regeneration. Können das die tollen Seiten an Mutterschaft so ausgleichen, dass es sich für mich in Ordnung anfühlt? Ich bin mir nicht sicher, ob ich diese Last, mich ständig sorgen zu müssen, tragen möchte. Ein Kind zu bekommen, bedeutet für mich, einen Teil der eigenen Unbeschwertheit aufzugeben, denn da ist plötzlich dieser kleine Mensch, den du vor all dem da draußen beschützen musst, aufs Leben vorbereiten und durchs Leben führen musst. Und was ist, wenn ich mal nicht richtig aufpasse? Wenn mir ein Flüchtigkeitsfehler unterläuft? Wenn ich eine Pause brauche, weil sich mein eigenes System vom Denken über potenzielle Gefahren mal kurz erholen muss? Vielleicht bin ich einfach zu ängstlich für ein Kind und habe nicht die Ressourcen, die richtig gute Mütter haben – all das wabert oft durch meinen Kopf. Und dann sehe ich wieder die wahnsinnig schöne Vorstellung vom liebestrunkenen Mama-Hirn und -Herz. Das sind Tage, an denen freue ich mich in meiner Vorstellung auf ein kleines Würmchen und es ist mir ganz klar, dass ich – wie auch immer – ein Kind haben werde.

50/50 scheint es bei mir. Dachte ich vor einem Jahr noch eher: „Ja doch, ich will ganz sicher ein Baby", finde ich jetzt auch wieder ehrlicherweise Argumente dagegen. Lange hatte ich das Gefühl, dass man es mir nicht abkauft, wenn ich sage: „Puh, bisher war mein Wunsch einfach nicht so da, vielleicht in der Zukunft, aber aktuell würde ich gerne nichts verändern. Ich finde mein Leben gerade ziemlich gut, so wie es ist." Aber dieses ständige Darübernachdenken, ob Kind ja oder nein, das frisst auch Energie. Das ist emotional anstrengend. In der Vergangenheit fühlte ich absolut keinen hochbeschworenen Nestbautrieb. Ich mache mir nur Gedanken wegen der Zukunft, aber nicht, dass ich jetzt gerade ein Baby bekommen möchte. Wie oft mir da Zweifel entgegengebracht wurden von wegen: „Das sagt die nur, weil sie es nicht hat, weil sie keinen Mann an der Seite hat." Aber was ich ehrlich schlimm finde: Es vielleicht nicht selbst entscheiden zu können, weil die Natur es vielleicht irgendwann entscheidet und ich zu alt sein werde. Das ist mein eigentlicher Leidensdruck, der mir schon oft so einen innerlichen Stress beschert hat, dass ich körperlich darauf reagierte. Auch heute packen mich manchmal diese Gedanken. Das ist dann ein Zustand, den ich kaum beschreiben kann. Wenn du unter Zeitdruck stehst wegen etwas, auf das du keinen Einfluss hast, dessen Ausgang einen massiven Einfluss auf dein weiteres Leben haben wird, dann ist das krass erschlagend.

Es gibt Tage, da denke ich mittlerweile: „Ich möchte keine Kinder, ich liebe mein Leben, wie es jetzt gerade ist, nachdem ich mich und meine Wünsche komplett neu entdeckt habe." Und dann gibt es die miesen Paniktage über die biologische Uhr und den ganzen Rotz. Dann killen mich wieder die ganzen Geschichten übers Kinderkriegen und ältere Mütter. Und natürlich habe ich über Social Freezing nachgedacht. Aber mein Bauchgefühl krampft momentan bei der Vorstellung. Ich habe für mich das Gefühl, dann die Büchse der Pandora zu öffnen. Ich bin gerade froh, etwas Stabilität und Ruhe in meinem Leben zu haben. Mich jetzt mit Hormonbehandlung und Eierentnahme zu beschäftigen, fühlt sich für mich persönlich eher nach Spießrutenlauf als nach einer guten Entscheidung an. Auf Info-Seiten wurde mir direkt vermittelt, dass dafür meine Eier mit 37 sowieso schon zu alt seien. Das sind genau die Aussagen, die mich wieder in Gedankenschleifen fallen lassen und durch die sich wieder die alte Erzählung von Frausein und Mutterwerden in meine Wahrnehmung schleicht und ungute Gedanken sät. Plötzlich nehme ich mich nicht mehr als Mensch wahr, sondern als Eierfabrik, die Monat für Monat an Wert verliert. Und genau das möchte ich nicht. Ich möchte – wie meine Frauenärztin mal zu mir sagte – es passieren lassen, wie es passieren wird, mich dem Flow hingeben und mich gerade nicht verschulden, weil ich Eizellen panisch einfrieren lasse, von denen ich a) nicht weiß, ob ich sie überhaupt brauchen werde, b) nicht weiß, ob es damit überhaupt funktionieren wird und c) nicht weiß, ob ich sie überhaupt benutzen möchte, weil mein Kinderwunsch vielleicht doch nicht vollends zum Ausbruch kommt. Aber das muss jede Frau ganz für sich selbst entscheiden und vielleicht ändere ich meine Meinung auch noch. Ich kann es auch voll und ganz verstehen, dass man sich so sehr ein Kind wünscht und jeden Fitzel Absicherung mitnehmen möchte – wenn man es sich leisten kann, denn Social Freezing ist teuer. Entnahme, Behandlung, Einlagerung und künstliche Befruchtung, da kann gut was zusammenkommen. Aber wie gesagt ist das sicherlich eine gute Möglichkeit, wenn auch für mich aktuell nicht. Weil ich momentan das Bekommen eines Kindes nicht als DEN ausschlaggebenden Punkt für mein Lebensglück sehe, den ich um jeden Preis realisieren muss. Da musste ich aber erst einmal hinkommen. Und je nach Gemütslage kann das auch immer wieder kippen.

Und deswegen fucken mich die ganzen Stories rund um „Muttersein ist das Allerheiligste und der Inbegriff der Weiblichkeit" ab. Dadurch, dass Mutterschaft nicht als eine Option von verschiedenen gilt und vielmehr als der Sinn des weiblichen Lebens, komme ich aus der Druckspirale manchmal sehr schlecht raus und meine eigenen Bedürfnisse verblassen. Ich habe dann keinen Zugang mehr dazu, was ich tief im Inneren wirklich möchte. Ich finde es elementar wichtig, zu verinnerlichen, wie erfüllend ein Leben auch ohne Kind sein kein. Für mein späteres Ich – sofern es nicht Mutter wird. Und für mich jetzt. Ansonsten verpasse ich wertvolle Lebenszeit, da ich hauptsächlich damit beschäftigt bin, darüber zu grübeln, ob ich denn kinderfrei bleiben werde – gewollt oder ungewollt und wenn ja, ob das für mich der richtige Weg wäre. Den ich aktuell ohnehin nicht in der Hand habe – wenn ich nicht als Solo-Mama ein Kind bekommen möchte oder mich für Co-Parenting entscheide. Also ist das ständige Denken und Unter-Stress-Stehen ein Kämpfen gegen Windmühlen. Mein Alter gegen den Datingmarkt. Auf dieses Spiel habe ich keinen Bock. Ich möchte nicht in fünf Jahren zurückschauen und sagen müssen: „Heilige Scheiße, was habe ich die wertvollen Jahre ungenutzt verstreichen lassen und nur Mamamangel bei mir gesehen?! Dabei hätte ich noch mehr Bücher schreiben können, unzählige Wows dank meiner Freiheit erleben und richtige Herzerinnerungen schaffen können." Dieses Mangeldenken will ich nicht. Und raus aus dieser Denk- und Druckspirale komme ich nur, wenn ich für beide Lebensmodelle die Vor- wie auch Nachteile sehe und lerne, darauf zu vertrauen, dass es richtig für mich kommt.

Und befreiend würde ich es finden, wenn ich losgelöst von äußeren Umständen selbst Klarheit darüber erlange, wie es denn jetzt um meinen Kinderwunsch steht. Aber auf dem Weg bin ich noch. So oder so: Ich mute für mich als Selbstfürsorge mittlerweile sofort die Stimmen, die über Weiblichkeit und dazugehörige Muttergefühle palavern und damit Frauen, die in ähnlichen Situationen sind, aller positiven Alternativen berauben.

Apropos unsere eigenen Lebensgeschichten erzählen: Wie ich zu Anfang schon mal geschrieben habe, fehlen mir verdammt oft die Vorbilder für Alternativen. Insbesondere Vorbilder zum Nichtmuttersein, um endlich dem Narrativ der verschrobenen, kalten oder unglücklichen Frau ohne Kinder etwas entgegensetzen zu können. Wir müssen sie noch immer gezielt suchen – während die Geschichten über das Mutterglück überall erzählt und unter die Nase gerieben und als Nonplusultra zur Schau gestellt werden. Die Mutter als heiliges Ideal inszeniert finden wir zwischen durchgestylten Wohnungen und Stillen in hippen Cafés, mit perfekten kleinen Mini-Versionen, voll genährt von Liebe und Erfüllung. Ein neuer Mama-Typus, der sich sehr dicht am You-can-have-it-all ansiedelt. Zwar zeigen immer mehr Mütter auch den echten Mama-Struggle und machen das Muttersein zwischen „wunderbar einzigartig schön“ und „schrecklich anstrengend“ transparent, aber nicht selten ist mittlerweile Kinderkriegen auch Lifestyle. „Soaking in Mamaglück“ durchspült es *Insta* & Co. mit (Alb-)Träumen aus beigen Baby-Oasen im Skandi-Chic, die von der Kehrseite aus Erschöpfung rein gar nichts zeigen. Oder aber Stars erzählen die Geschichte weiter, bauschen Mutterschaft zu einem Must-have auf der Frauenlebensliste auf. Hübsch, deep, sexy, intensiv. Mit ganz viel „Du willst das doch auch“. Aber was mir fehlt: ein ebenbürtiger Gegenentwurf. Wo sind die Stars, die ihr selbstbestimmtes Nichtmuttersein feiern? Mit dieser Frage spricht mir Nadine Pungs in ihrem Buch „Nichtmuttersein“ aus der Seele.[115] Da sind sie wieder, die fehlenden Vorbilder. Die Alternativen dafür, wenn es zu sehr im Innen zwickt bei der Vorstellung, sich bald ununterbrochen zu kümmern oder aber wenn sich das Mama-Lebensmodell für einen selbst nicht ergibt. Und dabei wären diese Stimmen so wertvoll.

Regretting Motherhood – Mamasein können wir nicht anprobieren

Ich habe auch echt Respekt vor Regretting Motherhood – ein Begriff, den die israelische Soziologin Orna Donath mit ihrer Studie prägte und der für das Gefühl von einigen Frauen steht, die nach der Geburt merken, dass sie lieber nie Mutter geworden wären. Orna Donath hat die Ergebnisse ihrer Studie zum Thema „Mutterschaft bereuen" in ihrem vielbeachteten Buch „Regretting Motherhood" verarbeitet.[116] Was bis vor ein paar Jahren noch ein absolutes Unding war, findet immerhin immer mehr öffentlichen Diskurs: Mütter, die sich wagen, um ihr früheres Ich zu trauern und das auszusprechen. Mütter, die sich schwer tun mit der Fremdbestimmung, die ein Kind mit sich bringt, weil es 24/7 versorgt werden muss. Mütter, die ihren Körper vermissen. Mütter, die ihre Unbekümmertheit vermissen. All das gibt es. Lange hinter vorgehaltener Hand anvertraut, mittlerweile immer mehr in der Öffentlichkeit. Aber genau diese Frauen sind meist im gleichen Atemzug einem Donnerwetter von Bewertungen ausgesetzt. Zu Recherchezwecken hatte ich mich etwas in den sozialen Medien umgeschaut und unter Beiträgen zu Regretting Motherhood ging es wüst zur Sache. Menschen, die mit Wutworten um sich schmissen, weil eine Frau es wagte, zuzugeben, dass Muttersein sie unglücklich gemacht hat – wenn sie ganz ehrlich zu sich selbst ist. Sätze wie „Na, das hättest du dir vorher überlegen sollen!" oder „Andere Frauen heulen auch nicht so rum" bildeten das Gros der Meinungen. Was soll ich sagen? Ich bin keine Mutter. Aber dennoch weiß ich: Die Frage nach Elternschaft ist eine der wenigen Entscheidungen, die nicht rückgängig gemacht werden können. Wir können uns nur vorstellen, wie sich das anfühlen kann. Aber wir können es vorher nicht in seiner Komplexität erfassen. Folglich ist es für mich nur logisch, dass es Menschen gibt, die im Nachhinein merken, dass sie es unterschätzt haben und sie einfach nicht glückselig in die Rolle finden können. Aber ihr Bestes geben. Denn diese Frauen lieben ihre Kinder in den meisten Fällen nicht weniger, sondern ächzen unter der Wucht der Belastung. Sie leiden unter den eigenen Gefühlen und dem Warten darauf, dass sie doch endlich das romantische Babyglück empfinden. Wir sprechen hier nicht vom leichtfertigen, unüberlegten Kinderkriegen, sondern davon, dass Menschen unterschiedliche Energielevel sowie unterschiedliche mentale Ressourcen haben und manche felsenfest sicher sind: „Ein Kind, das ist mein Traum." Aber erst dann merken sie, was es wirklich bedeutet, Elternteil zu sein. Eine immerwährende Verantwortung zu tragen. Sich selbst so zu verändern, dass beispielsweise die ständigen Ängste überhandnehmen. Oder aber von getrennten Müttern, die sich plötzlich mit den Sorgen als Alleinerziehende konfrontiert sehen, weil die Beziehung nicht gehalten hat. Dinge, die man vorher nicht durchspielen und mal probefühlen kann. Dinge, die bei der großen Romantisierung der Mutter keine Erwähnung finden.

Mütter trauen sich oft nicht zu sagen, dass sie in ihrer Rolle als Mutter unglücklich sind – zu groß die Sorge, als unnormal, kalt, als Rabenmutter diffamiert zu werden. Denn Mutterglück steht angeblich über allem. Daran zu rütteln, grenzt für manche Menschen an Hochverrat.[117] Dabei ist es für Frauen, die sich die K-Frage stellen, wichtig, auch diese Perspektiven zu hören, weil nur durch Abwägen und Reinfühlen eine freie Wahl stattfinden kann – und diese ist nie mit 100 Prozent Gewissheit die richtige, dafür hängen zu viele unkalkulierbare Variablen dran. Deswegen ist es meiner Meinung nach so wichtig, alle Stimmen zum Elternsein zu hören. Nur, wenn wir ehrlich sind, können wir auch Normen durchbrechen. Schöngewaschenes *Insta*-Dauerglück im Mama-Eldorado, welches komplett ohne Probleme auszukommen scheint, verschleiert kolossal die Mehrdimensionalität, die Mamasein mit sich bringt. So wie ich es begreife, ist es ein krasser Top-Job mit immenser Verantwortung inklusive unbeschreiblicher Gefühls- und Liebeserfahrungen. Von High-Baby-Vibe bis hin zu totaler Erschöpfung kann alles dabei sein, wie ich bei meinen Freundinnen schon beobachten konnte. Daher: Darüber reden hilft. So erkennen wir die Vor- und Nachteile von allen Lebensmodellen und können versuchen, die für uns richtige Wahl zu treffen – so weit, wie wir es in der Hand haben.

Unfreiwillig kinderlos

Auch das gehört zu einer Realität, die bei diesen Geschichten über das perfekte Leben ausgeblendet wird: wie viele Frauen sich daran aufreiben, ein Kind zu bekommen, es aber nicht funktioniert. Wie sehr sie teils ihre Körper an ihre Grenzen bringen, wie sehr sie darin ein Versagen sehen. All das bekräftigt das Narrativ von der vermeintlichen Urrolle Mutter enorm. Und diese Frauen brauchen wirklich nicht noch diesen Struggle. Ebenso möchte es gehandelt werden, wenn sich Frauen ein Kind wünschen, aber nie den Partner oder die Partnerin dafür gefunden haben. Durch eine Geschichte von Muttersein und Weiblichkeit wird ihnen so viel abgesprochen. Partner*in und Kind als den einzigen, den natürlichen Weg einer Frau zu sehen, kann so sehr auch das Selbstwertgefühl angreifen. Wenn es der sehnlichste Herzenswunsch ist, ein kleines Würmchen auf die Welt zu bringen, einfach weil es sich in der Vorstellung richtig und wunderschön anfühlt, ist es doch schon hart genug, wenn sich dieser Wunsch nicht erfüllt. Da muss doch die Gesellschaft nicht noch draufhauen und immer wieder betonen, wie sehr es zum Frausein dazugehöre, Mutter zu werden. Wie leer das Leben vielleicht sein könne. Und mit der Crazy Cat Lady drohen. Viel schöner sind doch dann aufmunternde Geschichten, die sagen: „Ja, ein Kind wäre sicherlich eine so erfüllende Erfahrung. Aber weißt du was, dafür hast du die Freiheit, ganz andere Erfahrungen zu machen, die auch echt erfüllend sein können. Und das alles hat absolut null mit deiner Weiblichkeit zu tun." Das wünsche ich mir. Für mich selbst und für alle Frauen.

Das Thema Unfruchtbarkeit ist in Deutschland noch sehr unterrepräsentiert. Oder wird traurig beäugt und dann wird die Ratschlagskeule geschwungen. Viele Betroffene empfinden das als verletzend und empathielos. Und es ist ein Paradox: Auf der einen Seite schreit die Norm Heterosexuelle förmlich an, Kinder in die Welt zu setzen. Wenn Menschen auf der anderen Seite dann fast daran zerbrechen, weil es biologisch nicht möglich ist, tun es einige als Lappalie ab, von Entspannen ist dann schnell die Rede. Dass der Weg aber steinig ist und dass die emotionale Last unbeschreiblich sein kann, bleibt oft auf der Strecke. Wenn etwas als das Normalste, als das Heiligste, als das Selbstverständlichste dargestellt wird, es aber bei dir persönlich nicht klappt, kann das die mentale Gesundheit massiv beeinträchtigen – und die Sehnsucht sicherlich ins Unermessliche steigern. Wir tun also mehr als gut daran, sensibler mit dem Thema Kinderwunsch, Kinderkriegen und der Geschichte ums Mutterglück umzugehen. Es gibt verschiedene Lebensrealitäten und nicht alle sind frei gewählt!

Jennifer Aniston und die Narrative

Was in der Öffentlichkeit mit Jennifer Aniston passiert ist, steht stellvertretend für alle Frauen. Sie wurde gehetzt, gedemütigt, ihre Karriere fand lange nicht die Anerkennung, die sie verdiente. Alles nur, weil die Medien sie als lebendiges Beispiel für die Narrative über kinderlose Frauen formen wollten. Sie stülpten ihr Stories über Stories über. Immer im Visier: ihr Bauch. Der blieb bekanntlich immer flach, also wurde sie als traurig und gebrochen oder aber als karrierefixiert gezeichnet. Und das ist bis heute so. Die kinderlose Hollywood-Schauspielerin und Produzentin, die zusehen musste, wie ihr Ex-Mann eine Familie mit einer anderen gründete. Jennifer Aniston könne also (vermeintlich) doch gar nicht anders, als am Boden zerstört zu sein. Ich denke, dass die Zeit mit der Brad-Angelina-Nummer hart war – so eine Trennung in der Öffentlichkeit über die Bühne zu bringen, schien aufreibend zu sein und sie hatte keine Chance, sich abzuschirmen. Aber die größere Message ist doch: Was als Happy-End-Family in den Medien gepriesen wurde, fand einige Jahre später auch ein richtig mieses Ende. Wir sehen: Familiengründung ist keine Garantie auf konstante Sicherheit und happy Vibes. Und Jennifer Aniston? Die machte währenddessen einige spannende Sachen und äußerte sich selbst auch zu dem Frauen-müssen-Mütter-werden-Zirkus: „Es herrscht ein Druck auf Frauen, dass diese auch Mütter werden. Werden sie es nicht, gelten sie allgemein als beschädigte Ware."[118] Sie selbst schrieb 2016 in einem Artikel für die Huffington Post: „I have grown tired of being part of this narrative."[119] Jo, können wir verstehen, Jen! Besonders bitter: Kürzlich hat Aniston in einem Interview erstmals erzählt, dass es eine Zeit gegeben habe, in der sie versuchte, schwanger zu werden – inklusive IVF-Behandlung. Doch es habe nicht geklappt, währenddessen beschämte die Presse sie als kalte Karrierefrau, die ihren Ehemann vergraulte.[120]

Familiensachen

Was die Frage angeht, ob ich Kinder bekommen werde, habe ich schon einige Gefühlslagen durch. Wenn ich mal wieder so unterwegs bin, dass mich die Panik rund um Zukunft und Partner und Kinderwunsch einholt, hilft es mir mittlerweile enorm, den Familienbegriff anders zu denken. Es gibt viele Wege, eine Familie zu gründen, es muss nicht immer Mutter-Vater-Kind sein. Das für mich zu transformieren, befreit mich aus meinem Gedankenkorsett und lässt mich darauf vertrauen, dass ich so oder so immer Familie haben werde – was mich deutlich besser schlafen lässt. So hebele ich das alte Denken aus, dass ich ohne eigene Kinder einsam sein werde. Sonst funkt mein System dann nämlich nur noch Alarm, ganz ohne zu hinterfragen, was es denn wirklich bedeuten würde, in meinem Alltag Kinder zu haben und ob ich dafür eigentlich wirklich brenne.

Wichtige Fragen: Was ist mir in einer Partnerschaft wichtig? Wie wichtig ist mir Selbstbestimmtheit und meine Zeit frei einteilen zu können? Habe ich die mentale Widerstandskraft für wenig Schlaf, für einen durchorganisierten Alltag? Finde ich wahrhaftig darin meine Erfüllung, mich für viele Jahre um einen kleinen Menschen zu kümmern und meine eigenen Bedürfnisse zurückzustellen? Fragen, die mir früher nie in den Sinn kamen, weil doch eigentlich alle Kinder bekommen wollen. Außer die Frauen, die scheinbar irgendwie seltsam sind. So war es meine Überzeugung. Dabei lohnt sich doch ein Blick tiefer. Welche Sehnsucht steckt eigentlich hinter dem Kinderwunsch? Warum möchte ich eine Familie gründen, was verspreche ich mir davon? Geborgenheit, Zugehörigkeit, gegenseitige Unterstützung und Liebe – das sind meine Antworten. Schieben wir etwas Distanz zwischen den Wunsch und seine Gründe, kann es sein, dass wir etwas erkennen können: Ist es nicht auch denkbar, dass ich meine Bedürfnisse, die sich in meinem Wunsch, eine Familie zu gründen, äußern, auch befriedigen kann, ohne die klassische Kernfamilie zu gründen? Ich habe weiter vorne schon erzählt, dass das für mich lange Zeit gänzlich unvorstellbar gewesen ist, da ich ein sehr inniges, enges Verhältnis zu meiner Familie habe und entsprechend sozialisiert bin. Aber vielleicht ist es auch so: Ich habe von klein auf gelernt, wie Verlässlichkeit, Liebe und Geborgenheit funktionieren, wie ich all dies annehmen und geben kann. Liegt darin vielleicht der Schlüssel? Kann ich das also vielleicht mit Menschen aufbauen, die mein Leben bereichern, obwohl wir nicht die genormte Kleinfamilie sind? Sind Kinder der einzige Garant für Geborgenheit? Ist nur eine feste romantische Partnerschaft, die ein Leben lang hält, der einzige Weg, diese Geborgenheit und Zugehörigkeit zu spüren? In meinem Kopf gab es nur diese Vorstellung von familiärer Vertrautheit, die ich auf jeden Fall weiter in meinem Leben haben möchte.

Damit bin ich nicht allein. Wie Teresa Bücker in ihrem Aufsatz „Unlearn Family" schreibt: „Menschen landen auch deshalb immer wieder in Kleinfamilien, weil wir im Heranwachsen und jungen Erwachsenenalter selten tiefgründig über Familie nachdenken oder darüber sprechen, in welchen Beziehungen wir später leben wollen."[121]

Die Kleinfamilie ist ein Sehnsuchtsort. Stabilität und Verlässlichkeit im engsten Rahmen.

Der Shift ist: zu erkennen, dass das, was wir uns von einer Familiengründung versprechen – nämlich meist absolute Geborgenheit und Sicherheit und bedingungslose Liebe –, nicht unbedingt mit der klassischen Kernfamilie einhergehen muss. Es kann sein. Es kann aber auch ganz anders kommen: super Familiengefühl ohne Blutsverwandtschaft oder eben krasse Distanz und Zerrüttung trotz Kernfamilie. Wenn wir den Begriff Familie endlich weiter fassen, die Mauern nicht so hochziehen in den bürgerlichen Kleinfamilien und unter Familie mehr verstehen als Eltern und Kind, können wir aufhören, auf Biegen und Brechen diesem Ideal hinterherzulaufen, weil wir damit wohlige Sicherheit verbinden. Es gibt nämlich auch Studien, die besagen, dass gerade das Konzept Kleinfamilie sehr unflexibel ist und in diesem Konstrukt seelische Probleme zunehmen: Vater-Mutter-Kind kostet Zeit und Geld, meist fehlt in einigen Lebensrealitäten eine Ressource. Das führt nicht selten zu Stress.[122] Dass in den engen Strukturen der Kleinfamilie mit ihrer genormten Mann-Frau-Konstellation auch eine tiefe Unzufriedenheit oder gar ein Unglück lauern kann, passt nicht zum Bild des heimeligen Sehnsuchtortes. Dass Menschen teils ihre Erschöpfung, ihre Frustration, ihre leergelebte Liebe dulden, um die Familie aufrecht zu erhalten, auch nicht. Dabei ist es so wichtig, das auch mitzudenken, um Familie freier zu definieren. So schreibt Bücker außerdem: „Um von Anfang an selbstbestimmter zu leben und unser Familienverständnis bewusster zu entwickeln, brauchen wir andere Vorbilder und Gelegenheiten, über Familienwünsche nachzudenken, sowie andere Menschen, die offen dafür sind, mit uns gemeinsam andere Familienmodelle auszuprobieren."[123]

Ursprünglich funktionierten Familienverbunde anders. Wir haben bereits weiter vorne erfahren, dass die Kleinfamilie mit den Rollenaufteilungen während der Industrialisierung im Grunde konstruiert wurde. Sie war ein Produkt aus der Trennung zwischen Arbeit und Heim. Zuvor waren es die Großfamilien, die den Familienbegriff prägten: viele Generationen unter einem Dach. Alle packten an, die Organisation war eine ganz andere. Der Stellenwert der Kindererziehung war ein anderer. Liefen Kinder früher eher so nebenher, wurden von mehreren Generationen erzogen und dienten vor allem als Nachkommen, ist die Kindererziehung heute viel emotionaler aufgeladen. Kinder sind nicht für den Fortbestand notwendig, sie bilden zusammen mit den Eltern eine emotionale Einheit.[124] Der Raum für Erziehung ist meist hermetisch abgeriegelt – Zutritt nur für Elternteile. Aber eben auch volle Verantwortung nur für Elternteile.

Heute kennen wir zum Glück viel buntere Familienkonzepte, Regenbogenfamilien, Patchworkfamilien, Co-Parenting mit Freund*innen, alleinerziehende Elternteile, Bonus-Elternteile. Dennoch ist die dominierende Erzählung über die Familie die über Vater-Mutter-Kinder. Damit die Familiennorm diverser wird, haben wir noch bissl was vor uns. Ein Step wäre, von klein auf zu lernen, dass es viele Möglichkeiten gibt, sich familiär und somit geborgen zu fühlen. Wie wäre es damit, den Begriff Sicherheit nicht automatisch mit dem genormten Werdegang gleichzusetzen?

Was ich wahnsinnig fabelhaft finde: Frauen, die sich ihren Kinderwunsch selbst erfüllen – auch ohne Partner*in. Die für sich verstanden haben, dass ein Kind ein tiefsitzender Wunsch von ihnen ist und sich den erfüllen – mit voller Konsequenz. Ein Weg, der nicht meiner wäre – einfach, weil ich totalen Schiss habe vor der alleinigen Verantwortung und vor all dem, was ich komplett alleinerziehend wuppen müsste. Aber es ist eine wahnsinnig ermächtigende Entscheidungsmöglichkeit. Noch einmal etwas anderes wäre es, sich mit Freund*innen ein eigenes Familienkonzept zu erschaffen, in dem ein Kind aufwachsen könnte. Oder wie meine Freundin Liza (von der liest du übrigens später noch), eine Patenschaft für ein fremdes Kind zu übernehmen und so im Leben eines Kindes einen wunderbaren Beitrag zu leisten als Bezugsperson, erweiterte

Familie, Mentor*in, Spaßkanone oder was auch immer. Wir können kinderlos sein und trotzdem Kinder im Leben haben. Eine Familie kann so vielfältig gedacht werden, wenn wir unsere Blickwinkel erweitern. Mutterschaft ist nicht nur an den eigenen Uterus gebunden. Mutterschaft ist nicht gleich Weiblichkeit. Mutterschaft ist das höchste aller Gefühle für einige. Für andere ist Muttersein eine beengende, nicht passende Vorstellung vom eigenen Leben. All das ist doch voll ok. Solange wir bei unserer eigenen Geschichte bleiben, mit der zufrieden werden oder sie auch schlichtweg lernen zu akzeptieren und die anderen ihre Lebensgeschichte entwickeln lassen. So ohne Bewertung und so.

Weiblichkeit darf nicht nur auf Fruchtbarkeit basieren. Nur so bekommen wir es für uns selbst aufgedröselt, was uns sonst noch ausmacht. Nur so bekommen wir den gemachten Altersdruck für uns dechiffriert. Und vor allem können wir so auch besser den Finde-den-Mann-Druck drosseln. Denn hinterfragen wir die Hauptrollen, die die Gesellschaft uns zuspricht – Geliebte, Ehefrau und Mutter – entdecken wir auch noch mehr Rollen und durchbrechen die Annahme, dass ein Mann uns erst unsere Hauptrollen ausleben lässt. Fehlt dieser, fehle angeblich ein Teil unseres Selbst.[125] Das liege ja in der weiblichen Natur der Sache. Nee. Denn es ist nicht die Evolution, die uns Frauen auf den Prinzen geiern lässt. Es ist das Patriarchat mit seinen bescheuerten Geschlechterzuweisungen. Der normative Kinderkriegen-Druck schafft vom Patriarchat gewollte Abhängigkeit.[126] Und das ist einfach unfair, basta. Darauf können wir uns einigen, oder?

Vom Auflösen & Zusammensetzen

Durchlüften

2019

Kurz vor der Sicherheitskontrolle am Flughafen schaue ich nochmal zurück. Da stehen meine Eltern und winken mir fast angestrengt optimistisch zum Abschied. Ich spüre ihre Sorge. Ich teile ihre Sorge: Was beginnt jetzt für ein Kapitel für das Kind? Und das Kind ist mit 34 Jahren gar nicht mal mehr so kindlich. Aber eben so lost wie ein Fünfjähriger, den du allein in New York City aussetzt. Zwischen tausend Möglichkeiten, blinkenden Versprechen und ohne Plan, wo es denn jetzt langgeht.

Ich habe vor zehn Tagen meine WG in Köln aufgelöst, ziemlich viel altes Leben auf den Wertstoffhof gebracht oder bei *eBay* verkauft und den Rest bei Mama und Papa eingelagert. Jetzt stehe ich hier mit höllischen Wachstumsschmerzen am Flughafen Richtung Portugal. Alles, was ich weiß, ist, dass ich die nächsten fünf Wochen dort verbringen werde, jetzt fünf Tage einen Workshop in den portugiesischen Bergen gebucht habe und in sechs Tagen von dort aus arbeiten werde – an meinem ersten und eher mäßig bezahlten Job als Freelancerin. Ah ja, und dass ich unberechenbare Panikattacken habe, mich Angstzustände ziemlich im Griff haben und ich allein in den Flieger steigen werde.

Und dass ich nicht weiß, wo ich in fünf Wochen zuhause sein werde und wie und wo überhaupt alles weitergeht. Während mein Umfeld Vollgas in Sachen Karriere und Familienplanung gibt. Ich kann meinen Eltern also nicht verübeln, dass sie mich mit hart gemischten Gefühlen an diesem Flughafen absetzen. Auf der Autofahrt habe ich schon die erste Panikattacke gehabt, weil es Nacht ist und regnet. Was sonst nie ein Problem war, gehört plötzlich zum Problemhaufen: Autofahren bei Regen zum Beispiel.

Warum ich in diesem Zustand so eine Reise antrete? Weil es für mich die einzige Lösung ist. Ich kann nicht in einem Zustand völliger Ahnungslosigkeit über mein Leben verharren, dabei immer nach links und rechts schauen und mich vom Schicksal benachteiligt fühlen, weil alle schneller sind. Dann aber erwarten, dass coole Sachen passieren, die mein Leben nach vorne bringen. Und ich kann meine Ängste meine Welt nicht miniklein schrumpfen lassen, weil ich mich nichts mehr traue. Also gibt es für mich nur die Option, mich volle Kanne zu konfrontieren und reinzuspringen in ein Abenteuer, das einen neuen Lebensabschnitt einläuten soll. Zu dem Zeitpunkt habe ich schon manches zum Thema Persönlichkeitsentwicklung und Genderrollen gelesen, es erreicht mich aber noch nicht wirklich. Die Message geht nicht in mein Gefühl über, wirklich die Wahl zu haben, wie ich mich selbst betrachte und leben möchte. Ich weiß nur: Ich muss mich in Einzelteile zerlegen und eine Menge loslassen, damit ich mir alles anschauen kann und meine Ausrichtung finde. Und langfristig einen Ort, an dem ich wieder richtig atmen kann, an dem ich mich auch allein in einer Wohnung wohlfühle – mein Endgegner. Köln ist zu Ende und damit auch ein Lebensgefühl. Wo soll ich wohnen? Diese Nicht-Zugehörigkeit ist neu für mich – und angsteinflößend. Ich habe als Selbstständige keinen Job mehr, zu dem ich im Büro erscheinen muss, ich habe nicht mehr die WG mit einer meiner besten Freundinnen als Angelpunkt in meinem Leben und ich habe die Sichtweise, dass ich beim aktuellen Kassensturz des Lebens pleite bin und meine Möglichkeiten nicht richtig genutzt habe.

In den ersten Tagen im Retreat geht es mir so beschissen, dass ich bei jeder Gruppensitzung heule. Selbst wenn andere ihre Stories erzählen, fange ich an zu weinen. Ich habe das Gefühl, mich langsam innerlich aufzulösen. Wenn ich nicht heule, stehe ich so neben mir und bin in Gedankenspiralen gefangen, dass ich nicht einmal unter der Dusche merke, dass das Wasser überläuft und zuverlässig ins Zimmer fließt, während ich denkend die Haare wasche. Ich habe keine Erklärung dafür, wie ich nicht merken konnte, dass mein ganzes Zimmer unter Wasser steht und zweifle nun wirklich an meiner Zurechnungsfähigkeit – lieberweise helfen mir einige Teilnehmerinnen, meinen Raum wieder trockenzulegen. So, State of Mind wird klar, oder?

Und dann passiert etwas: Meine Offenheit und meine Verletzlichkeit, die ich kein bisschen zu verstecken in der Lage bin, machen etwas mit einigen anderen der Runde. Es inspiriert sie, es ermutigt sie, sich ebenfalls mehr zu öffnen. Am Strand, beim Frühstück oder am Lagerfeuer erzählen wir uns unseren Struggle. Und gemeinsam decken wir Geschichten und Überzeugungen auf. Wir stellen fest: So unterschiedlich wir sind, so ähnlich sind doch die Geschichten, die wir uns über uns selbst erzählen: zu langsam, zu unweiblich, zu dick, zu dünn, zu viel, zu anspruchsvoll, zu unsicher, zu viel wollend.

Und langsam erlange ich die Erkenntnis, wie nice es auch sein kann, sich mit der Hilfe von anderen Perspektiven noch einmal neu kennenzulernen und den Grundstein für neue Geschichten zu legen. Das Nirgendwo mit gesundem Essen und viel Schlaf und guten, neuen Gesprächen tut mir gut. Ich mache morgens Yoga (sorry, Klischee, aber wahr), lerne die Wechselatmung, reite zum ersten Mal auf einem Pferd und schreibe mir die Vorstellung meiner freiesten Version von der Seele. Außerdem verfasse ich einen Brief an mein zukünftiges Ich. Die Message: „Es wird alles gut, du wirst wieder lernen, Halt zu empfinden." Mir geht's deutlich besser.

Am letzten Tag aber ist wieder dieses wunde Gefühl im Innern da: Das Retreat ist zu Ende und es ist Zeit, Tschüss zu sagen. Jetzt geht die Alleine-Zeit in Portugal los. Und ab übermorgen auch der Job. Da stehe ich irgendwo im portugiesischen Gebirge. Ich habe absolut keine Ahnung, was ich jetzt tun soll. Wie es weitergehen soll. Weder morgen noch generell. Ich habe noch nicht einmal einen Plan, wie ich hier morgen wegkomme, geschweige denn, wie es nach Portugal und dem aktuellen Auftrag weitergehen soll – privat und beruflich.

Ha, aber auf das Leben ist eben Verlass. Dann passiert nämlich etwas, das ich bis heute versuche, fest im Erfahrungsspeicher einzuschließen: Es geht weiter. Am nächsten Morgen auf der Rücksitzbank einer netten Retreatteilnehmerin, die noch eine Übernachtung an der Algarve einschieben will, bevor sie zurückfliegt. Uns beiden hat sich noch eine weitere Teilnehmerin angeschlossen. Und heraus kommt ein Roadtrip voller Deep Talk, prustendem Lachen und Bäumen, die *instagrammable* wie verrückt sind. Nun stehe ich in Sagres – am Cabo de São Vicente, dem südwestlichsten Punkt des europäischen Festlands. Ein magischer Ort, von dem die Menschen ganz früher mal dachten, er sei das Ende der Welt. Und in mir platzt ein Knoten. Ob es am portugiesischen Wind liegt, am Mythos, dass hier angeblich die Götter wohnen, an dem wunderbaren Gefühl von Freiheit bis gestern noch in absoluter Unwissenheit gewesen und jetzt hier zu stehen oder an den beiden Frauen, mit denen ich eine so gute Zeit habe und spüre, wir werden Freundinnen – ich weiß es nicht, tippe heiß: von allem etwas.

Die Beklemmung ist wie weggepustet, ich erkenne das erste Mal auch das Coole an dem, was vor mir liegt. Nämlich, dass ich mich gerade lebendig wie lange nicht mehr fühle. Und alle altersgerechten Vorstellungen weit weg sind. Gerade finde ich es als ziemlichen Knaller, so wie es ist. Und das gleicht zu diesem Zeitpunkt einer Sensation – bin ich nämlich sonst entweder gedanklich in der Vergangenheit oder in der Zukunft unterwegs.

Eine Sache, die mir einen immensen Boost gibt: Es wirkt so sehr wie ein Katalysator für Gutes, wenn du Menschen triffst, die ähnlich ticken, die ähnlich struggeln, die ähnlich träumen. Und ich verstehe langsam: So ruckelig es hier bei meinen Schiebebrückenjahren zur Sache geht, so viel Neues bereichert mein Leben. Wo ich bis vor Kurzem nur noch sah, was alles nicht mehr ist, was alles zu Ende ist, wen und was ich loslassen muss, wirkt es wie Balsam zum ständigen Minus-Gefühl, auch endlich mal wieder ein Plus zu spüren.

In welchen Jahren? Ja, ich weiß, den Begriff „Schiebebrückenjahre“ gibt es nicht. Aber das Bild kam mir damals immer in den Sinn, um meine Gefühlswelt zu beschreiben:

Ich befinde mich zwischen zwei Ufern, dazwischen liegt eine unruhige See. Ich bin nicht mehr am Feiermädchen-Ufer, aber auch noch nicht am Settle-down-Ufer. Ich fühle mich wie auf einer imaginären Brücke, die sich mechanisch über die tosende See schiebt, vorwärts und auch mal wieder rückwärts ruckelnd, während ich versuche, auf dem wackeligen Ding Halt zu finden. Mein Begriff für eine Zeit, die keinen richtigen Namen hat: Schiebebrückenjahre. Eine Zeit des Aufruhrs, der Entscheidungen, der Zukunftsgedankenraserei.

Was Portugal mir gegeben hat

Portugal mauserte sich zu einem wichtigen Sinnbild für mich: Ich finde Wege und Lösungen. Ich entdeckte die Sicherheit in mir selbst, wo ich sie sonst nur im Außen aufgebaut hatte und dadurch auch in äußeren Erwartungen meinen Guide für den Lebensweg gesehen hatte, bei dem ich dann gefühlt in Sackgassen trottete. Es war so ein gutes Gefühl, mir in Faro einen Wagen zu mieten, mit Stops allein bis nach Lissabon und Sintra zu fahren, weiterzuziehen, wenn mein Bauchgefühl das sagte. Wie beispielsweise in Faro, als ich mir ein Hostel über einem Bestattungsunternehmen gebucht hatte, was ich erst checkte, als ich ankam. Ok, da mich zu diesem Zeitpunkt Gedanken über Tod und Vergänglichkeit ständig malträtierten, ist wohl ziemlich klar, dass ich schnell das Weite suchte und Faro zu Fuß abklapperte, bis ich eine neue Bleibe fand. Oder eine weitere wichtige Erfahrung für mich: Im Nirgendwo allein ohne Netz im Auto zu sein, während in mir Überlegungen tobten wie „Was ist, wenn du jetzt einen Schlaganfall hast, wenn dir jetzt schwindelig wird oder du jetzt eine Panikattacke bekommst?" Hypochonder-Gedanken gone wild. Und was soll ich sagen, es ist nichts passiert. Stattdessen bin ich weitergefahren, vorbei an wunderschönen Landschaften, mit Halt und Galão in idyllischen kleinen Dörfern. Stück für Stück immer weiter. So wie im Leben. Es hilft so sehr, nicht immer das Große zu sehen, das finale Resultat, das Ziel. Sondern lieber kleine Wege zu stückeln und diese zu genießen. Voll aufzusaugen und zu merken: Ach guck, das ist auch schon ein Stück vom Kuchen des geilen Lebens. Bis heute habe ich dieses Gefühl tief in mir eingeschlossen, als ich Lissabon erreichte und über die Brücke fuhr, während „Free Fallin'" von John Mayer lief und rechts neben mir die Christus-Statue thronte.

Natürlich funkte mein gespeichertes System immer dazwischen und spielte auch Altbekanntes ab, sodass ich einschritt und immer wieder sagte: „Du darfst traurig sein darüber, was sich alles gerade verändert. Aber wir entdecken jetzt auch neu, woran wir glauben. Hopp, hopp, wir sind mitten in den Schiebebrückenjahren!"

Aber aus Portugal nahm ich noch etwas anderes mit: nämlich wie beim Roadtrip vermutet auch neue Freundschaften. Eine davon führte mich dann schließlich nach Hamburg. Mit der Idee, mein neues Zuhause vielleicht im Norden zu finden. Denn das war meine langfristige Mission: einen Ort zu finden, an dem ich für mich wieder eine Perspektive sehen und an dem ich innerlich mehr zur Ruhe kommen würde.

Einmal in Hamburg zu wohnen, stand schon lange auf meiner Bucketlist. Tja, und das Leben hatte gezaubert. Denn eine der Ladys, die ich dort kennenlernte, hatte zufällig ab Herbst ein Zimmer in ihrer Wohnung frei. Katsching! Nachdem ich ein paar Monate mal hier, mal dort unterwegs war und von überall aus arbeitete, immer wieder bei meiner Family eintrudelte und auch meine Therapie in der Heimat fortsetzte, ging im Herbst dann mein Hamburg-Kapitel los.

Moini Hamburg

Berauscht von meiner Entscheidung, es mal mit dem Norden zu probieren, kam ich im Herbst 2019 mit einem vollgepackten Auto in Hamburg an, bezog bei meiner neuen Freundin, die ich in Portugal kennengelernt hatte, das kleine WG-Zimmer und freute mich auf einen Neubeginn. Ich war mir sicher: Hamburg und ich – das wird was. Und es lief auch echt rund. Ich ergatterte in der Redaktion eines Online-Magazins einen Büroplatz, hatte Austausch und Struktur und fand es einfach hart stark, meine Lieblingsstadt zu erkunden und zu wissen: Hah, du wohnst jetzt hier – zumindest für eine Weile. Es war schön, wieder in einer WG zu leben und zeitgleich ganz viel Neues zu entdecken. Manchmal krallten sich die altbekannten Gedanken rund um mein Alter und den Vergleich zu anderen in meinem Kopf fest – dann packte ich mein Handwerkszeug aus Meditation, Journaling, Atemübungen, Rausgehen, Gedanken shiften, Gefühle angucken aus und konnte besser wertschätzen, was gerade ist. Sogar eine Reise nach Costa Rica mit der anderen neuen Freundin, die ich in Portugal kennenlernte, gab's für mich noch dazu.

Und dann kam die Pandemie. Was als kurzer Heimatbesuch nach dem Urlaub geplant war, wurde zu einem dreimonatigen Lockdown-Aufenthalt bei meiner Familie. Unter den neuen Umständen in einer fremden Stadt zu sein, wäre gefundenes Fressen für meine Angststörung gewesen: Die Sorge um ein ansteckendes Virus, von dem zu dem Zeitpunkt noch keine*r einen Plan hatte, ein kleines Zimmer zur Zwischenmiete, Lockdown. Die Vorstellung bereitete mir Bauchschmerzen. Ich konnte zu diesem Zeitpunkt schon recht gut unterscheiden, wann ich mich mit meinen Ängsten konfrontieren und wann ich mein Nervensystem schonen sollte. Daher blieb ich bei meinen Eltern – mit Garten und Hund und mehr Natur. Das Leben war ohnehin auf Stopp gestellt, da war es auch latte, wo ich war.

Nach dem ersten Schock und stundenlangem Nachrichtenschauen gesellte sich aber noch etwas anderes zu meiner Auch-egal-Einstellung dazu. Es kam das Gefühl auf – jetzt, wo mein Leben endlich mal wieder in Hamburg Fahrt aufnahm, ich neue Perspektiven sah, jemanden in Hamburg kennenlernte, der mich nach zwei Jahren Männer-Abstinenz mal wieder interessierte – da kam ein Virus und alles war auf Pause gestellt. Eine Welle aus Hetzgefühl überrollte mich, so ohnmächtig zu sein und dabei doch so viel auf die Kette bekommen zu müssen mit 35 ohne festen Wohnsitz, ohne Partner, ohne festen Weg in der Selbstständigkeit mit sicherem Einkommen – die alten Stimmen waren zurück. Aber ich konnte nur abwarten. Wie wir alle. Wie kaum etwas anderes traf die Corona-Pandemie die Menschen an ganz unterschiedlichen Punkten. Irgendwie war es schön, nochmal im Familienverbund mit Eltern zu leben und ich war privilegiert, das nutzen zu können. Und gleichzeitig war es aber auch total beängstigend mit der Hetze im Nacken und den verletzenden Gedanken, dass mich jetzt alle vollends abgehängt hätten. Dabei wollte ich einfach sein. Klarkommen. Verstehen, was da in der Welt gerade abgeht.

Und trotzdem. Ich lernte in dieser Zeit etwas Entscheidendes über mich. Anfang 2019 war ich mitten in einer psychischen Krise: Angststörung, Panikattacken, depressive Verstimmungen – all diese Begriffe bestimmten plötzlich mein Leben. In Spitzenzeiten bekam ich Herzrasen, wenn nur mein Telefon klingelte, aus Angst, es könnte einem geliebten Menschen etwas zugestoßen sein. Ich war unter Dauerstrom, ständig darauf gefasst, dass etwas Schlimmes passieren könnte. Mein Kopf war auf Autopilot, Horrorgedanken hatten längst die Kontrolle übernommen und ich versuchte alles, um wieder zurück zu mir zu finden. Plötzlich steckten wir in einer globalen Gesundheitskrise. All das, was letztes Jahr als plagende Gedanken durch meinen Kopf geisterte, wurde in Teilen Realität. 24/7 Nachrichten, Schreckensbilder aus Italien, Lockdown und die Ansage, wir alle könnten geliebte Menschen verlieren. Unsicherheit und Kontrollverlust im Außen. Jackpot für meine Angst. Doch ich war auch überrascht darüber, dass ich erstaunlich gut damit umgehen konnte. Irgendwie ist es so: Das potenziell Mögliche als Gedankenkonstrukt fühlt sich wahnsinnig bedrohlich an. Eine konkrete Situation in der Realität hingegen ist plötzlich einfach da. Auf etwas Konkretes kann ich auch konkret reagieren und stecke nicht mehr in Gedankenspiralen fest. Mir hat das gezeigt: Ich funktioniere in fordernden Situationen oftmals besser, als ich dachte. Meine Angststörung gewinnt nämlich immer dann die Oberhand, wenn sich die Gedanken in den Grübelmodus begeben. Und es gelingt mir immer besser, diesen Modus zu erkennen und ihn zu unterbrechen. Dieses Wissen gibt mir einen riesigen Batzen Selbstwirksamkeit zurück. Ich bin in dieser Krisenzeit viel mehr bei mir geblieben als davor, obwohl damals im Außen eigentlich alles safe war – Gedanken halt. Ich konnte also noch mehr verstehen, wie sehr Gedanken meine Realität bestimmen und wie wichtig es ist, da eine gute Hygiene walten zu lassen. Und das gilt nicht nur für eine Pandemie, sondern auch für Erzählungen über traurige, einsame Frauen, steile Karrieren und verpasste Züge.

Nach dem ersten Lockdown hoppte ich zwischen Heimat und Hamburg hin und her – so wie es mir gerade guttat. Zu wissen, dass es einen Zufluchtsort gab, an dem ich eine Therapeutin hatte und der ein Gegenprogramm zur wuseligen Stadt darstellte, war mir zu diesem Zeitpunkt enorm wichtig. Umso mehr saugte ich in Hamburg alles auf.

Aber manchmal muss man Dinge loslassen, die man richtig gerne hat, einfach weil man merkt, dass man etwas anderes noch mehr braucht. Immer hat als Wunsch auf meiner Liste gestanden, einmal in Hamburg zu wohnen. Happy me, was für eine schöne Zeit – trotz Corona und dem ganzen Scheiß. Und eine so wichtige Zeit, denn sie bescherte mir auch die Erkenntnis, dass ich mich in Hamburg immer ein bisschen wie im Urlaub fühlte, aber ich langsam wieder Sehnsucht nach einem eigenen Zuhause hatte. Und dass das leider nicht im Norden ist, so sehr ich diese Stadt auch liebe. Ich vermisste es, unter zwei Stunden mal eben bei meiner Familie zu sein und meine Freund*innen, die mich schon seit Jahren begleiteten, in meinem Alltag zu haben. Auch wenn in Hamburg noch fabelhafte neue Leute dazugekommen sind. Klingt cheesy wie sau: Durchs Ausprobieren habe ich realisiert, dass ich einfach an den Rhein gehöre. Da kann ich mir noch so sehr wünschen (I know, Luxusproblem), Hamburg sei mein Lebensmittelpunkt – mein Herz sagt etwas anderes. Und das Universum scheinbar auch, weil es mir auch beruflich ganz neue Perspektiven aufgetan hat – Surprise: auch im Rheinland. :) Was bleibt: große Hamburgliebe. Ich bin dankbar für alles, was Hamburg mir gegeben hat und auch etwas traurig darüber, was es mir eben nicht gegeben hat. Habe ich so nicht kommen sehen, umso mehr überraschte es mich selbst, aber die

Fügung, ja ja, die Fügung wieder – denn weiter ging es für mich da, wo vor 15 Jahren mein Weg nach dem Abi anfing: in Düsseldorf.

Heute habe ich verstanden: Die sozialisierten Narrative über tradierte Geschlechterrollen und Lebensentwürfe legten sich damals wie Schichten über mich, verschleierten, wer ich wirklich bin und sein möchte. Unterwegs zu sein, half mir so krass und gab auch meinem Kopf das Gefühl, auf einer Reise zu sein und neue Möglichkeiten zu haben. In mir hat sich mittlerweile die Gewissheit gefestigt: Ich komme eigentlich überall klar, finde Menschen, finde Wege, finde Jobs, finde Herzerwärmendes. Wie beruhigend das ist, oh mein Gott. Wenn ich es schaffe, die Erwartungen und Geschichten fernzuhalten, passiert etwas in meinem Inneren – es blitzt und vibriert aufregend. Euphorie und Tatendrang nennt man so etwas, glaube ich.

Umwege sind besser als ihr Ruf

In der leistungsorientierten Gesellschaft sind sie verpönt: Umwege. Die Extrarunden sind nicht effizient, daher ungern gesehen. Alle Um- und Irrwege waren wichtig für meine Entwicklung, eigenes Timing macht Sinn. Das habe ich mittlerweile begriffen, ohne mich dadurch als Versagerin zu fühlen.

Ich bin jetzt 37. Wie oft bin ich in die Vergleichsfalle getappt, was man angeblich alles so machen sollte in welchem Alter?! Wir haben für alles Zeitfenster, manche eher schmal bemessen, da sind Umwege nicht so optimopti. Nicht nur im Privaten, sondern auch im Beruflichen. Umwege sind ein bisschen der rote Faden meines Lebens. Nach zwei Jahren ohne festen Wohnsitz mit einem Ich-bin-mal-hier-mal-da-Jahr 2019, einer Hamburg-Episode 2020 und Lockdown-Monaten bei der Family stehe ich wieder in Düsseldorf. Dort, wo alles anfing, damals im Studium. Hömma Leben, was ist da los?

Aber genau das ist doch manchmal das irre Gute in diesem Leben. Es hat seine eigenen Gründe. Jetzt könnte man meinen: „Hätte sie sich nicht diese ganzen Umwege sparen können?" Nee, eben genau nicht! Denn das ist es ja, was ich meine: Nicht immer nur verbissen vorausschauend planen, um möglichst effektiv zu sein, sondern mit den Wellen gehen und sich Zeit für die eigene Entwicklung geben. Und den Weg schätzen lernen, nicht nur das Ergebnis. Denn

Umwege bescheren uns etwas ganz Wunderbares: ziemlich wertvolle Erfahrungen, egal, welcher Art. Auch vermeintliche Fehler, Enttäuschungen und Fehltritte lehren uns etwas und machen uns nun einmal zum Menschen mit eigener Geschichte. Bei Umwegen machst du dir selbst im Grunde das größte Geschenk, weil du dir Zeit gibst. Zeit zum Suchen und Finden, zum Ausprobieren und Entdecken. Zeit zum Werden. Deswegen verstehe ich manchmal gar nicht, warum die Gesellschaft Umwege so bescheiden findet. Vielmehr sollte doch der Prozess zählen, der Spannendes hervorbringt. Doch beim schmalspurigen Werdegang, der nur auf Ziele und das Abhaken von Checklisten ausgerichtet ist, geht das nicht selten mal verloren. „Auf die sichere Bank setzen" ist ein Synonym für Erwachsensein, bloß nichts ausprobieren, könnte ja Verzögerungen geben.

Was bedeutet denn Sicherheit? Ist nicht Sicherheit, mir meines eigenen Könnens und meiner Wandelbarkeit bewusst zu werden? Zu verstehen, dass ich das Außen nicht kontrollieren kann, aber ich beweglich bin? Oft stelle ich mir vor, ich bin (ok, vielleicht ein bisschen adretter aussehend) eine dieser Aufblasfiguren vorm Dönerladen oder Imbiss oder sonstigen Läden, die ein superduber Angebot bewerben. Hast du es bildlich? Diese Dinger, in die von unten Luft reingepustet wird. Und die so hin- und herschaukeln, sich im Wind hart verformen, aber niemals zu Fall kommen, solange von der Wurzel an ordentlich geballert wird. Eventuell etwas platt ausgedrückt für das Bild, mit dem eigenen Selbst verankert zu sein. Denn diese Männekes treffen es für mich gut auf den Punkt. Wir selbst geben uns mit dem Glauben an uns Power. In meiner letzten Therapiesitzung erklärte mir meine Therapeutin sinngemäß: „Eine Therapie hat zum Zweck, die eigene Flexibilität zu erhöhen – Stabilität in Zeiten der Instabilität zu finden." Verstehst du jetzt, warum ich die Aufblasfiguren so gut zum Vergleich finde? Meine Therapie und meine letzten Jahre halfen mir, Grautöne zu erkennen, wo ich sonst nur in schwarzweiß sah. Und in Bezug auf meine Erwartung an mich selbst sah ich meist eher schwarz. Was mich dann auch schneller umwarf, denn meine mentale Flexibilität war vorher eher eine Eisenbahnschiene als eine Aufblasfigur. Und ich will auch gar nicht sagen, dass wir zu dem Punkt kommen müssen, bei dem wir alles aus uns selbst speisen. Natürlich brauchen wir Gutes auch von außen, damit uns die Puste nicht ausgeht. Wir brauchen andere Menschen, Beziehungen, Erfolge und Strukturen. Aber wir dürfen am Ende des Tages unser Selbst nicht darüber definieren. Denn im Außen kann immer mal was wegbrechen. Und dann aus die Maus. Zu wissen, dass du dich beispielsweise gut neu erfinden kannst, du viele Talente hast, dich für verschiedene Dinge interessierst – dieses Wissen finde ich immens hilfreich, um immer wieder zu sagen: „Jo, ich kann auch aufs Leben reagieren." Und genau das haben mich meine Umwege auch gelehrt, sie haben mich ein gutes Köfferchen an Erfahrungen und Erkenntnissen packen lassen und meine Persönlichkeit weiter geformt. Sie haben mich stärker, teils sanfter, klüger und milder werden lassen. Aber erst ab dem Punkt, an dem ich selbst begriffen habe: Es war keine vergeudete Zeit, länger zu brauchen, um mich selbstständig zu machen, verschiedene Städte und Jobbereiche auszuprobieren. Wenn es etwas war, dann der Luxus, dass ich das machen durfte. Denn vieles davon bedeutete, mich in wunderbar wilde Abenteuer zu schmeißen. Eine Währung für gutes Leben in meinem inneren Land. Nicht zuletzt auch jobtechnisch.

Vergleichen killt den Vibe

Ich öffne *LinkedIn* und schon wird mir manchmal schwindelig vor lauter fancy Berufsbezeichnungen und Titel-Tollheit. Ich hingegen komme mir dann läppsch vor. Bist kein Teamlead, bist nicht CEO, bist nicht voll steil in Unternehmen xy gegangen. Und wieder taucht der Vergleich, du kleine Mistpocke, hier auf. Manchmal schüchtert es mich ein, dann kommt es mir vor, als könne ich von allem ein bisschen, aber nichts richtig. Dann stelle ich mir selbst ein Bein, so habe ich sogar schon einmal einen Auftrag abgesagt, den ich mir nicht zutraute. Nur um hinterher zu merken: Alter, das hätte ich sogar besser gemacht als das, was anschließend herauskam. Aber meine Sorge, dass ich das gar nicht richtig könne, weil ich mich eben nicht seit Jahren zum absoluten Profi auf einem ganz eng zugeschnittenen Feld entwickelt habe, war größer. Dann würde schließlich auffliegen, dass ich eigentlich nur an der Oberfläche kratze – säuselte es in mir. Impostor-Syndrom at its best. Und das, weil ich mich mit Menschen verglich, die die klassische Karriereleiter hochkletterten und „effiziente“ Steps machten, während ich gefühlt jahrelang tingelte.

Es ist eine Geschichte, die ich mir über mich selbst erzählte – abgeleitet von den Maßstäben, die gemeinhin als erfolgreich gelten. Wie oft war der Satz in meinem Kopf: „Warum hast du nicht schon früher … !“ Bis ich irgendwann selbst so abgefuckt von dem ständigen Vergangenheitsdenken und meinen angeblichen Fehlentscheidungen war und beschloss: Ich möchte nicht weiter danach leben, dass mein beruflicher Erfolg einer Schablone folgen muss. Wie auch im Privatleben kann es verschiedene Erfolgsrezepte geben, wenn man überhaupt in Erfolgen messen möchte.

Ein*e Spezialist*in ist ebenso wertvoll wie ein*e Generalist*in. Und Titel sagen noch lange nichts über wirkliches Können aus. Ich weiß noch, wie geil es sich anfühlte, als ich das erste Mal richtig geschnackelt habe, dass all das, was ich den letzten Jahren in einen Topf geworfen habe und das, wo ich mich eingearbeitet, reingeschnuppert und neu erfunden habe, gerade zu einem ganz wichtigen Ding wird, das mich ausmacht. Das ist meine Nische. Gepaart mit meiner Fähigkeit, Menschen ganz gut abholen zu können. Diese Erkenntnis fühlt sich nach Erfolg an. Und damit geht es straight in Richtung finanzielle Unabhängigkeit mit der Gewissheit: Ich setze auf verschiedene Pferde. Was ich mir lange selbst als nicht konsequent, nicht durchdacht auslegte, entpuppt sich plötzlich als ein Berufsweg, den ich vor paar Jahren nicht für möglich gehalten hätte. Und siehe da, jetzt darf ich sogar ein Buch schreiben.

Das einzig wahre Problem: Bisher ist noch bei der Altersvorsorge Luft nach oben. Wir wissen ja, dass gerade bei Frauen Altersarmut ein echtes Thema ist. Leider. Aber das steht als nächstes auf der Agenda, da mal ordentlich anzuziehen.

Mein Wunsch: Zertrümmert die engen Zeitfenster und macht, was ihr wann machen wollt! Niemand muss mit Mitte 30 mit allem fertig sein, was sollen wir denn mit den hoffentlich Unmengen an restlichen Jahren alles so anfangen? Denkt nur daran, euch eure finanzielle Unabhängigkeit aufzubauen – ohne Spaß, das kann man jungen Frauen nicht oft genug sagen.

Vom Glück, offen zu bleiben fürs Leben

2020

Ich gehe in der Nähe meiner WG in Hamburg spazieren, umkreise mit Kopfhörern in den Ohren den kleinen Weiher. Zögerlich erzähle ich meinem langjährigen, mir sehr nahestehenden Freund, wie sich meine Gedanken überschlagen. Klar ist: Hamburg – so leid es mir tut – wird nicht mein neues Zuhause. Unklar ist aber noch immer, was es denn sonst wird. Vor wenigen Tagen war ich in Düsseldorf Freundinnen besuchen. Long story short: Sie gründen eine Bürogemeinschaft und haben mich gefragt, ob das nicht auch was für mich sei. Erst habe ich es verneint, weil es Düsseldorf ist und ich die Stadt, in der ich direkt nach der Schule studiert habe, als mögliches Zuhause null auf dem Schirm hatte. Doch jetzt freunde ich mich mit dem Gedanken immer mehr an. Und genau das alles erzähle ich meinem Freund. Auch Sätze wie: „Ja, aber da haben wir doch damals studiert und uns war klar, neee Düssi, wir werden nicht warm miteinander. Und überhaupt, ist das nicht voll der Rückschritt, wieder dorthin zu gehen, wo alles anfing?“ Mein Freund schmunzelt durchs Telefon. Dann sagt er etwas für mich total Ausschlaggebendes: „Na, manchmal ist eben Synchronizität da; die gibt dir und deinem Leben den Schubs in die richtige Richtung. Das sind die Momente, in denen sich alles kinderleicht fügt; ganz ohne Anstrengung scheint eines zum anderen zu kommen. Und Sinn zu ergeben.“ Er sollte Recht behalten. Nachdem ich die Entscheidung getroffen hatte, einen Neuanfang in Düsseldorf zu wagen, ging es auch irgendwie easy. Im Lockdown schaute ich mir genau eine Wohnung in Düsseldorf an, in der ich mich sofort so wohlfühlte, dass ich es mir total vorstellen konnte, alleine dort zu leben. Ein Novum für mich WG-Erprobte. Und diese Wohnung bekam ich auch. In Düsseldorf floss einiges und es glich nicht totaler Schwerstarbeit, mein Leben wieder auf Kurs zu lenken. Selbst mit Corona-Ausgangssperre und dem ganzen Pandemie-Chaos fühlte es sich ok an. Es fühlte sich nach dem richtigen Ort an und nach ganz viel Neubeginn mit spannenden Dingen, die in der Luft lagen. Verrückterweise sind viele Sachen von meinem Visionboard wirklich Realität geworden: Ich adoptierte endlich einen Hund, ich kam in meiner Selbstbeständigkeit zu neuen Ideen, ich konnte wiederum anderes loslassen. Ich lernte einen Mann kennen, der meine Hormone aus dem Winter- und Pandemieschlaf weckte. Ich bekam einen Buchvertrag. Ich will damit nicht sagen: „Ach guck, alles flutscht plötzlich, keine Sorgen mehr." Nein, natürlich blieben noch weitere riesige Fragezeichen und Sorgen und überhaupt. Aber ich spürte zum ersten Mal, wie sehr ich mich weiterentwickelt hatte. Ich war stolz und sah, wie ich mich immer mehr aus den Vorstellungen anderer befreite und stattdessen das anerkannte, was ich im Leben hatte. Es verblüffte mich, wie wenig innere Unruhe und Rastlosigkeit da waren. Dafür aber eine große Portion Vertrauen in mich und in meinen Weg. Etwas, das ich schon lange nicht mehr so intensiv gespürt hatte. Und ich begriff: Wenn wir es schaffen, die Enge der Narrative aufzubrechen, können wir über Wendungen des Lebens staunen. Wir erleben, wie sich eigenes Timing oft perfekt erfüllt, seinem eigenen Sinn folgt und somit unser Leben in einen natürlichen Flow kommen kann. Mir ist dabei wichtig, zu unterscheiden, was gesunde Betrachtungsalternativen sind und was „good vibes only" ist. Natürlich geht es nicht darum, alles schönzureden, was anders läuft als gewünscht. Vielmehr geht es darum, sich eine Enttäuschung oder Traurigkeit einzugestehen, aber sich nicht darin zu verlieren – angestachelt von besorgniserregenden Geschichten. Deswegen stärkt es mich total, mir selbst immer mal wieder ein Korrektiv zu geben und die Kehrseite zu betrachten, wenn wir die Erwartung loslassen, alles im Leben schon mit Ende 30 safe zu haben. Welche Vorstellung ich dabei superschön finde: Es braucht nur eine Sekunde, in der sich echt viel verändern kann. Fairerweise auch zum Guten: Der eine Moment, in dem du die Entscheidung triffst, in den Urlaub zu fahren und dort dann auf Menschen triffst, die zu tollen Freund*innen werden. Dieser Moment, wenn du einen echt fabelhaften Mann zum ersten Mal siehst und merkst, dass da etwas zwischen euch beiden ist und du spürst: Das kann eine tolle Geschichte werden (aber bitte nicht nur nach dem Happy End lechzen, sondern die ganze Storytelling-Reise genießen, Ende offen). Oder der Moment, in dem du einen Verlag entdeckst und die erste Nachricht für dein Buchprojekt rausschickst, das du im Kopf hast. Und so könnte ich das immer weiterspinnen. Oder wenn du auf der Straße ein Mädel mit einem Hund kennenlernst, der ebenfalls aus dem Tierschutz kommt, ihr euch anfreundet, sie dich zu einer Party einer Freundin einlädt und du plötzlich mal wieder einen Mann mit Date-Potenzial im Real Life kennenlernst – ganz ohne anstrengende Apps. Dann plötzlich fühlst du sie wieder, diese Teenager-Vibes, dieses ungezwungene Kennenlernen. All diese Dinge durfte ich in letzter Zeit erleben. Plötzlich fand ich mich bei Sonntagabend-Spaziergängen und Konzert-Einladungen wieder, weil es einfach gerade schön war, so ganz ohne Fahrplan und Erwartungen. Und das meine ich: Ich lerne immer weiter dazu, wie zauberhaft das sein kann, welche verrückten Wendungen mein Leben aktuell auf gute Weisen auch zwischendurch nimmt. Wenn ich aufhöre, mich zu hetzen, mich auf etwas zu versteifen, was ich erreichen muss. Einfach lebe und genieße und denke, dass alles in einen riesigen Sack an unbezahlbaren Erfahrungen wandert, die mich elektrisieren. Die mein Ding sind. So wie ich mich in meiner Festanstellung wie ein eingesperrtes Tier gefühlt habe, so hätte ich mich auch in einem die Erwartungen erfüllenden Lebensentwurf gefühlt, in dem mit Ende 20 schon alles abgehakt ist. Ich verstehe total, dass das manche Menschen mögen und brauchen. Aber ich habe gelernt, dass ich das nicht mag, weil es meinem Wesen nicht entspricht. Weil ich es erst nicht verstanden hatte, hat es mir riesige Angst gemacht und mich eine Weile verloren fühlen lassen. Aber hey, „trust the timing of your life" ergibt irgendwie voll Sinn.

Was alle eben aufgezählten Momente gemeinsam haben: die Kernaussage, dass es manchmal einfach berauschend toll sein kann, offen fürs Leben zu bleiben und von diesem richtig prall überrascht zu werden. Von Dingen, die du so vielleicht gar nicht auf dem Schirm hattest, die vor allem in deiner Kindheitsfantasie über dein Erwachsenenleben nie stattgefunden haben. Es kann sich lohnen, das „Oh Gott, da bin ich noch nicht“ umzukehren und etwas Positives daraus zu machen. Ich kann so auch oft das Schöne für mich sehen: Dass so wenig entschieden, aber so viel offen ist für all das Großartige, was das Leben zu bieten hat. Was auch immer das sein mag. Und plötzlich lichtet sich der Wachstumsschmerz etwas.

In einer dunklen, depressiven Phase bettelte ich förmlich meine Therapeutin an, mir einen Klinikaufenthalt zu ermöglichen. Was sie damals sinngemäß antwortete, kapierte ich lange nicht, heute aber schon: „Frau Klinge, Sie gehören mit ihren Problemen nicht in den geschützten Raum einer Klinik. Sie müssen hinaus ins Leben, sich ein Stück weit mit ihren Ängsten konfrontieren und das Leben finden, das Sie führen möchten. Sie müssen der Zukunft die Bedrohlichkeit in Ihrem Kopf nehmen.“ Wie recht sie hatte. (Wichtiger Hinweis: Das ist keine generelle Empfehlung bei Ängsten oder psychischen Problemen. Es war aber für mich die richtige Lösung. Daher ist es wichtig, sich bei psychischen Problemen an kompetente Therapeut*innen zu wenden.)

Lasst uns doch Raum schaffen für eine Pubertät außerhalb der Pubertät. Denn nichts anderes waren die letzten Jahre für mich. Eine Reifung zwischen Panikjahren und Selbstfindung. Mag sein, dass meine Hormone recht gut eingespielt waren, aber mein Geist, oh boy, mein Geist musste sowas von Chaos überwinden. Erschlagen von Entscheidungen: Was ist mir im Beruf wichtig? Kind ja oder nein? Wo möchte ich leben? Wie möchte ich leben? Welcher Mensch möchte ich sein? Passen wir zusammen? Ziehen wir zusammen? Wie kann das sein, dass die Freundschaft sich so verändert? Ich befand mich zwischen Jobkoller, Steuererklärungen und Nebenkostenabrechnungen und der großen Frage: Was kann ich so gut, dass ich mich damit selbstständig machen kann? Ich war torpediert von all dem Erwachsenenkram. Ein Coach sagte mal zu mir: „Du steckst mitten im Geburtskanal und das ist aktuell nur Anstrengung. Du steckst etwas fest und musst Unsicherheit auf so vielen Ebenen aushalten, das spannt die Nerven an." Irgendwie hatte sie recht. Rückblickend war es eine wertvolle Erfahrung und ich bin dankbar, all diese Hinterfragungen anstellen zu dürfen. Damals aber jagte mir diese große Offenheit einfach nur Angst ein. Eben weil uns eingeredet wird, dass wir den Masterplan bräuchten, den ich sowas von nicht hatte. Diese ganzen Fragezeichen waren immens wichtig für meine Entwicklung, weil ich etwas Entscheidendes gelernt hatte: Es geht immer weiter. Das Allerwichtigste ist, dass du dir deiner Fähigkeiten bewusst bist. Sowohl in deinen Beziehungen zu anderen als auch in Bezug auf deine Arbeit. Und eins ist gewiss: Die Welt macht sowieso, was sie will. In dieser Erkenntnis bestärken mich meine Mutter und mein Vater seit Jahren. Konnte ich das erst nicht sehen, habe ich nun verstanden: Die beiden sind mir mit ihrer Flexibilität, mit ihrem Mut zum beruflichen Neuerfinden und ihrer Gelassenheit Vorbilder, die insbesondere meine Selbstständigkeit sehr beeinflussen. Niemand rückt mir den Kopf bei Existenzangst besser zurecht als Mama und Papa, deren berufliche Wurzeln in der immerwährenden Bewegung liegen. It's a wrap!

Und was ist mit der Angst?[127]

Die ist immer mit dabei. Mich auf meinen Weg zu machen, schnippte nicht einfach meine Angstproblematik weg. Natürlich sind das zwei verschiedene Dinge. An meinem Weg kann ich erkennen, wie der Erwartungsdruck der Angst Auftrieb gegeben hat. Meine gelernte Verknüpfung von Sicherheit ist gleich Kernfamilie und die drohenden Narrative über einsame, ältere Frauen und verpasste Karriere-Züge haben mich gegen die Zeit laufen lassen. Ich regenerierte nicht mehr, betrieb Raubbau an Körper und Seele. Bis ich lernte, mich selbst zu regulieren. Mit Wissen, mit Reinfühlen und mit Auflösen von Geschichten, die ich mir über mich selbst und das Leben erzählte, weil andere sie so erzählten. Als ich damit begonnen habe, Dinge offen zu lassen, sie nicht auf dem Weg schon zu Ende zu denken und somit lernte, umzudenken, drosselte ich den Druck, der mir zu schaffen machte. Und pfiff damit auch die Angst etwas zurück. Zeigte ihr ihr Plätzchen in meinem inneren Zuhause. Dort darf sie mich heute warnen. Die Angst avancierte zu meinem Gradmesser, wie gut ich mit mir selbst verbunden bin. Sie spiegelt mir, wie es gerade um meine Sicht aufs Leben bestellt ist. Ist die scheiße, poltert sie los und sagt: „Kümmer dich drum!“ So haben wir jetzt unseren Deal gefunden, die Angst und ich. Sie zeigt mir, wenn es zu viel ist, wenn etwas nicht mit mir resoniert. Sie möchte mich beschützen, wird allerdings bei zu viel Aufmerksamkeit größenwahnsinnig. Daher liegt für mich der Schlüssel in meinem Umgang damit: Ich akzeptiere, dass sie da ist, will sie nicht mehr hart bekämpfen, betrachte sie als meinen Wegweiser. Denn die Angst ist ein Symptom. Sie zwingt mich zum Hingucken, was sich hinter etwas verbirgt, wenn sie wieder massiv zum Vorschein kommt. Unerfüllte Bedürfnisse, Glaubenssätze, die die Richtung lenken – alles das kann sich darin äußern, dass ich fahrig werde und Angstzustände auftauchen. Elementar dafür ist, mir den Druck zu nehmen, allgemeingültige Stationen im Leben erreichen zu müssen, um irgendjemandem irgendetwas zu beweisen. Und mich zu sehr auf ein Ziel zu versteifen. Denn meist reicht es, zu wissen: Ich habe Kräfte, ich habe Fähigkeiten und ich bin resilienter als ich dachte. Ich vertraue meiner Intuition. Und dem Timing meines Lebens. Ich lasse meine Ängste da sein. Aber ebenso auch Mut und die Neugier, was das Leben sonst noch so in petto für mich hat, wenn sich vielleicht ein Wunsch nicht erfüllt. Die Gewissheit, dass wir immer beides in uns tragen – Angst und Mut – finde ich enorm tröstlich.

Während ich mich für dieses Kapitel noch einmal durch meine alten Notizbücher arbeite, lese ich einen Satz von mir von vor drei Jahren: „Ich habe mein Bild von mir nicht erfüllt und das macht mich traurig." Ich meinte damals die Klassiker: Hochzeit, Kind, Haus, finanzielle Absicherung durch eine stringente Karriere. Ui. Diese Annahme über mein Erwachsenenleben als einzig richtigen, erfolgreichen Weg zu sehen, war meilenweit weg von Selbstregulierung.

Heute muss ich fast schmunzeln: Ich konnte damals noch gar nicht sehen, was noch alles möglich ist und wer ich werden kann. Mit mehr Weite im Denken mischen sich auch die Karten neu. Und das kann richtig cool sein.

Vom Wellenreiten

Dating – zwischen Halligalli, Verknalltheit und Dystopie

Dating-Apps und ich: eine Hassliebe. So geht es, glaube ich, recht vielen Menschen. Doch in Ermangelung an Alternativen – nicht nur in pandemischen Zeiten – ist es ohne sie kaum noch möglich zu daten. Also springe ich immer wieder rein in den Dating-Dschungel. Zwischen perfektem Lebenslauf, der Suche nach dem idealen Weibchen zur Sofort-Familiengründung und schrägen Bindungsproblemen im Land des Wischens – von verrückt bis supergut war da schon viel dabei. Aber ein großes Problem zeichnet sich beim Daten ab: die Romance Gap, denn Dating ist nicht gleichberechtigt. Die Dating-App *Bumble* hat den Begriff geprägt. Die App, in der Frauen den ersten Move machen müssen, hat eine Studie durchführen lassen: Darin gab die deutliche Mehrheit (74 Prozent) an, dass es beim Daten und in heterosexuellen Paarbeziehungen unterschiedliche Erwartungen und erwartete Verhaltensweisen gibt – abhängig vom Geschlecht. Zwischen Erwartung und Realität klafft eine gewaltige Lücke: die Romance Gap.[128] Warum das ein Problem ist: Naja, weil Geschlechterklischees nie etwas Gutes sind. Und weil dadurch, oh Überraschung, Druck erzeugt wird und Menschen sich beim Daten teils verstellen, um nicht direkt durchs Erwartungsraster zu fallen.

Im Übrigen trifft das auf weiblich gelesene und (!) männlich gelesene Menschen zu. Diese Geschlechterdynamiken machen es schwer, authentisch und gleichberechtigt zu daten und gesunde Beziehungen zu führen. Hand aufs Herz: Hast du dich nicht auch schon mal gefragt, ob du dich uninteressant machst, wenn du dich jetzt bei ihm meldest? Weiteres Beispiel: 52 Prozent der Befragten gaben an, von Männern zu erwarten, den ersten Schritt zu machen – sowohl beim Date als auch beim ersten Kuss. Nur 8 Prozent erwarten das von einer Frau. Oh boy. Und 33 Prozent der Frauen haben sich bereits anders verhalten, nur damit sich das Gegenüber bei einem Date oder in einer Beziehung überlegen oder wohler fühlt. Da hat eine gleichberechtigte Beziehung echt schlechte Karten.[129]

Die Romance Gap merke ich aber beispielsweise auch daran, dass einige Männer einer Frau mit Mitte 30 unterstellen, dass sie ja sofort jetzt bestimmt einen Ring am Finger oder direkt schwanger werden wolle. Vor kurzem stolperte ich über eine *Tinder*-Bio, in der der Dude Folgendes mitteilte:

„Für Frauen über 30: Ich bin Arzt und will eine Familie gründen, mit Haus, Hund und Garten.
Für Frauen unter 30: Ich bin Welpenzüchter, Influencer und habe einen Riesenpenis.“

Ok, Junge. Wow.

Oder aber ich checke die Romance Gap bei den Männern, die für mich ab einem gewissen Alter die Züge abgefahren sehen. So sagte ein Typ mal zu mir, als ich mit „Ja" auf die Frage antwortete, ob ich mir ein Kind vorstellen könne: „Ach schön, dass du trotzdem noch davon träumst." Ok, ich wusste gar nicht, dass der Drops mit 36 schon gelutscht sein muss. Er war genauso alt wie ich, stellte es für sich selbst aber nicht so spürbar in Frage. Ein weiteres Indiz für die Geschlechterrollen beim Daten ist, dass ich in der Tat mehr als einmal die Erfahrung gemacht habe, dass ein Mann darunter leidet, erfolgreicher sein zu müssen als ich. Stereotypische Klischeescheiße. Haufenweise. Aber auch diese Geschichten schwirren – wie die Studie zeigt – noch immer in vielen Köpfen herum und wir haben noch einiges vor uns, um uns dieser trennenden Denke ganz zu entledigen.

Wie auch *Bumble* feststellt, sind diese Normen nicht fair und ich finde es so wichtig, diese endlich zu hinterfragen. Weil es so viel mehr Echtheit und Freiheit für alle Menschen bedeutet, ganz ohne den Zwang, eine Rolle spielen zu müssen, um besonders männlich oder besonders weiblich rüberzukommen. Wir haben sehr eingefahrene Vorstellungsrepertoires für Männlichkeit und Weiblichkeit – innerhalb dieser Repertoires sollen sich die entsprechend gelesenen Menschen bewegen. Zweigeschlechtlichkeit mit klar definierten Rollen, die eher grotesken Konstrukten ähneln als menschlichen Zügen. Da sind wir wieder bei den Normen, die sich unterbewusst auf unser Denken und Handeln auswirken. Darauf, was wir von Partner*innen erwarten, und darauf, was wir sexy finden und was nicht.[130]

Online-Dating-Case Study

Ich sag mal so: Ich bin Dating-Plattform-erprobt. Gerade heute – als ich dieses Kapitel schreibe – habe ich eine Dating-App von meinem Handy und meinen Account gelöscht. Einfach weil die App eher dem Vorhof zur Hölle gleicht. Es bewegt sich dort zwischen langweilig und gruselig, mit guter Prise Verzweiflung.

Online-Dating ist auch echt aufwendig, es ist fast schon ein Job. Profil up-to-date halten, sondieren, fancy Opener überlegen, die leicht und interessant sind, schreiben und immer wieder den gleichen Sermon von sich selbst wiedergeben. Eventuell mal telefonieren, wenn das Geschreibsel den Spannungsbogen dazu aufbaut. Treffen als nächsten Schritt. Jetzt kommt der Pitch, gute ein bis zwei Stündchen, um euch gegenseitig zu präsentieren. Und dann kann es passieren, dass es richtig Puff macht und die Blase der Imagination platzt. Krasses Problem beim Online-Daten: Wir kreieren uns durch ein kuratiertes Profil, durch Schreiben und Telefonieren oder Sprachnachrichten einen Menschen, den es vielleicht gar nicht gibt. Denn manchmal klaffen die reale Erscheinung und das Produkt unserer Imagination auseinander. Dann wird's kurz traurig, weil wir uns von einem Menschen verabschieden müssen. So ist es mir letztens genau so wieder passiert. Und wir beginnen wieder mit der ganzen Chose von vorne. Daher oberste Regel: echt nicht zu lange schreiben. Weil es ja richtig doof ist, den Kontakt zu einem Menschen zu vermissen, den wir uns nur zusammengefriemelt haben in unserer Vorstellung.

Anderes Szenario: Ich habe ein voll gutes Bauchgefühl, wir sehen uns, es knistert wie sau. Wir sind uns sofort einig über die Bierauswahl, wir unterhalten uns, er sagt viele richtig gute Dinge und ich fühle mich echt angezogen von ihm. Was, wenn man den Blicken und dem magischen Zusammenrutschen traut, wohl auch auf Gegenliebe beruht. Während in mir schon wieder das *Barbie* spielende Kind beginnt, wegen eines möglichen Happy Ends zu jubeln, ich es aber liebevoll wieder auf Kurs bringen kann, fällt ein Satz aus seinem Mund, der die Situation verändert. Er ist in einer offenen Beziehung. Aha. An sich gar kein Thema, you do you. Aber es wäre einfach cool gewesen, das vorher zu wissen, weil ich nicht auf bloßen Sex aus bin. Was aber in diesem Konstrukt mein Part wäre. Gerade braut sich eine Welle der Enttäuschung in mir zusammen und ich will schon gehen, weil etwas in mir kurzzeitig ins alte Muster fällt, was Männer nach potenziellem Boyfriend-Material abklopft. Doch ich entscheide mich für etwas anderes – auch wenn es klar ist, dass das zwischen uns schon beendet ist, bevor es angefangen hat, weil wir aktuell ganz Unterschiedliches wollen. Ich bleibe. Und wir unterhalten uns. Darüber, was ihm in seiner vorherigen Beziehung gefehlt hat, warum er mit der neuen Partnerin die Beziehung geöffnet hat. Wie sich das bisher für ihn anfühlt. Und darüber, dass wir gerade an total unterschiedlichen Punkten stehen: Ich bin seit einiger Zeit Single, er ist bis vor einem halben Jahr in einer achtjährigen monogamen Beziehung gewesen. Ich erzähle ihm, dass sein Reiz von unverbindlichem Sex, von Abenteuer-Möglichkeiten & Co. nicht das ist, was mich gerade anmacht. Denn ich finde genau das Gegenteil reizvoll: exklusives Sich-füreinander-

Entscheiden. Tiefe Verbindung auf allen Ebenen. Nur mit diesem einen Mann. Wirklich Lust haben, sich für diesen einen Menschen zumindest für die nächste Zeit zu entscheiden. Wir gehen noch drei bis fünf Alt trinken und ich habe richtig viel Spaß. Und siehe da, ich bin auf einem Date, ohne einen Zweck zu verfolgen, einfach nur für Horizont-Erweiterung und amüsante Altverkostung.

Der Abend gehört definitiv zu den guten Dates. Aber das Ding ist: Je öfter ich auf Dates gehe, desto weniger kommen sie mir in letzter Zeit wie Dates vor. Von aufregenden Abendverabredungen zu einem schnellen Kaffeespaziergang in der Mittagspause – Treffen, die in Sachen Nüchternheit einer Immobilienbegutachtung in nichts nachstehen. Dann merke ich, dass ich eine Pause brauche. Weil es mich langweilt und gleichzeitig anstrengt. Und das soll es beides nicht. Hatte ich Phasen, in denen ich rund zwei Jahre nicht gedatet habe als Single, gab es auch Phasen, da fühlte es sich schon fast nach einem Dating-Burnout an. Vor allem während der Pandemie. Ich konnte nämlich da an mir beobachten, wie zum einen Dating-Apps während Corona für mich plötzlich das Ding zur Außenwelt wurden. Die Highlights der Tage waren mehr als überschaubar, eine Schreibroutine mit einem Match über mehrere Tage hatte für mich schnell etwas von einem Energizer – ein Heiliger Gral beim Zuhausesitzen, der den Fokus verschieben konnte. Zeitgleich sind die Apps aber bekanntermaßen ein Eldorado der Unverbindlichkeit – Ghosting, Benching, Orbiting – die Art und Weise, wie man unschöne bis schmerzhafte Erfahrungen in diesem Sammelbecken machen kann, ist beachtlich einfallsreich. Der Umgang auf Dating-Apps kann rau sein, Ablehnung und Enttäuschung gehören dazu, das sind die Spielregeln. Und dennoch habe ich in der Pandemie gemerkt, wie ich an meine Grenze kam. Weil ich mich irgendwie im Dating-Game verheddert hatte. Riss ein Schreibkontakt plötzlich ab, schmetterte mich das wieder zurück in die Lockdown-Realität und ritzte auch in meinem Inneren etwas auf. Plötzlich gab es so viel zum Aushalten und so wenig zum Ablenken. Wo ich sonst sagen konnte: Ok, hat nicht gepasst, weiter geht's, stand ich vor einer inneren Leere und vor massiven Selbstzweifeln. Plötzlich fehlten die Bewältigungsstrategien, um diese Erfahrungen zu verpacken, während die Bedürftigkeit nach Aufmerksamkeit und Austausch stieg. Eine nicht ganz unheikle Kombo. Freund*innen sehen, Dinge unternehmen – alles gestrichen. So kannte ich mich nicht. In meiner Singlezeit date ich gerne phasenweise, mag es auch total, zwischendurch zu keinem Mann zwingend Kontakt zu haben. Mit dem zweiten Lockdown ergriff aber eine monsterartige Unruhe von mir Besitz, die mich wild hat wischen lassen in sämtlichen Apps. So wenig Input, so wenige Sozialkontakte, so weit weg von meinem eigentlichen Leben und so nah dran an der Sorge, mir liefe die Zeit weg – back in the game. Je mehr ich wischte, umso mehr kam ich mir süchtig vor und umso stärker habe ich mich durch jedes aufgelöste Match, jede ausbleibende Antwort in meinem Selbstwert angegriffen gefühlt. 3, 2, 1 – Bestätigung, bitte her damit! Auch wenn ich den Schreibkontakt teils selbst beendet hatte, ließ mich jede zerplatzte Blase leerer fühlen, ausgelaugter vom ständigen Neuanfangen, vom Fragen, von Bewertungen und vom Bewerten.

Zwei Gedanken dazu: Erstens war diese Fokusverschiebung ungesund, aber der gewohnte Ausgleich aus Freundeskreis treffen, volles Leben leben und Dating war nicht mehr möglich. Daher hatte es in träger Langeweile eine berauschende Wirkung: so schnell mit so vielen verschiedenen Menschen zu schreiben, zu telefonieren, mit Thermoskanne bepackt die Region auf Abstand abzuspazieren, wenn es der Gesprächsfaden vorher hergab. Ich habe für mich erkannt: Die Dosis macht das Gift. Mein persönliches Mantra fürs Online-Dating: üben (yes, denn man lernt auch sich selbst immer besser kennen und das, was einem wichtig ist, klar zu kommunizieren) und immer wieder pausieren dazwischen. So bleibe ich mehr bei mir und kann mich immer, wenn ich Lust habe, wieder in die Flirtgefilde wagen. Daher: Auf die Achtsamkeit beim Online-Dating!

Und zweitens: Was ist das Ziel? Getrieben von dem Erreichen des Goals gehen wir ans Daten. Es folgt oft dem Zweck, in einer Beziehung zu landen. Oder aber zumindest in etwas, das mit Körperkontakt zu tun hat. Das macht es so zu einem Pitch. Und das ist irgendwie doof. Ich habe gelernt, dass es manchmal auch cool sein kann, einfach erwartungslos zu daten. Neue Menschen, gute Gespräche, neue Orte. Die Freiheit auszuleben, die wir als Singles haben. Ganz ohne süchtige Suche. Ich finde, dass es auch hilft, nicht in die Erzählweise der suchenden Frau abzudriften. Denn die Geschichte „weiblicher Single“ hat immer eine suchende Konnotation.

„Männlicher Single" hat oftmals etwas von Lebemann, der das Momentane genießt. Coolen Single-Dudes klopfen wir auf die Schulter, nichts anbrennen zu lassen und so. Frauen, die Single sind, raten wir, der Richtige käme schon noch. Abweichungen in beide Richtungen sind aber möglich. Darüber können wir jetzt meckern. Oder aber das Gegenteil leben und jedes Date ganz offen ohne Suchambitionen angehen. Es ist völlig legitim, zu suchen, wenn du wirklich gerade den Herzenswunsch einer festen Partnerschaft hast. Aber es kann zwischendurch auch ein erfrischendes Gedankenexperiment sein, um nicht zu viel Frustration im Dating-Game zu entwickeln und sich dann doch den Schuh der traurigen Frau, der ein bisschen Glück fehlt, anzuziehen. Action is the key, baby!

Es ist also so: Sooo easy, wie es uns die Mehrheit verkaufen möchte, ist es gar nicht, eine Beziehung zu führen. Zumindest, wenn diese erfüllend, gesund und voll verknallt sein soll. Und das ist an sich nichts Schlechtes, sondern oftmals ein Entscheiden für sich selbst, was aber wenige honorieren.

Wie das in der Realität gerne mal klingen kann:

2021

Kurzer Besuch in der Heimat. Und als kleines Smalltalk-Thema mit einem entfernteren Familienmitglied dient mal wieder die Frage nach den Männern. Dicht gefolgt von der Feststellung „Du bist auch vielleicht zu anspruchsvoll" und dem Evergreen: „Ja gut, in deinem Alter ist es jetzt auch schwierig, einen Mann zu finden." Man bekommt ja Übung. Daher kann ich mal mit ein bisschen

Keckheit droppen: „Naja, das sehe ich nicht so. Wobei, ich es mir recht überlege: Doch, ich bin anspruchsvoll. Ich habe den Anspruch, mich richtig zu verlieben und wirklich mit diesem Mann zusammen sein zu wollen. Nicht einfach nur, damit jemand da ist. Sondern, weil ich das Wir volle Kanne will. Darunter mache ich es nicht, dafür liebe ich meine Ungebundenheit als Single viel zu sehr." Und zur Panikmache, dass ab Mitte 30 die Männer ausgehen: „Nope, auf den Apps tummeln sich viele Männer Ende 30, die noch nicht verheiratet waren und/oder Vater sind. Oder getrennt oder geschieden sind." Ding, ding, ding … wie war das jetzt mit dem festgeschriebenen Happy End nochmal?

Fakt ist nun mal, dass es nicht schwieriger ist, mit Mitte 30 einen Mann zu finden, weil es kaum mehr Auswahl gebe und ja „alle guten vom Markt sind". Es ist schwieriger, weil wir reifer sind, mehr verstehen, was wir wollen und was nicht. Weil wir unsere Persönlichkeit mehr geformt haben und eben die matchende Schnittmenge, die für eine erfüllende Beziehung in Frage kommt, dadurch schlichtweg kleiner ist. Ein sich viel besser anfühlender Aspekt, oder? Weil er dir vor Augen führt, dass du mehr verdient hast, als irgendeinen Deckel zu bekommen. Ist übrigens auch approved von meiner Therapeutin. Ab jetzt lass dir nicht weiter einreden, du seist zu anspruchsvoll! Und erst recht nicht, dass du als Single Mangelware seist, halb oder was auch immer.

Fallstrick-Fail

Jetzt denkst du vielleicht: „Alles klar, jetzt hat sie den richtigen Weg auf der Kette." Ja, das dachte ich auch. Aber Fehlanzeige. Als ich der Annahme war, dass endlich alles richtig rund für mich in Düsseldorf liefe und ich mich aus blöden Erwartungen befreit habe, kam ein ziemlich fetter Dämpfer. Einer, den ich selbst nicht habe kommen sehen. Emotional ziemlich abfuckend und auch unschön den Spiegel vorhaltend: Ich wurde nämlich erneut verlassen. Und ich gebe ehrlich zu, es fühlte sich sowas von anders an als bei Trennungen in jüngeren Jahren. Warum? Weil der Liebeskummer auch eine Torschlusspanik mit im Gepäck hatte. Dieses Wort schreibe ich echt zähneknirschend, weil es all das in sich trägt, was ich so superbescheuert finde. Ich war mindestens enttäuscht von mir selbst, wenn nicht sogar fast erschrocken, dachte ich doch, ich sei weiter mittlerweile. Ich hätte mich endlich aus den Erzählungen emanzipieren können. Aber Pustekuchen, Singlesein mit fast Ende 30 hat mich nochmal voll tief eintauchen lassen in all meine Ängste. Nun, so läuft Wachstum und Heilung wohl – nie linear, immer mit Rückschritten, die uns auffordern können, auch mal Fünf gerade sein zu lassen. Mit Mitgefühl für uns selbst. Jo, und dann haut es uns nochmal alles um die Ohren. Und du denkst dir jetzt vielleicht: „Och nee, nicht schon wieder." Und ich kann dir sagen: Das dachte ich mir auch. Aber hey, das Leben ist ein immerwährender Prozess aus

Wows, Uffs und Lernen. Willst du meinen Fallstrick-Fail lesen? Here we go!

2021

Sein Blick wirkt gehetzt, fast rasend als er so neben mir auf dem Sofa sitzt. Die Worte „Ich kann das nicht" schwellen zu einem raumausfüllenden Etwas an, das mich fast umwirft. Und durch die Taubheit hindurch schwuppst ein Gedanke in meinen Kopf: „Ouh. Jetzt wieder von vorne anfangen. Jetzt wieder deiner Frauenärztin erklären, dass da doch keiner mehr ist und aus ihrem Blick ablesen, dass die Kinder-Kiste eng werden könnte. "

Alter, Jenny, ernsthaft jetzt!? Du wurdest gerade verlassen, sollte jetzt nicht der Schmerz darüber größer sein?! Können wir nun erst einmal versuchen, das Herz zu flicken, bevor wir katastrophisieren und in alte Muster zurückfallen?!

Rückfälle: Tja, so kann's kommen, wenn ich mich unbewusst doch auf ein Ziel konzentriere und dabei gar nicht bedenke, dass es überall Unsicherheiten gibt. Ich dachte, dass ich jetzt verstanden hätte, worum es geht und hätte negative Glaubenssätze hinter mir gelassen. Dann wurde ich mit 36 plötzlich verlassen, nachdem ich mich das erste Mal wieder richtig geöffnet hatte seit einer Weile und das Gefühl spürte, mit diesem Mann Bock auf eine Zukunft zu haben. Ein tolles, ganz neues Gefühl für mich. Doch vorher machte es „boom". Plötzlich sah ich mich nicht nur mit Liebeskummer konfrontiert, sondern auch mit dem Trauern um eine Zukunft. Und mit erneuter plötzlicher Panik um Eizellen und Kinderwunsch und der Für-immer-allein-Nummer. Alles, worüber ich dieses Buch hier schreiben wollte, flog mir um die Ohren. Ich war einige Wochen nicht in der Lage, irgendwo wieder richtig Licht zu sehen und darauf zu vertrauen, auf dem richtigen Weg zu sein. Mein eigenes Timing schien mich zu verhöhnen. Dazu kam: Selbst meine jahrelang verbündeten und engsten Single-Freund*innen steckten plötzlich fast alle in Beziehungen, wurden schwanger, verließen die Stadt für Partner*innen und Familie und begannen, zu settlen. Im nahen Umfeld war ich plötzlich als Einzige Single. Komplett neu für mich, dazu richtiger Herzschmerz, Existenzängste und das Gefühl von emotionaler Einsamkeit im xten Corona-Winter. Ich fühlte mich so abgeschnitten von dem Leben aller anderen. Ich spürte noch einmal, wie sehr ein Lebensabschnitt zu Ende ging, in dem Freund*innen auch wie eine Familie ständig beieinander waren. In der Woche, in der mein Ex Schluss gemacht hat, brachte eine Freundin ihr erstes Kind zur Welt und eine andere erzählte mir, dass sie schwanger sei. Zwei Frauen, die seit über 20 Jahren in meinem Leben sind und deren Lebenswege oftmals sehr ähnlich zu meinen waren. Bis zu diesem Zeitpunkt. Und auch im restlichen Freundeskreis war viel los an Weiterentwicklung und Nestbau. Natürlich sind es noch Freund*innen, auf die meistens Verlass ist, aber die Zeit bleibt einfach gar nicht, sich so zu treffen wie früher – logistisch ist es auch nicht möglich, weil wir an verschiedenen Orten verstreut sind. Wo sonst wir miteinander ein Gefüge bildeten, bildeten nun fast alle meiner Freund*innen mit Partner*innen und teils Kindern ihr eigenes Gefüge. Ich war plötzlich bei keinem mehr selbstverständlicher Teil. Ich war immer mal zu Gast. Auf ein Treffen, ein Essen, einen Kaffee oder einen Abend. Aber wir teilten nicht mehr die Selbstverständlichkeit des Alltags. Diese Erkenntnis zusammen mit der Tatsache, dass mir gerade ziemlich auf dem Herzen herumgetreten wurde, tat weh. Und besorgte mich. Mehr als mir lieb war – ich war doch mit dem inneren Aufräumen schon so weit gekommen, jetzt holten mich die alten Ängste aus lange verinnerlichten Lebensvorstellungen wieder ein. Ich konnte nicht mehr unterscheiden, was Traurigkeit darüber war, diesen Mann nicht mehr in meinem Leben zu haben, und Melancholie darüber, dass sich so viel in meinem Leben verändert hatte. Und was Panik war, weil ich doch gar nicht so unabhängig war, wie ich dachte? Kann doch nicht sein, dass ich schon wieder in die Beziehung-macht-alles-besser-Falle getappt bin. Die innere Kritikerin hatte wieder richtig am Geschichten-Saft genascht. Sich maßlos volllaufen lassen und mich mental mit miesen Stories über mein Versagen, übers einsame Altwerden und Kinderlosigkeit, die ich schmerzlich bereuen werde, in die Knie gezwungen. Es wirkte wie eine Drohung, nicht wie ein alternativer Lebensentwurf, der auch Spaß machen kann. Plötzlich kamen die Panikattacken zurück. Es war so plötzlich, so überraschend und riss die Vorstellung von der Zukunft mit sich, die sich auf einmal mit diesem Mann in meinem Leben aufgebaut hatte. Ja, es hätte richtig schön werden können. Aber dazu gehören zwei. Mit etwas Abstand sehe ich auch, dass ich unbedingt wollte, dass es funktioniert. In mir rumorte aber schon vorher etwas: mein Bauchgefühl – es funkte schon eine Katastrophenwarnung, die Antennen nahmen Bindungsunsicherheit und einen großen unbearbeiteten Rucksack auf der Gegenseite wahr. Doch auch diese Mär-Falle nahm ich mit: Die weichherzige, liebevolle Frau kann den Mann retten, kann ihm helfen zu heilen, kann ihn mit ungekannten Gefühlswelten auf den richtigen Weg führen, auf dem er sich geborgen und gut fühlt. Aber sichi. Not.

Was ich konnte: mich so sehr verausgaben, dass ich mich erst einmal selbst wieder zusammenbasteln musste, als er weg war. Weil: Nachdem ich nämlich für mich begriffen hatte, dass es nicht nur um mein Aussehen ging, machte ich es plötzlich absurderweise zu meiner Top-Eigenschaft, verständnisvoll zu sein, immer zuzuhören und zu schauen, wie ich in anderen gute Gefühle kreieren kann. Ein gefährliches Unterfangen. Und absolut nicht mein Job. Aber da wären wir wieder dabei: Die romantische Beziehung wird so hoch gehangen, dass man zu manchem bereit ist, nur um sie nicht sterben zu lassen. Wenn ich das so lese, könnte ich mir selbst mit der flachen Hand gegen die Stirn klatschen. Ich möchte es ganz *Sex & the City*-like ausdrücken. Ich kam nicht umhin, mich zu fragen: War es wirklich dieser Mann, den ich an meiner Seite wollte oder hat sich die Angst vor den Mitte-30-Single-Geschichten wieder per Schlupfloch in mein Inneres gesneakt?

Die Suchtfaktoren in der Liebe

Und auch wenn ich schon einige Breakups hinter mir habe und weiß, dass Liebeskummer nun mal kein Pappenstiel ist – in diesem Fall habe ich die volle Wucht der Sucht gespürt.

Denn da spielen verschiedene Faktoren mit rein:

1. Trennung ist wirklich wie Drogenentzug. Ob Liebeskummer oder kalter Entzug – in unserem Körper gehen vergleichbare Vorgänge ab. Wir bilden uns nicht nur ein, rasend zu sein, wir sind es, wenn wir richtig leiden. Unsere Biochemie funkt einfach Stress ohne Ende.[131] Suchtwucht par excellence.

2. Dieser Faktor ist aber eine Sucht, die im Mindset entsteht. Nämlich die Sucht nach romantischer Liebe und AMEFI („Alles mit einem für immer"). Und diese Sucht ist internalisiert, hart einzementiert und kann aus selbstbewussten Frauen mit erfüllenden Leben verunsicherte Mädchen machen, die sich ungewollt fühlen. Damn! Aber es ist verdammt nochmal auch unsere Verantwortung, uns selbst aus dieser Sucht zu befreien und uns nicht zum Opfer zu machen. Vor allem: Es definiert nicht unseren Wert, in einer Beziehung zu sein.

Es brauchte eine Zeit, bis ich wirklich begriff, dass ich mit jemandem zusammen war, der tiefgreifende Beziehungsängste mit sich schleppte, der mit Love-Bombing zuerst ein Gefühl von Leidenschaft und „Wir haben uns endlich gefunden" kreierte, bis ihm die Puste ausging und seine Unsicherheit und Angst ihn mit Kälte überzog, sobald ich ihm zu nah kam. Der seinen ganz eigenen Kampf mit tradierten Geschlechterrollen und dem eingetrichterten Männlichkeitsgedöns führte. (Ja, einige Männer leiden unter dem Patriarchat, fühlen sich in Rollen reingepresst, stehen unter Druck.) Und ich begriff, dass das wirklich sein Thema war, nicht meins. Zu bemerken, dass ich so an dieser Beziehung festhalten wollte, dass ich so sehr die Anerkennung von einem Menschen wollte, hat mich wirklich das Größere durchblicken lassen: Dass ich mehr Angst hatte, mit 36 wieder Single zu sein, als in einer Beziehung zu stecken, in der meine Bedürfnisse null gesehen werden. Als mit einem Mann zusammen zu sein, der mich emotional einfach nicht so behandelte, wie ich es verdient habe. Und dabei wäre es an mir gewesen, zu gehen. Dafür, dass ich es nicht getan habe, schäme ich mich manchmal sogar ein bisschen. Dachte ich, ich sei längst eine toughe Frau, die weiß, was sie will, musste ich auf die harte Tour erkennen, dass ich zu einem Naivlein mutierte, das hoffte, einen Mann von sich überzeugen zu können, der eigentlich gar nicht zu ihm passte. Weil ich für eine Weile wieder selbst die Geschichte glaubte: Mitte 30, weiblich und Single sei ein Härtefall – und dieser wollte ich nicht sein.

Der Domino-Effekt

Da ich nicht das Beziehungspaket bekam, suchte ich das berüchtigte Stattdessen. Wir erinnern uns, dass Singles aus Sicht der anderen ja immer eine Einordnung brauchen. Ich besann mich auf alles Berufliche und versuchte, damit meinen verletzten Stolz zumindest zu betüdeln, aber genau das Gegenteil war der Fall. Wie Dominosteine fielen verschiedene Bereiche meines Lebens durch meine strenge Bewertung um. Die Leier aus „Ja toll, was hast du denn bisher geschafft, was kannst du denn vorweisen mit

36?“ betäubte meine Ohren. Ich nervte mich mit meinem Selbstmitleid, mit meinem beschissenen Blick auf mich selbst. Ich erklärte meine Karriere für gescheitert, befand meine Entscheidungen für falsch, Düsseldorf für falsch, Else-Adoption für falsch, Selbstständigkeit für falsch. Weil ich krampfhaft insgeheim ein Dafür-habe-ich-aber-das vorweisen wollte, um die Schmach des Verlassenwerdens zu lindern, kippte im Endeffekt alles. Ich scrollte mich durch *Instagram* und beobachtete das Leben anderer inmitten von Urlauben, Boss-Moves, Baby-Moon, Kurzausflügen und so weiter. Und ich sah für mich nur Liebeskummer, Trostlosigkeit und finanzielle Sorgen, hatte ich doch gerade mental absolut keine Kapas, mehr Jobs anzunehmen, da ich nun auch Zeit erübrigen musste, um dieses Buch zu schreiben. Außerdem fühlte ich mich allein. Um immer wieder zu bemerken, dass ich es dennoch nicht war. Bei allem fragte ich mich, ob ich überhaupt dieses Buch schreiben könne, denn ich bekam es zu dem Zeitpunkt selbst sowas von gar nicht hin, mich nicht zu vergleichen und auf mein Leben und Timing zu vertrauen. Doch ich verspreche hier ja kein Allheilmittel, ich möchte vielmehr darauf aufmerksam machen, mit den eigenen Rückschritten ehrlich umzugehen. Denn es darf alles sein, weil es ein fucking Prozess ist. Den giftigen Stachel können wir uns zwar ziehen, aber das Gift der ganzen Geschichten vom richtigen Leben ist nun mal tief gesickert und beschert uns Ängste als auch Filter, die unsere Selbstwahrnehmung stören, und Stress. Die Tatsache, dass ich mentale Muskeln aufbaue, auch wenn ich zurückflitsche in dunkle Gedankengefilde, beruhigt mich. Ich weiß, dass ich mich da schneller wieder rausholen kann, weil mein Handwerkszeug das Verstehen ist. Aber dazu gehörte auch, diese ganzen Gefühlswelten mal ordentlich hochkochen und durch mich durchfließen zu lassen, um viel Scheiße aus Hirn und Herz auszuspülen. Ich setzte mich intensiv damit auseinander, was da passiert ist und warum ich dadurch so ins Wanken kam. Hat teils richtig wehgetan, mir auch den Spiegel vorzuhalten, aber war offensichtlich nochmal nötig. Es war nötig, um wieder in eine bessere Energie zu kommen, um mich besser zu verstehen, um Beziehungen besser zu verstehen, um dieses Buch schreiben zu können. Und nach und nach meldeten sich meine Lebensgeister zurück – in meinem Tempo.

Und das ist etwas, von dem wir gar nicht früh genug anfangen können, Mädchen und jungen Frauen zu erzählen: Kein Mann ist immer besser als ein Mann, der dich nicht wertschätzt. Was sich so selbstverständlich anhört, ist aber noch lange nicht in allen Frauenköpfen angekommen.

Bei einem Telefonat mit einer meiner allerlängsten und allerbesten Freundinnen kamen wir beide zu dem Schluss, dass wir auch dieser blöden Geschichte auf den Leim gegangen sind: Wenn DER Mann kommt, wird alles gut. Spoiler: Nicht unbedingt. Auch sie setzte sich zu diesem Zeitpunkt damit auseinander, dass die Beziehung, in der sie steckte, doch nicht das gewesen ist, was sie zu Beginn dachte – und dass diese Erkenntnis tiefsitzende Ängste zu Tage förderte, weil sie dachte, dass sie endlich „angekommen“ sei. Und so muckelig die Vorstellung davon war, so jäh war die Realität, dass ein Leben mit Mann nicht immer unbedingt die bessere Situation darstellte.

Mich nicht alleine mit meiner Gefühlswelt zu fühlen, wirkte heilend. Ansonsten las ich viel, um noch mehr zu verstehen und zu lernen. Gespräche mit weiteren Frauen, die meine Situation kannten, bauten mich auf. So sagte eine wunderbare Freundin von mir: „Die Männer gehen nicht aus.“ So simpel, so wirkungsvoll. Denn ja, es wird immer wieder Männer in meinem Leben geben. Nicht, weil es sein muss, sondern weil es meist Spaß macht und ich es liebe, mich zu verlieben. Das ist ein wichtiger Unterschied. Und es wird sogar immer besser, denn du lernst, was du nicht mehr willst, welche Red Flags du übersehen hast.

Weißt du was? Das entspricht auch viel mehr der Realität, die nämlich so aussieht: Die meisten von uns sind mit der Idee von der einen großen Liebe aufgewachsen. Aber dieses AMEFI-Prinzip ist heute nicht viel mehr als eine Vorstellung, die immer mehr verwässert und sich zum veralteten Beziehungsprinzip der Generation 60+ entwickelt. Laut einer Studie von *ElitePartner* ist das vorherrschende Beziehungsmodell der Deutschen die serielle Monogamie. Lebensabschnittsgefährt*innen also – und die gehen eben nicht aus, da rückt safe immer jemand nach.[132]

Worin die Befreiung liegt: Keine Angst vorm Alter und vorm Singlesein zu haben. Aber I know what I´m talking about: Das klappt nun nicht immer. Wenn du dich daraus emanzipieren kannst, dann wirst du die wilde Fahrt auch wieder genießen – ob aufregende Sommer-

Affäre oder richtig tiefe Liebe. Alles kann, aber – selten so wahr – nichts muss! Weil wir gelernt haben, dass wir nicht krampfartig eine*n Partner*in brauchen, um ein ganzes Leben zu leben. ABER wenn jemand kommt, mit dem es einfach so herrlich schön und bereichernd ist, dann lieben wir es, diesen Menschen in unserem Leben zu haben.

Was ich mitnehme und empfehlen kann: Mehr Selbstbestimmung und weniger Autonomieabgabe, weil ich mein Glück nicht daran festmache, vor 40 noch DENJENIGEN finden zu müssen. Das schädigt so dermaßen mein Nervensystem. Mehr Probieren und Sichfreuen über frischen Wind, der immer wieder durchs Leben fegt, wenn sich Kapitel schließen. Nicht ins Passive gehen: Mich will keiner. Erzähl dir nicht diese Geschichte über dich. Schau lieber: Was und wen willst du?

So angsteinflößend es manchmal sein kann in den 30ern, wenn sich plötzlich Prioritäten in Freundeskreisen verschieben, so sehr sei dir sicher: Es gibt immer wieder Menschen, die gerade mit dir auf einer Bedürfnisebene liegen. Manchmal müssen wir dafür alte Verbindungen wiederfinden, manchmal neue schaffen. Aber eins ist gewiss: Du bist nicht der einzige Mensch auf dieser Welt, bei dem alles vermeintlich scheiße läuft, während alle anderen zufrieden durchs Leben tuckern. Bewerte dein Leben und deine Lebensumstände nicht so radikal, das tut nicht gut. Ich glaube daran, dass immer wieder die richtigen Menschen an unserer Seite sind. Trust me!

Vom Lernen

Was mir hilft

Dinge, Gedanken und Learnings, die mir Hoffnung machen

1. Die Sache mit dem Kopf

Als ich mal wieder die miesesten Schauergedanken über meine ungenutzten Chancen, mein fehlendes Talent, meine falschen Entscheidungen bemerkte, sagte meine Therapeutin zu mir: „Frau Klinge, wie reden Sie denn mit sich selbst? So unbarmherzig, streng, verurteilend und vernichtend. Sie müssen da mal eingreifen mit ihrem erwachsenen Teil. Der muss entlarven, dass das nicht die absolute Wahrheit sein kann." Jau, recht hat sie. Das geht nicht, wir können uns solche Gemeinheiten nicht selbst antun, wenn der*die innere Kritiker*in oder das innere Kind – oder wer auch immer da gerade einen Aufstand probt – so ausrastet. Ich habe da im Rahmen eines Coachings eine ganz gute Technik gelernt: Gib dem giftigen Talk einen Raum. Einen beschränkten Raum. Wenn du mal wieder zu viel auf *Instagram* gescrollt oder dich sonst wo mit anderen verglichen hast und ein Gedankengewitter durch den Kopf saust, lass es mal kurz krachen. Aber nur für zehn Minuten, in denen du den oftmals benannten Affen im Gehirn (Monkey Mind[133]) sich mal richtig auskotzen und wild springen lässt. Und dann ist aber auch Schluss. Danach gucke ich mir mal an, was da alles so für Schimpftiraden und Selbstzweifel drin sind. Und dann kannst du viel klarer sehen: Naja, das ist jetzt auch bisschen drüber.

2. Keine Macht den Zahlen

Ich finde es immer wieder schwer, mich aus den ans Alter geknüpften Vorstellungen zu lösen. Aber ich finde die Erinnerung für mich selbst so ermächtigend, dass ich mir sage: Stop, du gibst schon wieder schnöden Zahlen die Macht über dich. Ja, und dann finde ich das so absurd wie lächerlich und bin wieder gelassener.

3. Ist wie eine Tür, da musste durch

Erst dachte ich, dass meine Trennung mir meine Buchidee um die Ohren haut. Ich habe dir ja bereits erzählt, welche Rückschritte ich machte und welche Gedankenfallen plötzlich wieder aufploppten. Heute weiß ich: Das ist meine Reise. Um vollends in Kontakt mit den Themen und dem Inhalt des Buches zu kommen, musste ich noch einmal alles fühlen. Vor allem das Miese. Die Kritikerin freilassen, mich durchwühlen durch Gefühle, durch Wissen und Bücher. Durch meine eigenen Erfahrungen. Ich glaube fest daran. Darin liegt auch ein Stück eigene Befreiung, weil ich damit auch eigene Vorstellungen erneut hinterfragt und mir zeitgleich einen großen Traum erfüllt habe. Ich denke nicht, dass jeglicher Scheiß im Leben immer auch etwas Gutes hat. Manchmal ist es, was es ist: Scheiße. Aber in diesem Fall liegt in der Herzschmerz-Nummer auch ein Learning und eine weitere Inspiration für mein Buch.

4. Die Summe

Fokussiere dich nicht so besessen auf ein Ziel in der Vorstellung, sodass du den Weg nicht beachtest. Früher dachte ich häufiger so final. Mist, hat nicht geklappt. Heute gelingt es mir viel häufiger, alles als Etappen zu sehen. Weil ich besser für mich verstanden habe, dass es keine Glücksgleichung gibt, sondern es eine Summe aus Einzelteilen ist, die nachher etwas Rundes ergeben.

5. Grüntöne

Nirgends ist das Gras wirklich grüner. Wirklich jede*r zahlt auch immer einen Preis für den eigenen Lebensentwurf, denn perfekt gibt es nicht.

6. Ich und ich

Bei einem Anflug von Einsamkeit, der natürlich manchmal kommt, kann ich mich immer besser auch selbst anzapfen, um mir etwas Gutes zu tun. Das gibt mir etwas in Singlezeiten, aber auch in der Paarbeziehung, weil ich meinen Partner weniger mit Erwartungen überfrachte. Das gelingt mir durch kleine Rituale mit mir selbst: Ob es Lesen ist, etwas Geiles zu essen vorm Fernseher, Spazierengehen, der erste Kaffee am Morgen und dabei eine Runde Orakelkarten legen (Was sie mir geben: eine Assoziation, mit der ich meinen Gefühlen und Themen besser auf die Schliche komme) oder in der Stadt neue Ecken entdecken. Die viel bejubelte Selbstfürsorge ist wirklich ein Gamechanger. Wo mich sonst die Unruhe vielleicht zu Verabredungen oder zu Übersprungshandlungen verleitet hat, kann ich mich heute viel besser in mir verankern als bloß im Außen. Aber klar: Manchmal helfen auch nur liebe Menschen.

7. Wir hatten unsere Zeit

Sieh deine beendeten Beziehungen nicht als vergeudete Zeit, weil es nicht DER*DIE EINE war. Es ist so: Manchmal hat man nur eine kurze Zeit miteinander. Da waren aber sicherlich auch richtig schöne Sachen dabei. Die füllen uns emotional auf, sind Erinnerungen. Und echt essenziell: Veranstalte auch bei Expartner*innen kein Wettrennen um die Lebensstufen und vermeintlichen Glücksbausteine. „Wer ist jetzt verheiratet, wer hat Kinder, wer steht wo?" Wir sind alle auf einer Reise. Es winkt uns keine Absicherung, wenn wir als Erste irgendwelche Ziellinien überqueren. Bleib bei dir!

8. Ciao Insta!

Manchmal ist es gut, auch einfach mal Social-Media-Urlaub zu machen. Oder die Apps ganz auf der letzten Seite zu platzieren, da spare ich mir immerhin schon mal die automatischen Tipper, wenn ich eigentlich nur gucken will, ob es gleich regnet, meine Finger aber fremdgesteuert Social-Apps öffnen.

9. Das kleine Buch der besonderen Momente

Das habe ich vor drei Jahren angefangen und es ist fast voll. Schöner Reminder, was alles passiert und ein Leben bereichernd macht außerhalb großer Paukenschläge. Ich mag es besonders, mir von Zeit zu Zeit vorm Schlafengehen zu überlegen und aufzuschreiben, welche besonderen Momente mein Leben in letzter Zeit bereichert haben – egal, wie unimposant sie waren. Du wirst erstaunt sein, wie viele da zusammenkommen und du lernst immer mehr, einen Blick für alles zu entwickeln, was eigentlich ziemlich gut läuft.

10. Die Perspektive wechseln

Ich werde sicherlich oft um die Freiheit beneidet, jeden Tag neue Geschichten schreiben oder mich beim nächsten Date krass verlieben zu können, eine Geschäftsidee zu haben und sie ohne Orga-Chaos umsetzen zu können oder, oder, oder. Offenheit besitzt Chancen. Versetze dich mal in die Lage von anderen, die dich vielleicht um deine Möglichkeiten beneiden.

11. Play

Denke und handle wieder spielerischer. Erwachsensein darf auch Spaß machen, es muss nicht immer alles bierernst sein.

12. *Ein guter Plan* hat den Plan

„Verabschiede dich vom Druck, bestimmte, klar definierte Meilensteine erreichen zu müssen, um ein erfülltes, glückliches Leben zu führen und lass dich vom allgemeinen Leistungsdruck in Bezug auf Ziele nicht stressen. Gerade kleine, leise, intime Ziele ohne große Außenwirkung sind extrem wertvoll.“[134] Ich sag's ja.

13. Alles ist Veränderung

Mache dir bewusst: Nichts bleibt, wie es ist. So sehr es mir einen Schauer in schönen Momenten verursacht, so sehr hilft es mir in Momenten, in denen es mir nicht gut geht – nichts ist final, auch keine Gefühle.

14. I like

Mich immer wieder daran zu erinnern, was ich gerne mag. Beispielsweise etwas aus mir zu erschaffen, wortwörtlich zur Welt zu bringen, kann eine so bereichernde Erfahrung sein: kurze und intensive Schreibflows beispielsweise. Ich fühle mich danach oft klitschnass geschwitzt und erschöpft. Gut erschöpft. In mir fühlt es sich luftiger an, ich lerne immer mehr darüber, welche Dinge mich zufrieden werden lassen. Ab jetzt haben diese eine feste Abteilung in meinem Handwerkskoffer gegen Angst und Dunkelheit: Was lässt mich lebendig fühlen, was macht mir richtig Freude? Oft erkennen wir dann: Wow, es sind schon kleine Dinge, die uns kleine Zufriedenheitsfunken entlocken und die wir recht easy umsetzen können – ohne viel Zeit oder viel Kohle.

15. Lieben macht unendlich viel Sinn

Lieb leidenschaftlich, laut, wild und herzklopfend. Lass dich fallen und gib dich nicht mit weniger zufrieden als mit volle Kanne Gefühlen und einem guten Herzen. Saug es auf, feiere die Liebe und greif zu, wenn sie kommt. Aber definiere dich nicht über sie, die romantische Liebe. Sei nicht süchtig, ziehe deinen Selbstwert nicht nur aus einer Paarbeziehung. UND: Investiere immer weiterhin in deine anderen Beziehungen. Deine Menschen, zu denen du sonst noch in nährenden Beziehungen stehst. Denn die Summe aus allen Beziehungsfäden ergeben ein tragfähiges Netz. Geben wir der Überhöhung der Paarbeziehung nach und schwächen andere Beziehungen, können wir ziemlich unschön auf den Boden plumpsen, wenn der Faden reißt. Was er immer tun kann. Egal, wie stark die Liebe ist oder mal gewesen ist. Setze niemals alles auf eine Karte und zieh ein Mäuerchen um deine Kernfamilie. Wir brauchen in unserem Leben mehr als nur diese eine verlässliche Verbindung. Die romantische Beziehung kann ein Glücksfaktor sein, dieser sollte aber schlauerweise nie der einzige sein. Und das sage ich als jemand, der voll in diese kleine Welt reinspringt, wenn ich verliebt bin, der abtaucht darin und denkt, dass hier so ein happy Place ist.

16. Entscheide dich aus den richtigen Gründen

Entscheide dich nie für jemanden, weil du glaubst, dass jetzt die Musik aufhört und du dir schnell einen freien Platz ergattern musst. Lass die giftigen Narrative keine Stuhlpolonaise-Spielerin aus dir machen. Wenn du dich hinsetzen willst, dann mach das, wann du willst, und dann, wenn du einen echten Sitzgelegenheiten-Crush hast. Für Liebe ist immer die richtige Zeit. Ohne Liebe aber ist immer die falsche Zeit.

17. Loslassen

Erwartungen, Menschen, Ideen, Meinungen. Sag Ja zum Dynamischen im Leben. Alles hat seine Zeit. Loslassen ist Ballastabwerfen. Es tut gut, Erwartungen an sich selbst abzulegen, die nicht mehr dienlich sind. Erwartungen an andere. An das Leben. Um manchmal einfach erwartungslos neugierig auf das nächste Kapitel zu schauen.

18. Abgefahrene Züge – Stop it!

Der Zug sei abgefahren. Ja, statt zu rennen bis wir klatschnass geschwitzt sind, um dann verärgert den Rücklichtern nachzuschauen, sollten wir uns bewusst machen: Es kommen meist auch wieder Züge nach. Oder es gibt Schienenersatzverkehr. Das ist in vielen Momenten einfach eine Frage der Betrachtungsweise. Wir haben ja hier bereits über Doing Age bei Frauen gesprochen. Öffne deine eigenen Zeitfenster sperrangelweit und lass die frische Luft voller Möglichkeiten rein – egal, in welchem Alter!

19. Wenn, dann …

Warte nicht darauf, dass das Leben gut wird, dass es endlich richtig losgeht. Es passiert jetzt und es ist die Frage, wie du darüber denkst und welchen Mangel du in dein Leben interpretierst – oder eben nicht.

20. Sicherheitsanker

Verankere deine Sicherheit nicht bloß im Außen. Die wahre Sicherheit liegt darin, dass du ein Urvertrauen in dich selbst hast. Ein Vertrauen darin, dass du immer wieder neu anfangen kannst, dass du dich immer wieder öffnen kannst, dir immer wieder Ideen kommen, du immer wieder lieben kannst, du immer wieder weitermachen kannst.

21. Katastrophen-Modus off

Ich neige dazu, mir eine wahnsinnige Weitsichtigkeit anzumaßen. Not cool, weil im Grunde ist das nichts anderes als ein Katastrophisieren – so weit in die Zukunft zu zoomen und schon bis dahin Unsicherheit und Ängste rüberschwappen zu lassen. Dabei hilft es mir, mich ab und zu daran zu erinnern, dass ich gar nichts weiß. Erst recht nicht den Ausgang von Situationen. Ob es nach einer Trennung ist, bei der Frage, wie es im Job weitergeht oder ob ich eine Familie gründen werde: Mal den Zoom auszuschalten, mal unscharf zu stellen und nicht einen möglichen Ausgang so zu zerdenken, dass ich ihn im Heute schon als Gegebenheit betrachte, hat echt Potenzial. Schieb dir das mal als Memo dazwischen, wenn du dich selbst beim Katastrophisieren erwischst.

22. Die Angst liebt gestern und morgen

Irgendwie ist es so einfach: Angst und Sorgen sind meist ein Indikator dafür, dass wir zu viel in der Vergangenheit oder in der Zukunft hängen. Mir das bewusst zu machen, katapultiert mich manchmal endlich ins Heute. Und das spart enorm Energie und kann sogar den Speicher auffüllen, wenn du bewusst das lebst, was gerade dein Leben möglich macht.

23. Hömma Intuition, bist du es?

Jaaa, ist buzzwordig, aber es ist wichtig, die eigene Intuition in einer Gesellschaft zu stärken, die voll auf rationales Denken abfährt. Denn wir haben es oft schlichtweg verlernt, dass da noch etwas anderes außer unserem Verstand ist. Und darauf dürfen wir einen Ticken mehr vertrauen, weil die Intuition ein wertvolles Tool ist, um Erzählungen zu entdecken, die vielleicht gar nicht unsere sind. Weil es ein bisschen ziept tief drinnen, weil da ein klares Ja oder Nein spürbar ist. Letztendlich gewinnt die Intuition immer gegen Blaupausen, die andere uns fürs Leben zur Seite stellen. Und falls du da solche Ängste-Issues haben solltest wie ich und du dich fragst, was deine innere Stimme und was Angst ist: Die Stimme der Angst plappert, wirkt blechern, ist anstrengend aufdringlich. Die Stimme der Intuition ist leise, angenehm, nur bei wirklich innerer Ruhe wahrnehmbar. Und meist zweifellos klar. Ein Ausstattungs-Goodie, von dem wir viel öfter Gebrauch machen sollten.

Die Else-Erleuchtung

2021

Ich trage mit einer lieben Freundin die Reisebox in meine Wohnung, stelle sie ab. Öffne zaghaft den Reißverschluss. Warte. Mit Leckerlis ausgestattet. Dann tappst das kleine Wesen ganz vorsichtig heraus, ganz zaghaft. Ein kleines Gesichtchen mit süßen Knopfäuglein, die schlau und sensibel schauen. Und mit riesengroßen Ohren, die fast schon aufgesetzt wirken auf den kleinen, schwarz-weißen Körper. Umsichtig schaut sich das Hündchen in meiner Wohnung um. Einer Wohnung, die von nun an sein neues Zuhause sein wird. Da war sie nun: Else. Bis dahin noch in Ungarn bekannt als MyLady. Nun gut, ich finde es einleuchtend, dass das neue Leben auch einen neuen Namen brauchte. Und glaub mir, an diesem Hundemädchen ist alles Else und gar nichts MyLady. Oh boy, was wirbelte dieses Wesen mein Leben auf.

Aus dem Impuls heraus, dass ich nicht immer nur meine Träume auf ein Visionboard packen kann, aber nicht dafür losgehe, habe ich mich im Frühjahr dahintergeklemmt, endlich einen Hund aus dem Tierschutz zu adoptieren – jetzt wo meine Lebensumstände mit eigener Wohnung und eingespielter Selbstständigkeit das zulassen. Der Corona-Hunde-Boom allerdings machte es erst aussichtslos, in nächster Zeit einen Hund adoptieren zu können. Und dann, als ich schon halb frustriert war, klingelte das Telefon und eine Tierschutzorganisation reagierte auf meine Anfrage. Zwei Wochen später zog Else ein. Aus der ungarischen Tötungsstation mit Zwischenstop im Tierheim straight nach Düsseldorf. Ob Fledermaus, Eselchen oder Waschbär – Else hat schon vielen tierischen Vergleichen standhalten müssen. Ich finde, dass sie aussieht wie eine Kinderzeichnung, die lebendig wurde. Die Proportionen passen nicht so ganz, von allem etwas, struppig in bester Weise. Und genau das macht sie so perfekt in meinen Augen. Sie ist so eigen, so voller Charakter. So unfassbar süß. Bei all dem Liebe-Overload: Sie ist alles andere als einfach. Seit etwas über einem Jahr gehen wir nun tausend Mini-Schritte zusammen, bei denen ich mehr als einmal meine Geduld verloren habe. Else ist wild und nervös. Sie war überfordert mit der Stadt, dem neuen Leben. Ist sie teils noch immer. Wer kann es ihr verübeln. Ich war es mindestens genauso und hatte nicht ihre Vergangenheit. Else hatte anfangs Probleme, sich zu konzentrieren, war hibbelig und hatte vor vielem Angst. Ich crashte also voll in eine ganze Menge neuer Herausforderungen. Aber irgendwann hatte ich mit der Hilfe von erfahrenen Hundetrainerinnen und meiner Mutter verstanden: Das sind Else und ich; wir wachsen in unserem ganz eigenen Timing zu einem Team zusammen. Manchmal habe ich mit ihr auf Bordsteinen, Treppen und Bänken gesessen, den kleinen Brustkorb festgehalten und mit ihr ganz ruhig alles beobachtet. Ich kann gar nicht ausdrücken, wie krass schön sich das anfühlt zu merken, dass eine Hündin dich als ihren Buddy annimmt. Diesem Lebewesen einfach das erste Mal das Gefühl von einem

Zuhause geben zu können. Und plötzlich wurde mir bewusst, welche Erwartungshaltung ich hatte, wie sehr ich von meinem Hund Anpassung forderte. Ironischerweise hatte ich eine Guter-Hund-Blaupause in meinem Kopf, der Else nicht entsprach. Ich ärgerte mich über ihre Wildheit, über ihre Macken. Teils war ich schon an dem Punkt gewesen, zu denken, dass sie niemals in der Stadt glücklich werden würde, auch wenn die Tierschutzorganisation darin kein Problem gesehen hatte. Ich war überfordert. Mit der Verantwortung, mit der plötzlichen Einschränkung in meinem Leben. Ich hatte wirklich unterschätzt, was es heißen kann, einem Tierschutzhund ein Zuhause zu geben, obwohl ich gerne alles in tausend Richtungen zerdenke. Ich habe zu geradlinig gedacht, zu sehr in Schubladen. In den ersten vier Wochen nahmen wir eine Pfotenverletzung mit Halskrause, die erste Läufigkeit und einen Wurmbefall mit. Jackpot zum Start. Während ich Runde für Runde in meiner Hood spazieren ging, weil alle anderen Orte sie noch mehr überforderten und Else manchmal im Kreis um mich rannte, weinte ich oft hinter meiner Sonnenbrille. Ich hatte das Gefühl, dieser Hund macht mich einsam, er verlängert das Dasein in der Pandemie zu einem ganz persönlichen Lockdown. Jede Unternehmung war ein Problem. Zeitweise dachte ich, dass ich das niemals hinbekäme. Gift dafür: Gefühlt lief es bei allen Menschen mit Hund wesentlich runder als bei mir. Vergleich, du alte Mistpocke! Irgendwann hatte ich dann mein Aha-Erlebnis. Ich erkannte die Anmaßung. Ich wehre mich gegen Angepasstheit, gegen Mustervorlagen, ich wünsche mir, dass ich ich sein kann ohne Rechtfertigung und Bewertung, aber was verlange ich von meinem Hund? Das hat mir die Augen geöffnet. Ich habe lange nicht das Wunderbare in ihrem Charakter gesehen. Else bringt mir bei, mit dem zu sein, was ist. Je ungehaltener ich werde, umso mehr dreht sie auf, wirbelt an der Leine, pöbelt aus Unsicherheit. Sie ist mein Spiegel. Sie zeigt mir sofort, wenn ich die Souveränität verliere, die ihr Sicherheit und Führung gibt, sie hat mir ein Gefühl für meine Körpersprache mit ihr gegeben. Ich bin ihre Sozial-Partnerin in einer Welt, in der dem kleinen Wesen immer mal wieder der Himmel auf den Kopf fällt. Weil sie für die kleine Hundeseele Gruseliges erlebt hat. Ich bin ihr Ein und Alles in dieser Welt, ihr Halt, ihre Navigation. Also ist es meine Aufgabe, gelassen zu reagieren und meinem Hund alle Zeit zu lassen, die er braucht, um Vertrauen zu finden. In mich. In unsere gemeinsame Welt. Ohne Druck, ohne Erwartung. Mit Liebe, positiver Bestärkung, Humor und Lernen. Und ganz viel Akzeptanz, dass viel Echtes im Leben nicht nach perfekten Vorlagen abläuft, dafür aber ungeahnt tiefe Emotionen und Freude im Gepäck haben kann. Dass Else Else ist – und sie ihre freche Art hoffentlich niemals verliert. Und was soll ich sagen: Dieses Tier lehrt mich Next-Level-Gelassenheit und Konzentration auf uns – ganz ohne Vergleiche, ohne „Das müsste sie aber jetzt schon können" oder so. Beste Message überhaupt eigentlich. Einfach nur jetzt, wir beide. Umso mehr feiere ich die kleinen Erfolge mit ihr, wie schnell sie lernt, wie easy sie mittlerweile mit mir bei Freund*innen übernachtet, auch mal allein bleiben oder sich beim Spazieren immer besser konzentrieren kann.

Ich möchte dieses kleine struppige Zaubelchen absolut nicht mehr missen! Und ich weiß, dass sie niemals der Vorzeigehund wird, den nix aus der Ruhe bringt. Und das ist verdammt ok so! Wir sind auf unserem Weg, sie liebt meine Freund*innen, kommt problemlos mit ins Büro, feiert Ferien bei meinen Eltern mit deren Hund und passt auch einfach echt gut zu mir: beide manchmal optisch etwas zerzaust, beide manchmal bissi stürmisch und bei beiden läuft's manchmal mit den Männern etwas holprig. Same same but different, daher: It's a match! Ein Hoch aufs Wildsein! Und meine Mutter hat recht, Geduld lohnt sich. Mit Lebewesen und dem Leben an sich. Hach, Mama knows best. Sowieso.

Und zum Schluss

„Das gute Leben ist ein Prozess, kein Daseinszustand. Es ist eine Richtung, kein Ziel.“[135] Psychologe Carl Rogers nailed it. Denn es gibt keine Glücksformel, die besagt, welche Bausteine zusammengesetzt werden müssen, um tiefe Zufriedenheit zu empfinden. Die Erkenntnis macht irgendwie Angst, weil wir es so gerne kontrollieren würden, das gute Leben. Wir sehnen uns nach einer Anleitung zum Glücklichsein. Unser Leben lässt sich jedoch nicht in Meilensteinen als Maßeinheiten bemessen. Wenn wir ganz viele davon gesammelt haben, wäre die logische Schlussfolgerung: Wir haben alles erreicht und sind happy as fuck. Aber das bedeutet noch lange nicht, dass wir dann auch glücklich wären. Allerdings ist die Vorstellung davon so schön, weshalb wir uns an richtungsweisenden Aussagen wie „Wenn du das erreicht hast, dann beginnt das tolle Leben“ festhalten. So streben wir nach den Steps, die Glück verheißen – laut der allgemeingesellschaftlichen Erzählung. Und haben nicht selten hohe bis perfektionistische Erwartungen daran, was zum Leben dazugehört.[136] Hochzeit, ein Kind bekommen, ein Haus bauen, einen fetten Karriereschritt machen – all diese Aspekte sind Daseinszustände. Das sind einzelne Steps, die sich in der Situation sicherlich enorm gut anfühlen – im besten Fall. Sie sind aber nicht ausschließlich die Eckpfeiler des guten Lebens. Denn wenn wir das alles ansammeln, ohne es wirklich zu fühlen, dann ist das eine Nullnummer in

Sachen Glück, weil wir es dann nicht spüren – so ehrlich und von innen heraus. Vielleicht, weil wir dann ein Leben leben, das Erwartungen anderer Leute stillt, statt eigene Abenteuer zu suchen. Außerdem wollen Beziehungen, Jobpositionen, Familien und so weiter am Laufen gehalten werden, alles unterliegt Veränderungen. Das Prinzip „Hab ich jetzt, check" funktioniert nicht nachhaltig. Alles ist immer im Wandel. Daher ist die wirklich sichere Bank, das gute Leben als Prozess zu sehen. Eine Reise. Voller Höhen und Tiefen. Mit selbst definierten Haltestellen. Wie glücklich wir auf dieser Reise sind, hat meiner Meinung nach weniger mit den Eckpfeilern zu tun, sondern vielmehr mit unserer inneren Haltung, wie wir auf diesen Prozess reagieren. Wie wir das Gute im Jetzt sehen und feiern, wie wir wertschätzen und volle Pulle fühlen und lieben, wie wir Wellen surfen oder reagieren, wenn sie mal hart über uns brechen. Und auch damit, wie wir damit umgehen, auch mal eine Weile unter Wasser zu sein und dabei zu lernen, immer wieder aufzutauchen. Mit guten Strategien und flexiblen Blickwinkeln versiegt das Bockhaben aufs Wellenreiten hoffentlich nie.

Wir müssen auch unseren Umgang mit dem finden, was nicht geklappt hat. Wir dürfen das betrauern und uns selbst mit Milde begegnen, aber uns nicht von außen traurig anmalen lassen. Wichtig ist nämlich, uns nicht in die Geschichten zu setzen, die von unfreiwilligen Singles, unfreiwilligen Kinderlosen, unfreiwillig nach dem Plätzchen Suchenden erzählt werden. Sondern es ist wichtig, dass wir neben dem Trauern beginnen, eine neue Geschichte zu schreiben. Die vielleicht sogar richtig schön werden kann. Wenn auch anders als gedacht. Denn Hoffnung, ja Hoffnung, ist doch wunderbar.

Wir müssen aufhören, diesen Narrativen eine Bühne zu geben. Sie zu reproduzieren, indem wir selbst glauben, dass die Zeit knapp werden würde, indem wir uns mit Ende 30 zu alt für Träume machen und uns diese vermeintlich gefallenen Würfel von innen lähmen. Das verballert ansonsten so unglaublich viel Energie. Energie, die wir für Besseres einsetzen können: uns gegenseitig Cheerleaderinnen zu sein, anzufeuern, Mut zu machen, gegen Benachteiligung zu kämpfen, Verbündete füreinander zu sein. So fängt die Veränderung an. Du hast die Wahl, Zahlen und Erwartungen dein Leben leiten zu lassen. „Altersgerecht zu sein" für andere. „Frau zu sein" nach den Regeln anderer. Oder dich von deinem inneren Vibe, der ganz bestimmt irgendwo zwischen den Vorstellungen vom „richtigen" Leben rumschwirrt, leiten zu lassen.

In diesem Sinne: Auf das Leben! Dieses wunderbar spannende Ding. Auf all die unterschiedlichen Dinge, die wir darin anstellen oder auch sein lassen können. Auf Echtheit. Unangepasstheit. Wildsein. Neugierigsein. Auf Hochzeiten und Babys und Singles und die verschiedensten Träume! Auf deinen Weg! Lass uns aufhören, so kategorisch zu denken, Lebensrealitäten so doof zu bewerten und stattdessen lieber das Leben in Bewegung sehen, was da in Wellen und Wogen und so herbraust. Und jetzt: Lass uns mit kindlicher Vorfreude genau da hineinstürzen!

Interviews

Ich habe dir zu Anfang erklärt, dass mir oft die Vorbilder abseits vom Mustervorlagen-Lebensentwurf fehlten. Frauen, die mich irgendwie pushten und mir das Gefühl gaben, Zeit zu haben. Die zeigten, dass es fabelhaft sein kann, sich aufs Leben einzulassen. Frauen, die durch Hürden und Schmerz gewachsen sind und mich mit prächtigem Facettenreichtum begeisterten. Heute weiß ich: Davon gibt es ganz schön viele da draußen. Und die werden geilerweise immer sichtbarer. In diesem Buch möchte ich dir ein paar von ihnen vorstellen. Die Frauen auf den nächsten Seiten haben mir schon mehr als einmal in meinem Leben Mut gemacht. Deswegen stelle ich sie auch dir vor – mit ihren ganz unterschiedlichen Leben. Eine kleine Auswahl aus den schier unendlichen Möglichkeiten, Konstellationen und Gegebenheiten, um ein schönes Leben zu leben. Ohne sich einer Checkliste mit genormten Altersstufen von außen zu beugen oder das eigene Glück von gesellschaftlichen Erwartungen abhängig zu machen.

Ich verspreche dir, diese Frauen erzählen ganz schön viel ganz schön Tolles! Viel Freude mit den Interviews!

Laura
Alter: 33
lauraletschert.com
instagram.com/laura.letschert

Laura ist eine Curious Soul, die Bock auf Lebensfreude, Sinnstiftung und auf wertschätzende Co-Creation mit Menschen hat. Sie liebt es, frei und kreativ zu arbeiten, die Einheit aus Körper, Geist und Seele zu leben, sich selbst immer wieder auszuprobieren und zu hinterfragen. Ihr Ansporn ist es, etwas zu bewegen. Für andere und im eigenen Leben. Apropos – das hat bereits eine ordentliche Wandlung erfahren:

Lauras Leben 2012: Lehramtsstudium Bachelor, zusammen mit ihrer Jugendliebe seit ihrem 15. Lebensjahr, wohnt in ihrem Heimatort im Westerwald und sieht die Zukunft von Hochzeit und Kindern ganz nah vor sich.

Lauras Leben 2022: unverheiratet, zusammen mit einem 18 Jahre älteren Mann, der bereits zwei Kinder aus erster Ehe hat, sie ist selbstständig – unter anderem als systemischer Coach – wohnt in Barcelona und hat sich für ein Leben ohne eigene Kinder entschieden.

Was ich an Laura bewundere: ihre phänomenale Güte, ihre wohltuende Ruhe und Klarheit und ihren Drive für Herzensprojekte. Laura tut einfach gut. Schau selbst!

Wie hast du dir als Kind dein Leben jetzt vorgestellt? Führst du das Leben, das du dir damals für dich ausgemalt hast?
Ich habe mich als Kind nicht mit der Zukunft beschäftigt, sondern wirklich im Moment gelebt. Ich habe gerne getanzt, gesungen, gemalt und gespielt und bin in Geschichten eingetaucht (aus Büchern, Hörspielen oder meine eigenen). Ich konnte mich ganz im Moment fallen lassen und das bewundere ich bis heute noch an der kleinen Laura. Ich würde mein jüngeres Ich heute gerne fragen können, was sie von meinem jetzigen Leben hält.

Welche Narrative über ein gelungenes Leben haben dich geprägt? Wie hast du sie loslassen können?
Das ist für mich gar nicht so eindeutig zu sagen. Ich denke, ich bin schon früh mit alternativen Lebensmodellen in Kontakt gekommen, unter anderem, weil sich meine Eltern in meinem sechsten Lebensjahr haben scheiden lassen und wir in unterschiedlichsten Patchwork-Konstellationen zusammengelebt haben. Trotz des Lebens in der Kleinstadt habe ich durch eigene Erfahrungen und meine Neugierde am Anderen erlebt, dass die Welt bunt ist und dass ein „gelungenes Leben" immer im Auge des Betrachters oder der Betrachterin liegt.

Was mich vermutlich durch meine eigene Geschichte stark geprägt hat, war zum einen der Antrieb nach Unabhängigkeit und Selbstbestimmung und zugleich die Sehnsucht nach einem beständigen Zuhause sowie der Wunsch, dass es allen in meinem nahen Umfeld gut geht und eine „besonders gute" Tochter, Schwester, Freundin, Partnerin zu sein. Es sind Antreiber und Glaubenssätze, die mich auch heute noch prägen. Ich spüre hin und manchmal gelingt es mir, sie zu enttarnen und dann mache ich mir bewusst, in welchen Situationen sie mir guttun und in welchen nicht. Dabei versuche ich, mir selbst eine besonders gute Freundin zu sein, die nicht zu streng mit sich selbst ist.

Worauf bist du in deinem Leben bisher am meisten stolz? Was war dein coolster Meilenstein bisher?

Oje, eindeutig keine Lieblingsfrage. Nicht, weil ich sie nicht wertvoll finde oder jetzt ganz bescheiden klingen möchte (was ja auch so ein Ding von uns Frauen ist), sondern weil es so vielfältige Aspekte gibt, die in Summe für die folgende Kurzfassung meiner Antwort entscheidend sind: Mich macht die Tatsache stolz und vor allem dankbar, dass ich, wenn ich morgen sterben würde, als ein Mensch von dieser Welt gehen würde, der von ganzem Herzen erfüllt ist. Ich möchte mein Leben mit keinem anderen Menschen tauschen und bin dankbar für das, was ich mir selbst ermöglicht habe und vor allem dafür, was und wen mir das Leben geschenkt hat!

Was würdest du deinem 25-jährigen Ich sagen?

Du willst keinen BH tragen, dann mach es nicht! Du willst Nein sagen, dann tu genau das!

Welche Narrative über das Frausein haben dich geprägt? Was definiert für dich dein Frausein heute?

Als es um die Entscheidung ging: „Will ich eigene Kinder oder nicht?“, habe ich mich zum ersten Mal intensiv mit der Frage auseinandergesetzt, was es für mich persönlich bedeutet, Frau zu sein. Das war besonders ein Prozess des Staunens und der Tränen, denn ich habe nach und nach aufgedeckt, wie stark ich das Frausein doch (unbewusst) an völlig bescheuerte Bedingungen geknüpft hatte, die historisch und gesellschaftlich an uns Frauen herangetragen werden, wie zum Beispiel: „Du hast den Titel Frau erst dann verdient, wenn du auch die (Ehe-)Frau von jemanden bist; du bist erst eine vollständige Frau, wenn du Mutter bist; du bist erst dann eine Frau, wenn du dich nicht mehr wie ein Mädchen verhältst; ...“

Jetzt weiß ich nicht nur, sondern spüre auch deutlicher, dass meine Definition von Frausein an keine Bedingung geknüpft ist und das fühlt sich schön an! Ich freue mich darauf, diese Definition immer wieder neu zu entdecken – mich als Frau neu zu entdecken! Gerade bedeutet es für mich vor allem, auf meine Intuition als Frau zu vertrauen, mich als Frau vollkommen zu fühlen, so wie ich bin und meine Weiblichkeit ausleben zu dürfen, wo und wann ich will – ohne mich von etwas oder jemandem abhängig zu machen.

Wie hast du die K-Frage für dich gelöst? Woher wusstest du, dass du kein Kind möchtest?

Okay, hier mein Versuch, in fünf Punkten zu beschreiben, was für mich ein intensiver Entwicklungsprozess der letzten fünf Jahre war (und unterbewusst wahrscheinlich noch viel länger):

1. Natürlich ist die Frage, ob man eigene Kinder möchte, immer eine Entscheidung, die zwei Menschen (in womöglich unterschiedlichen Ausgangssituationen) betrifft und die diese zwei Menschen gemeinsam treffen sollten. Dennoch geht es darum, diese essenzielle Frage für sich selbst zu beantworten. Denn es geht nicht um die Frage, ob ich mit ihm oder ihr ein Kind möchte („Ach, du musst nur den Richtigen finden"), sondern ob ich überhaupt Kinder möchte. Es ist eine grundsätzliche Entscheidung über meine Vorstellung eines erfüllten Lebens. Und genau bei diesem individuellen Prozess (für die einen ist es ein kurzer, für die anderen ein längerer) hat mein Partner mich getragen und gehalten. Dafür bewundere ich ihn und bin ihm sehr dankbar. Ich finde, dass dieser gemeinsame Weg uns als eigene kleine Familie noch mehr gestärkt und verbunden hat.

2. Ich habe angefangen, mir selbst zuzuhören und den Bullshit Talk aufzudecken, wenn ich über die mögliche Zukunft mit eigenen Kindern gesprochen habe. Dabei ist mir aufgefallen, dass ich vor allem darüber gesprochen habe, was ich verlieren würde und aufgeben müsste mit eigenen Kindern und wie ich gleichzeitig krampfhaft versucht habe, Argumente zu finden, warum das alles Schwachsinn sei, warum es natürlich der richtige Weg

sei, eigene Kinder zu bekommen („Wehre dich nicht gegen die natürliche Vorbestimmung einer jeden Frau“).

3. Ich habe begriffen, dass es mein Herz ist, was aus mir spricht, wenn ich innerlich ein „Nein“ als Antwort auf die Kinderfrage hörte. Vorher habe ich mir selbst kontinuierlich eingehämmert und von außen einsäuseln lassen: „Es ist der Kopf, der dir einen Strich durch die Rechnung machen will, du gehst zu verkopft an die Frage. Hör auf, nachzudenken und folge doch einfach deinem Herzen.“ Das habe ich dann auch gemacht: Sich für ein eigenes Kind zu entscheiden, bedeutet, es als eine zentrale Lebensaufgabe zu sehen, diesen Menschen bedingungslos zu lieben und großzuziehen. Du bleibst für immer Mutter oder Vater. Und ich habe gespürt, dass dies nicht die Lebensaufgabe ist, die ich mir von ganzem Herzen wünsche.

4. Ich habe dann langsam aufgehört, mich selbst für diese Entscheidung zu verurteilen und zu verzweifeln: „Was stimmt mit mir denn nicht, dass mein Herz so eine ‚lieblose‘ Entscheidung treffen kann, obwohl ich doch sonst so ein liebevoller Mensch bin, ein Familienmensch, wie alle sagen – so eine gute Mutter wäre, wie alle sagen!?“ Mir ist dabei klar geworden: Ich darf an einer Frage zweifeln, auch mal verzweifeln, aber niemals an mir als Mensch. Ich bin weiterhin diese liebevolle Frau und mit mir stimmt genauso viel oder eben auch nicht, wie mit allen anderen.

5. Ich habe mich fallen lassen und mir Trost und Unterstützung bei anderen geholt, meine Gedanken und Gefühle geteilt. Und letztlich war es genau der Spiegel

von außen, der mein Herz wachrüttelte, als ich gar nicht damit rechnete. Weil eine andere Frau den Mut hatte, mir zu sagen, wie sie mich erlebt und was sie an mir wahrnimmt, was die Kette ab Punkt zwei erst richtig in Gang setzte. Dafür bin ich extrem dankbar.

Was ist dein nächster großer Traum?

Mein großer Traum ist es, einen Ort der Begegnung zu schaffen: ein Haus, in dem sich Menschen austauschen, in dem es Themenabende und Workshops gibt, in dem Vorträge und Ausstellungen stattfinden, gemeinsam an sozialen Projekten gearbeitet wird und in dessen einladendem, bunten Garten eine Quasselbank steht. Alles mit dem Ziel, miteinander das Leben zu gestalten, Gutes zu bewirken und die Herzen der Menschen zu erfüllen, die geplant oder zufällig vorbeikommen.

Was denkst du übers Älterwerden?

Wir kennen alle den Spruch: „Alter ist relativ." Oder: „Man ist so alt, wie man sich fühlt." Ich habe den Eindruck, dabei geht es oft darum, sich das Elixier der Jugend bewahren zu wollen beziehungsweise um unsere Angst vorm Älterwerden. Bei mir ging es bisher eher um die Sorge, für etwas noch nicht alt genug zu sein. In meiner ersten Coachingausbildung sagte meine Ausbilderin zu mir: „Laura, bei dir habe ich stets den Eindruck, dass du jetzt schon gerne 33 wärst." Damals war ich Anfang zwanzig und dachte, dass das, was ich zu sagen habe, für andere Menschen erst von Bedeutung sei, wenn ich ein gewisses Lebensalter vorzuweisen habe. Dabei gab es schon so vieles, was ich verändern und ansprechen wollte. Doch dabei kam ich mir irgendwie lächerlich vor, weil ich zweifelte: „Steht mir das zu, darfst du das als junger Mensch?“ Das Lebensalter war für mich also auch wieder eine Bedingung, mir selbst etwas zu erlauben und mir auch eine gewisse Kraft zuzusprechen, die ich bereits da in mir gespürt habe. Durch die Resonanz von anderen Menschen vor allem in meiner Arbeit („Du bist eine weise Seele in einer jungen, sprudeligen Erscheinung“) habe ich dann gelernt, dass ich das junge, abenteuerliche Mädchen in mir nicht aufgeben muss und dass ich, egal, wie alt ich bin, kraftvoll bin und Einfluss nehmen kann. Durch die Beziehung zu meinem Freund, der 18 Jahre älter ist als ich, wurde ich dann Mitte 20 noch einmal ganz anders von innen und außen gefordert, zu der Altersfrage Stellung zu beziehen und letztlich zu sagen: Wir sind nie zu alt oder zu jung für etwas oder jemanden!

Was möchtest du anderen Frauen mitgeben?

Hola guapa,
zuerst das Wichtigste: Wie schön, dass es DICH gibt!
Zweitens: Worauf hast du jetzt gerade richtig Bock?
Drittens: Dann los, mach genau das – ohne Wenn und Aber!

Katrin

Alter: 42

Katrin ist vielinteressiert und liebt es, sich ins Leben zu stürzen. Stadt ist für sie absolute Bedingung und das klassische Kernfamilienmodell nicht ihr Ding. Dafür ganz schön viel, was die Welt so zu bieten hat. Sie saugt das Leben auf und liebt es, in Bewegung zu sein – mit dem Kopf und dem ganzen Körper. Sie lebt mit ihrem Freund in Köln und arbeitet bei einer internationalen NGO mit dem Schwerpunkt Stärkung der Rechte von Frauen und Mädchen und Gender Equality. Durch die Arbeit ist sie in Südostasien und Südasien unterwegs und lernt viel über Frauen in anderen kulturellen Kontexten und ihre Herausforderungen.

Was ich an Katrin bewundere: ihre in bester Weise rebellische und unangepasste Art, ihren Einsatz für eine bessere Welt und ihre Perspektive auf das Leben als bunt gemischte Tüte, in der es mal süß, mal sauer zugeht und in der es mit viel Begeisterung immer Neues zu entdecken gibt. Und ganz wichtig: dass sie Freundschaften mit gleicher Hingabe pflegt wie ihre Paarbeziehung. Ganz nach dem Motto: Familie ist Herz und Verlässlichkeit, egal, in welcher äußeren Form.

Wie hast du dir als Kind dein Leben jetzt vorgestellt?

Mit zwölf Jahren war für mich ganz klar: Wenn ich erwachsen bin, sehe ich aus wie die Frau aus der *Raffaello*-Werbung mit dem weißen Kleid und dem weißen Hut, die ihr Leben unbeschwert an schönen Plätzen in der Welt im Luxus genießt. Ich dachte mir, dass ich einfach jeden Morgen so frisch gestylt aus dem Bett falle, ohne etwas dafür tun zu müssen. Wenn ich mir die Werbung aus heutiger Sicht anschaue, fällt mir auf, dass die Frau auf ihr Äußeres reduziert wird und ich frage mich, ob sie sich das Geld für ihr Luxusresort selbst verdient hat oder ob sie der Mann, mit dem sie am Tisch sitzt, dazu eingeladen hat.

Heute bin ich beruflich und privat viel in der Welt unterwegs, sitze ab und an auch an schönen Stränden – aber bezahle selbst beziehungsweise gehört es zu meinem Beruf dazu. Damals hatte ich gar keine Vorstellung davon, dass ich mein Interesse für andere Kulturen, Reisen und meinen ausgeprägten Gerechtigkeitssinn zu meinem Beruf machen kann. *Raffaello* bin ich bis heute treu geblieben, die bringe ich gerne als Mitbringsel für meine Kolleg*innen in Asien mit.

Welche Narrative über ein gelungenes Leben und das Frausein haben dich geprägt? Hast du dich aus Vorstellungen freistrampeln müssen?

Diesen Job haben meine Eltern netterweise schon übernommen, sie haben sich als Alt-68er von diversen gesellschaftlichen Normen befreit. Als meine Eltern sich 1987 trennten, war das nicht so „normal“ wie heute. Meine Mutter musste sich nach Jahren als Hausfrau wieder zurück in die Arbeitswelt kämpfen. Die Trennung meiner Eltern, als ich sieben Jahre alt war, hat mir verdeutlicht, wie wichtig es ist, ein unabhängiges Leben zu führen. Neben der finanziellen Unabhängigkeit ist es mir äußerst wichtig, meine Freundschaften und mein soziales Netzwerk zu pflegen. Das hat bei mir einen genauso hohen Stellenwert wie meine Familie.

Für meine Eltern ist es das Wichtigste, dass ich glücklich und unabhängig bin. Wenn ich mich auf ein klassisches Rollenbild konzentrieren würde, das würden sie vermutlich eher als rückständig ansehen.

Hätten deine 30er eine Headline – welche wäre es?

Definitiv wild und frei. Ich hatte mich damals nach zwölf Jahren von meinem ersten Freund getrennt und dementsprechend habe ich ordentlich was erlebt und mein Leben in vollen Zügen genossen. Ich wollte erst einmal Abenteuer und lange Zeit nix Festes. Zum Date mit meinem jetzigen Freund mussten mich meine Freundinnen förmlich zwingen und erst nach gefühlten 365 Dates haben wir uns entschieden, zusammen zu sein. Bis zur gemeinsamen Wohnung hat es dann noch einmal vier Jahre gedauert. Für viele Menschen bedeutet Heirat ein großer Schritt, für mich war es das Zusammenziehen.

Welche Dinge haben dir früher Angst gemacht, heute aber nicht mehr?

Nach meinem Studium hatte ich große Angst, keinen Job in der Entwicklungszusammenarbeit zu finden. Nach meinem ersten guten Job in Indonesien musste ich hier zunächst Rückschritte machen. Daher hatte ich mich entschieden, noch ein Aufbaustudium der humanitären Hilfe zu machen. Zu dem Zeitpunkt hatten die meisten meiner Freund*innen gute Stellen, richteten sich ihre Wohnungen schön ein und ich ging wieder zurück an die Uni, musste mit ganz wenig auskommen und ins Studentenwohnheim umziehen. Die Entscheidung habe ich nie bereut, danach klappte es auch ganz schnell mit einem Job als Projektkoordinatorin. Ein beruflicher Neuanfang würde mir heute weitaus weniger Angst machen.

Was bedeutet für dich Sicherheit?

Sicherheit bedeutet für mich, an irgendeinen Ort auf der Welt zu gehen und zu wissen, dass ich hier zurechtkomme und in der Lage bin, jederzeit neu anzufangen, meine Kenntnisse einzubringen und neue soziale Kontakte zu schließen. Das habe ich in der Vergangenheit schon häufig bei längeren Auslandsaufenthalten bewiesen. In der Hinsicht kann ich mich absolut auf mich selbst verlassen. Sicherheit kann ich mir selbst geben und ist nicht von anderen abhängig. Den Grundstein für meine finanzielle Absicherung im Alter habe ich auch bereits gelegt, auch wenn ich mich mit dem Thema lange Zeit nicht auseinandersetzen wollte.

Worauf bist du in deinem Leben bisher am meisten stolz? Was war dein coolster Meilenstein bisher?
Ein Trickfilm zum Thema Anpassung an den Klimawandel. Schon als Kind haben mich Cartoons begeistert. Das ist eine Leidenschaft, die ich mit meinem Vater teile. Als sich die Möglichkeit ergeben hat, Informationsmaterialien zum Thema Klimawandel zu entwickeln, war mir sofort klar, das muss ein Trickfilm sein. Ohne eine Ahnung davon zu haben, wie man so etwas macht, habe ich mir Profis gesucht und mit ihnen gemeinsam den Film entwickelt. Die surfende Krabbe Mi steht hier im Mittelpunkt und erklärt die Auswirkungen des Klimawandels in Indonesien und Thailand und wie die Menschen ihre Einkommensgrundlagen daran anpassen können. Mi hat viel Ähnlichkeit mit mir, sie ist abenteuerlustig, neugierig und begeisterungsfähig. Sie geht mit offenen Augen durch die Welt und fragt nach. Ihr Enthusiasmus für die gute Sache ist einfach ansteckend. Zur Premiere gab's dann Surf-Musik und Cupcakes mit Surfbrett sowie, passend zum Thema, ein Unwetter.

Was würdest du deinem 25-jährigen Ich sagen?
Mach es einfach nochmal genauso, bis auf eine Ausnahme: Kaufe dir die Karte für das David-Bowie-Konzert!

Welche Frauen inspirieren dich?
Vivienne Westwood, sie richtete sich nicht nach Trends, brach persönlich (sie war mit ihrem 25 Jahre jüngeren ehemaligen Studenten verheiratet, ließ sich im Alter nackt fotografieren) und mit ihren Designs mit gesell-

schaftlichen Erwartungen und setzte sich für Menschenrechte, Umweltschutz, Nachhaltigkeit und eine Abkehr vom Konsumverhalten ein. Zu Beginn ihrer Karriere war sie vielfach Anfeindungen ausgesetzt und ist auch finanziell durch schwierige Zeiten gegangen. Sie ist sich selbst treu geblieben, immer wieder aufgestanden und bis zuletzt Provokation pur – endlich auch mit dem Erfolg, der ihr gebührte.

Was ist dein nächster großer Traum?
Eine Auszeit vom Job zu nehmen und den 400 Kilometer langen Fernwanderweg Trans Bhutan Trail entlang des Himalayas zu wandern.

Was denkst du übers Älterwerden? War es für dich ein „Ding", 40 zu werden?
Das war absolut kein Problem, aber das liegt schlicht und einfach daran, dass ich glücklich mit meinem Leben bin, einen Job habe, der mich mit Sinn erfüllt, ein gutes Verhältnis zu meinen Eltern und tolle Freund*innen habe. Die Party war übrigens der Hammer, wie gewünscht hatten sich alle richtig Mühe mit ihren 80er-Jahre-Outfits gegeben, von überdimensionalen Schulterpolstern, asymmetrischen Ohrringen, Slipper mit Tennissocken und Nora-Kette war alles dabei. War die letzte große Party vor Corona …

Was möchtest du jüngeren Frauen mitgeben, die für sich gerade ihren Weg versuchen zu finden?

Macht euer Ding! Lebt so, dass ihr euch wohlfühlt und seid ehrlich zu euch selbst. Sich in gesellschaftliche Normen zu pressen, macht manches vielleicht für den Moment einfacher. Aber sind wir doch mal ehrlich, auf lange Sicht ist ein Lebensmodell, das nicht den eigenen Interessen entspricht, doch viel zu anstrengend, um aufrechterhalten zu werden. Diversität in unserer Gesellschaft ist wichtig, damit sich soziale Normen ändern. Wenn Frauen versuchen, den vorherrschenden Normen zu entsprechen, wird sich hier nichts ändern. Also Piratinnen, bildet Banden!

Hatice

Alter: 55
haarwerkfrankfurt.de
instagram.com/hatice_nizam

Hatice ist Unternehmerin, Hair-Stylistin, Blond-Expertin und alleinerziehende Mutter. Ihre beiden *Haarwerk*-Salons in Frankfurt sind Kult und die Wartelisten lang. Frauen in ihre Energie zu bringen und sich gegenseitig zu unterstützen, that's her spirit. Aber der Weg dorthin war alles andere als easy. Als sie mit 18 Jahren mit ihrer Zwillingsschwester aus der Türkei nach Deutschland kam, hatte sie Träume, Wünsche und Ziele – aber alles andere als gute Startbedingungen, keine Unterstützung, keine Deutschkenntnisse, kein Startkapital. Das Leben war eine einzige Herausforderung, aber ihre Träume trieben sie an.

Was ich an Hatice bewundere: ihre Aura und ihren Hustle-Drive gepaart mit ihrer mitreißenden Art und volle Kanne Inspiration, für die eigenen Träume einzustehen und immer einen Weg zu finden.

Wie hast du dir als Kind dein Leben jetzt vorgestellt? Führst du das Leben, das du dir damals für dich ausgemalt hast?

Ich habe als Kind schon immer, auch als ich noch wirklich klein war, davon geträumt, Mode zu machen und zu leben. Dazu gehören schöne Haare und Lifestyle, das war schon immer mein Wunsch. Und ja, nach vielen Challenges, Höhen und Tiefen führe ich grundsätzlich das Leben, von dem ich geträumt habe. Aber der Weg ist noch nicht zu Ende, ich habe noch immer viele Träume und Ziele, die ich erreichen will.

Welche Narrative über ein gelungenes Leben und das Frausein haben dich geprägt? Hast du dich aus Vorstellungen freistrampeln müssen?

Tatsächlich musste ich mich – mit 18 Jahren aus der Türkei kommend – absolut freistrampeln, um für mich ein selbstbestimmtes Leben und gelungenes Frausein zu etablieren. Lange Zeit waren Menschenrechte vor allem Männerrechte – sie galten nur für die eine Hälfte der Menschheit. Gerechtfertigt wurde die Ungleichbehandlung mit dem Narrativ von der natürlichen Verschiedenheit der Geschlechter. Hier war die „weibliche Natur" dem Mann grundsätzlich unterlegen. Das Bild der Frau als fürsorgliche Mutter und Hausfrau wurde als naturgegeben bezeichnet. Es hat mich viel Kraft und Energie gekostet, dies hinter mir zu lassen und als selbstständige, unabhängige Unternehmerin und alleinerziehende Mutter das Leben zu lieben und zu genießen, dazu stehe ich mit allem, was mir wichtig ist.

Hätten deine 30er eine Headline – welche wäre es?

„Choose Life!" Sich proaktiv für das Leben zu entscheiden, mit allen Herausforderungen, Stolpersteinen, Höhen und Tiefen beschreibt meine 30er gut.

Was hat dir früher Angst gemacht und heute nicht mehr?

Früher hatte ich Angst, etwas nicht zu schaffen, nicht zu genügen oder nicht zu gefallen. Aber ich kann alles schaffen, kein Weg ist zu weit und kein Hindernis ist zu groß. Dies ist mein Motto, mein Spirit und mein Antrieb, das hat mich dahin gebracht hat, wo ich heute bin. Auf dieser Lebensgrundlage versuche ich, jeden Tag aufs Neue genau die Frau zu sein, die ich sein will.

Wusstest du immer ganz bestimmt, dass du ein Kind möchtest?

Ja, das wusste ich schon immer und ich wusste auch, dass ich mir diesen Lebenswunsch – wie auch immer – in jedem Fall erfüllen werde.

Du hast einen Sohn – was wäre dein Plan B gewesen, hätte sich dein Kinderwunsch nicht erfüllt?

Es gab keinen Plan B. Es war für mich immer klar, dass ich ein Kind haben werde. Ich habe Plan A mit all meiner Kraft, Energie und dem Glauben an das Universum verfolgt und letztendlich mit großen Anstrengungen in die Tat umgesetzt. Es war immer eine Herzensangelegenheit für mich, ein Baby zu adoptieren, einem Kind ein Heim und Liebe zu geben, die es sonst nicht in dieser Form bekommen hätte. Mein Wunsch war klar und ich hatte mich ohne Wenn und Aber auch alleinerziehend dafür entschieden. Es war ein anstrengender und steiniger Weg, die Jugendämter zu kontaktieren und Absagen zu bekommen, aber nichts konnte mich davon abhalten. Ich habe mich dann entschieden, ein türkisches Kind zu adoptieren, weil mir dies aufgrund meiner Kultur und Heimat am Herzen lag. Emotional und mental war das eine sehr harte Zeit, denn das Ganze hat viel länger gedauert, als ich dachte. Zu dieser Zeit habe ich in zwei Ländern, in zwei Städten gelebt. Dienstag bis Donnerstag war ich in Deutschland, am Wochenende wieder in der Türkei. Mir war wirklich nichts zu viel, ich wollte einfach nur Mutter sein und einem Kind mein Heim und Herz geben. Ich hatte mich für einen kleinen Jungen entschieden, aber es hieß: Er darf nicht nach Deutschland kommen. Als mir dann gesagt wurde, dass wir keinen Gerichtstermin bekommen, um die Sache zu verhandeln, bin ich sehr verzweifelt in eine Kirche gegangen und habe aus tiefstem Herzen gebetet und das Universum um Hilfe gebeten. Als ich die Kirche verlassen hatte, rief mein Anwalt an und sagte mir, dass wir doch einen Gerichtstermin bekommen haben. Mein Sohn kam mit mir nach Deutschland, er ist jetzt 17 Jahre alt, in der Pubertät und ein schwieriger, aber liebenswerter Fall, wie wahrscheinlich aber alle Teenager. Ich liebe ihn sehr, wir sind ein fantastisches Team und alle Anstrengungen haben sich gelohnt. Ich würde es jederzeit wieder genauso machen.

Was würdest du deinem 25-jährigen Ich sagen?

Ich würde sagen: „Liebe Hati, Kopf hoch – and never give up. Du kannst alles erreichen, lass dir von niemandem etwas anderes sagen, denn dein Stolz und dein Wille sind der Weg und das Ziel.“

Was definiert für dich dein Frausein?

Die Definition für mein Frausein ist Unabhängigkeit, Stärke, Selbstvertrauen, Stolz und Liebe. Das macht mich zu der Frau, die ich sein möchte.

Welche Frauen inspirieren dich?

Meine größte Inspiration war und ist Judith Williams. „Man muss immer aus allem das Beste machen und an sich selbst glauben, egal, was passiert", erklärt sie. Ihr Motto ist: „Lebe Deinen Traum!" Sich mutig aufzustellen und wertzuschätzen, hilft genauso, wie sich konstant weiterzubilden und immer in Bewegung zu sein, denn der Druck von außen, alle Wünsche und gesellschaftliche Normen, die immer größer werden, zu erfüllen, ist sehr groß und nicht immer leicht zu bewältigen. Es bedarf einer stetig neuen Reflexion darüber, was wirklich gerecht und gleichberechtigt ist und welche Konsequenzen und Entscheidungen für das eigene Leben daraus folgen. Ich sehe mich selbst bezüglich des „Frauseins" als Aktivistin und lasse mich von allen starken Frauen inspirieren.

Was ist dein nächster großer Traum?

Mein nächster großer Traum ist es tatsächlich, als Coach zu arbeiten. Ich möchte andere Menschen abholen, berühren, mitnehmen und inspirieren. Denn noch immer gilt, wir können alles schaffen, ich bin ein sehr gutes Beispiel dafür. Mit eisernem Willen, viel innerem Fokus und absoluter Lebensfreude habe ich erreicht und geschafft, die Träume der 18-jährigen Hatice zu leben und zu verwirklichen. Das möchte ich teilen, kommunizieren und weitergeben, deshalb möchte ich ein Coach oder Leader sein, für meine Mitarbeiter*innen, Freund*innen, Bekannte und Familie. Ich möchte ihnen etwas mitgeben und zeigen, dass wir alles schaffen können.

Was denkst du übers Älterwerden?

Ehrlich gesagt denke ich nicht sehr viel darüber nach. Ich bin im Fluss des Lebens und genieße jeden Tag und jedes Jahr. Ich hatte große Wünsche und Ziele. Ich habe schon viel erreicht, aber das Leben hält auch für mich noch so viele Challenges bereit, ich freue mich auf jedes weitere Jahr.

Was möchtest du jüngeren Frauen mitgeben, die für sich gerade ihren Weg versuchen zu finden?

Ich würde Ihnen mitgeben, dass Frauen sich selbst inspirieren und animieren müssen, sich entscheiden und ihr Rollenverständnis und Lebensmodell überdenken sollten. Frauen sollten stärker ihre eigenen Talente erkennen, sich mutig aufstellen und sich selbst wertschätzen. Den eigenen Traum zu leben, ist das Allerwichtigste.

Tamika

Alter: 35

instagram.com/me.andmylittleones

Tamika ist wow. Tamikas bisheriges Leben zeigt: Es kommt manchmal anders, als man denkt – und das kann ein wunderbarer Wachstumsbooster sein. War sie gedanklich ursprünglich mal in ihrer Idealvorstellung Mama und Hausfrau, schmiss sie ihre geplatzte Ehe in ungewisse Gewässer: Als Alleinerziehende war erst einmal eher aus der Traum als romantisches Mutterglück. Was einschüchternd klingt, hat Tamika aber viel über sich, übers Muttersein, über Lebenswünsche gezeigt. Vor Kurzem hatte sie ihren ersten Schultag als Azubi zur staatlich anerkannten Erzieherin – nach 17 Jahren Arbeitsleben als Friseurin. Mit 35 mischt Tamika ihre Job-Karten neu, lebt alleinerziehend mit ihrem Freund als Bonus-Papa. Auf *Instagram* klärt sie über Rassismus auf, steht für mehr Transparenz zum Muttersein und Mental Load ein – mit allen Gefühlslagen, die das ausmachen.

Was ich an Tamika bewundere: Sanft und stark zeigt sie, wie nah schmerzende Überforderung und überschwappende Muttergefühle beieinander liegen können – und dass es immer weitergeht, wir dazu aber manchmal Vorstellungen über Bord schmeißen müssen und uns dafür ins wilde, unplanbare Leben stürzen müssen, um uns selbst richtig kennenzulernen. Und dass das Alter Schall und Rauch ist.

Wie hast du dir als Kind dein Leben jetzt vorgestellt?

Da ich das Kind einer alleinerziehenden Mutter bin, habe ich immer davon geträumt, Mutter und Ehefrau zu sein. Ich wünschte mir das komplette Gegenteil zu meiner Kindheit. Ich wollte meine Kinder zum Kindergarten und in die Schule bringen, Mittagessen kochen. Die klassische Rollenverteilung.

Welche Narrative über ein gelungenes Leben und das Frausein haben dich geprägt? Hast du dich aus Vorstellungen freistrampeln müssen?

Mir gefiel immer die Vorstellung, zu Hause zu sein, der Familie gerecht zu werden und alles für meine Kinder zu tun. Ich habe früher die Kinder um mich herum beobachtet, wie sie von ihren Müttern zur Schule gebracht und auch abgeholt worden sind – 1995 für mich die perfekte Vorstellung des Frauseins. Diese Vorstellung verschwand rasend schnell, als ich Mutter wurde. Frausein bedeutet nicht, Mutter zu sein.

Du hast zwei Töchter und lebst getrennt vom Vater. Was hat nach der Trennung für dich die größte Herausforderung dargestellt?

Alles allein meistern zu müssen. Miete und Rechnungen bezahlen und trotzdem den Kindern ihre Wünsche zu erfüllen. Auch beiden Töchtern gerecht zu werden.

Was hat dir früher Angst gemacht und heute nicht mehr?
Alleinerziehende zu sein, davor hatte ich immer Angst. Nun weiß ich, dass ich keine Angst mehr davor haben muss und es nicht so schlimm ist, wie ich es mir immer vorgestellt hatte.

Wie hast du die Antwort auf die Kinder-Frage für dich gefunden? Wusstest du immer ganz bestimmt, dass du Kinder möchtest?
Ich wollte schon immer Mutter werden und für mich war auch schon immer klar, dass ich zwei bis drei Kinder möchte.

Was hättest du gern früher übers Muttersein gewusst?
Dass man sich ganz schnell verlieren kann, wenn man nicht aufpasst. Da Care-Arbeit einfach nicht gesehen wird und wie schwer die Vereinbarkeit von Lohnarbeit und Muttersein sein kann.

Worauf bist du in deinem Leben bisher am meisten stolz? Was war dein coolster Meilenstein bisher?
Tatsächlich bin ich auf die Zeit stolz, seitdem ich Alleinerziehende bin. Ich durfte so viele neue Menschen kennenlernen, habe tolle Erfahrungen sammeln dürfen und gemeinsam mit meinen Kindern so viel Tolles erlebt. Und natürlich, dass ich jetzt neu durchstarte – als Azubi.

Was würdest du deinem 25-jährigen Ich sagen?

Du musst nicht heiraten und in einer Beziehung bleiben, in der du nicht du selbst sein darfst und unglücklich bist. Trau dich und bleib dir selbst treu.

Die Gesellschaft hat klare Vorstellungen von dem Begriff Familie und seiner Definition. Was bedeutet Familie dich?

Für manche bedeutet Familie Mama, Papa und die Kinder.

Für andere bedeutet Familie, dass alleinerziehende Eltern den Job von zwei machen, um ein Zuhause zu schaffen.

Für manche bedeutet Familie auch, bei den Großeltern zu leben.

Für andere ist Familie die Tante oder der Onkel, die für die Eltern eingesprungen sind.

Für die einen bedeutet Familie, dass zwei Mütter oder zwei Väter gemeinsam eine Familie gründen.

Für andere bedeutet Familie, dass zwei Menschen ihre Liebe durch Adoption vervielfältigen.

Für einige ist Familie auf Blutsverwandte beschränkt.

Für andere gehören zur Familie Freunde, die für sie durch dick und dünn gehen.

Für einige bedeutet Familie vor allem die Menschen in ihrem Leben.

Für andere gelten auch Haustiere als Familienmitglieder.

Für manche ist die Familie die neue Frau oder der neue Mann, die/der Bonus-Mom/-Papa geworden ist.

Ja, Familie bedeutet für jeden Menschen etwas anderes.

Aber alle Familien haben eines gemeinsam: die Liebe. Love makes a family.

Was ist dein nächster großer Traum?
Im Moment, dass ich meine Ausbildung gut abschließe und für meine Kinder eine Inspiration bin. Ich möchte unabhängige und starke Frauen erziehen, die nicht unbedingt von der patriarchalen Rollenverteilung träumen.

Was denkst du übers Älterwerden?
Ich freue mich auf das Älterwerden. Es gehört einfach zum Leben dazu, aber ich hoffe, es reicht finanziell auch, um gelassen älter werden zu können.

Was möchtest du jüngeren Frauen mitgeben, die für sich gerade ihren Weg versuchen zu finden?
Lasst euch nicht einreden, dass ihr nicht genug wärt. Denn ihr seid genug. Auch mit 35 Jahren findet sich immer wieder ein neuer Weg.

Kathi

Alter: 32

Kathi stellte sich als Teenager vor, Schreinerin zu sein oder Schlösser zu renovieren, entschied sich aber für ein Kunstgeschichte-Studium – um dann zu merken: Ihre Leidenschaft ist und bleibt das Kochen. Was sie beschreibt: Unaufgeregt in bester Weise – Zufriedenheit ist für sie floskelfrei ein Life Goal. Wichtig dafür: Sie entscheidet Dinge danach, wie bereichernd sie für sie im Hier und Jetzt sind. Ob das heißt, der akademischen Kunstgeschichte-Welt Ciao zu sagen und stattdessen eine Ausbildung zur Köchin mit Anfang 30 zu machen, um sich ihren Traum vom eigenen Restaurant zu erfüllen. Oder in ihrer Beziehung mit ihrer 17 Jahre älteren Partnerin noch einmal mehr zu spüren, dass der Gedanke, Kinder zu bekommen, gar nicht so wichtig für sie ist wie der, jetzt volle Kanne mit dem Menschen zusammen zu sein, der alles ein bisschen schöner macht und den Rest einfach mal offen zu lassen. Das gute Leben ist halt jetzt.

Was ich an Kathi bewundere: Sie kann sich so sehr von Meinungen anderer abgrenzen und lässt sich von schnöden Zahlen oder Narrativen keine Angst einjagen. Sie zelebriert die einfachen Dinge so wie kaum ein anderer Mensch, den ich kenne. Sie ist sehr bei sich und so wenig bei Trends & Co.

Wie hast du dir als Kind dein Leben jetzt vorgestellt? Führst du das Leben, das du dir damals für dich ausgemalt hast?
Um ehrlich zu sein, kann ich mich an keine konkrete Vorstellung von Zukunft aus meiner Kindersicht erinnern, oder es gab sie einfach nicht. Auch in den letzten Jahren habe ich nie gedacht, dass ich in fünf Jahren in bestimmter Weise leben will. Mir ist immer wichtig, dass ich mit dem Ist-Zustand zufrieden bin. Das heißt nicht, dass ich mir keine Dinge vorstellen kann, die mir gefallen, beziehungsweise gibt es auch Wünsche, aber alles fließt und was wissen wir denn schon, was in fünf Jahren ist?

Wenn nein, gab es einen Punkt in deinem Leben, an dem dich das unter Druck gesetzt hat?
Bestimmt hat sich mein Kinder-Ich mein Leben nicht so wie jetzt vorgestellt, aber mir war es immer wichtig, Menschen um mich zu haben und zu machen, was ich gern mache. Deshalb gab es Drucksituationen immer eher, wenn ich mich gerade nicht wohlgefühlt habe in einem bestimmten Spektrum meines Lebens.

Welche Narrative über ein gelungenes Leben und das Frausein haben dich geprägt? Hast du dich aus Vorstellungen freistrampeln müssen? Und wie definierst du heute Frausein für dich?
In meiner Familie gab es eine sehr konservative Rollenverteilung, sprich: Mein Vater ist arbeiten gegangen und meine Mutter war Hausfrau. Das Ganze hat aber stattgefunden, ohne dass es als Goldstandard bewertet wurde.

Meine Eltern haben einfach untereinander diesen Deal gehabt und waren beide zufrieden mit der Situation. In meiner Pubertät habe ich mich sehr an diesen patriarchalischen Strukturen gestoßen, weil ich es von außen betrachtet natürlich als ungerecht wahrgenommen habe. Zu dem Zeitpunkt habe ich aber nicht verstanden, dass sich meine Eltern auf Augenhöhe auf diesen Zustand geeinigt haben. Und für mich galten auch keine geschlechtsspezifischen Regeln. Ich durfte in vielerlei Hinsicht immer frei sein in Interesse, Denken und Wirken. Da gab es nie die Idealvorstellung meiner Eltern für mich beziehungsweise haben sie diese nicht geäußert. Ich glaube, das hat sehr beeinflusst, dass ich auch für mich keine fixen Standards für ein gelungenes Leben habe. Von der Deckung der Grundbedürfnisse durch eigenständige Arbeit mal abgesehen.

Frausein zu definieren, das ist für mich eigentlich der Ursprung von gesellschaftlich geprägtem Unwohlsein mit der individuellen Rolle einer einzelnen Person. Wenn es eine Definition gibt oder eine Vielzahl von Definitionen, gibt es immer die Möglichkeit, dass die Nische, die eine bestimmte Person für sich beanspruchen möchte, nicht beachtet wird. Deshalb will ich gar kein bestimmtes Ideal haben. Ich habe das Glück, an einem Ort zu einer Zeit zu leben, an dem und in der ich nicht wegen meines Geschlechts diskriminiert werde. Ich bin gerne eine Frau und habe auch mein Geschlecht nie in Frage gestellt, auch wenn ich eventuell Interessen oder Fähigkeiten habe, die jetzt nicht der Standardvorstellung einer Frau entsprechen.

Du hast Kunstgeschichte studiert, dich aber recht schnell gegen einen weiteren Weg in der akademischen Welt und für die Gastronomie entschieden und mit Anfang 30 eine Ausbildung zur Köchin begonnen. Hattest du schon einmal das Gefühl, „zu langsam" zu sein und bereut, zuerst studiert zu haben?

Nein. „Zu langsam wofür?", frage ich mich an dieser Stelle. Alle haben immer Angst, alt zu werden und gleichzeitig Angst, zu langsam zu sein. Das widerspricht sich für mich. Wenn ich einen sehr konkreten Kinderwunsch hätte, könnte man vielleicht sagen, ich sollte jetzt starten und nicht zwölf Stunden am Tag in einer Küche stehen. Das ist aber gerade kein Thema.

Für mich bist du so oft schon Ruhepol mit „Lass-die-halt-reden-Attitüde" gewesen. Konntest du dich schon immer gut von der Meinung anderer abgrenzen oder musstest du das erst lernen?

Das habe ich zuhause mitbekommen. Im Laufe meines Lebens habe ich auch immer wieder gelernt, dass die einzige wichtige Meinung über sich selbst am Ende die eigene ist. Selbstverständlich funktioniert dieses Prinzip nur, wenn man reflektiert ist und auch auf die Stimmen seines Umfelds hört, sie durchdenkt und dann mit den eigenen Realitäten abgleicht. Sofern es um Lebensentwürfe, -standards und oberflächliche Dinge geht, kann man die Leute doch einfach mal reden lassen, denn das machen sie sowieso. Es ist doch ganz herrlich, über andere zu sprechen, dann muss man nicht über sich selbst nachdenken.

Was bedeutet für dich Sicherheit?
Gesund, finanziell unabhängig und frei zu sein.

Worauf bist du in deinem Leben bisher am meisten stolz? Was war dein coolster Meilenstein bisher?
Ich messe nicht in Meilensteinen, bin aber im Moment sehr zufrieden. Meine Beziehung ist schön, meine Arbeit erfüllt mich und alle, die mir lieb und teuer sind, sind gesund.

Was würdest du deinem 25-jährigen Ich sagen?
Rauch nicht so viel, geh' mehr an die frische Luft und besorg dir einen Ausbildungsplatz.

Welche Frauen inspirieren dich?
Unabhängige Frauen, die frei von Konventionen sind und machen, was sie erfüllt, auch wenn ihre Idealvorstellung das größte Klischee ist.

Was ist dein nächster großer Traum?
Mit meiner Freundin nach Indonesien und New York zu reisen.

Was denkst du übers Älterwerden? Wie fühlt es sich für dich an, wenn dein Körper sich verändert?
Was ich jetzt schreibe, klingt cheesy und nach Phrase, ist aber 1:1 so gemeint: Ich finde Älterwerden super, weil jeder Tag, den man älter wird, ein Tag ist, den man neu

erleben kann. Körperliche Veränderung tangiert mich – wenn es auf Beauty-Ebene betrachtet wird – eher wenig. Körperliche Veränderung im Sinne von Verschleiß kann man nicht schönreden, ist aber leider auch nicht zu ändern.

Was möchtest du jüngeren Frauen mitgeben, die für sich gerade ihren Weg versuchen zu finden?
Einfach mal machen und ausprobieren. Vorher nicht vom Weg abbringen lassen und hinterher lernen, wie schön es ist, freie Entscheidungen zu treffen. Zugeben zu können, dass eine Idee eher halbgenial war, ist genauso wichtig wie das gute Gefühl nach einem gelungenen Plan.

Hört den Leuten zu, wenn sie euch gegenübersitzen, und verwechselt Posts nicht mit der Realität. Das haben wir damals ohne mobile Daten und Rhabarberschorle auch gemacht. (Guten Tag, mein Name ist Hannelore und ich habe die Boomerweisheit mit Löffeln gefressen …)

Liza

Alter: 40
instagram.com/unddannkam_polli

Katzenmama, Patentante, Eigentumswohnungsbesitzerin aus Hamburg – seit fünf Jahren lebt Liza das „andere“ Leben: kinderlos, beruflich erfolgreich, viel auf Achse. Das Leben, das sie davor als richtig empfunden hat (lange, stabile Beziehung, verheiratet, Familiengründung, Wohnungskauf) zerbrach, weil sie keine Kinder bekommen konnte und ab einem gewissen Zeitpunkt auch nicht mehr wollte. Ihrem Ex-Mann war es wichtig, eigene Kinder zu haben. Vier gescheiterte künstliche Befruchtungen, viele Gespräche, Therapiestunden und ein geäußerter Wunsch nach Adoption/Leihmutterschaft/Hund statt Kind später war es ihr wichtiger, diesen schweren Ballast abzuwerfen, als an dem Kinderwahn zu zerbrechen. Nun weiß Liza, dass Familie anders aussehen kann als Vater, Mutter, Kind. Ihre besteht aus drei Katzen aus dem griechischen Tierschutz, einem Patenkind aus einer Familie, die Support gebrauchen kann, Freund*innen und ihren Tomatenpflanzen.

Was ich an Liza bewundere: ihre Stärke, sich durch so vieles schon durchgeboxt zu haben, ihren Mut, neue Bewertungen und Lebensvorstellungen zu lernen. Ich liebe ihre Weichheit, die kindliche Neugierde, die Entschlossenheit, mit der sie sich auf den Weg machte, sich eine eigene Definition von Familie zu suchen – ohne Klischee, mit ziemlich viel Liebe für ziemlich viele Lebewesen.

Wie hast du dir als Kind dein Leben jetzt vorgestellt? Führst du das Leben, das du dir damals für dich ausgemalt hast?

Schon als Kind wurde mir von Ärzten mitgeteilt, dass es sehr unwahrscheinlich ist, dass ich Kinder bekommen kann. Soweit ich mich erinnere, war das ok für mich. Mir waren folgende Dinge wichtiger: Teil einer Familie zu sein und aus meinem Heimatdorf rauszukommen, die Welt zu sehen und einen erfolgreichen Job zu haben. Zwar bin ich heute keine weltreisende Stewardess geworden, doch bin ich zufrieden mit meinem Job in Hamburg und der Konstellation aus gegebener Familie (Mama, Papa, Schwester, Schwager, Nichte, Patenonkel) und gewählter Familie (Katzen, Patenkind, Freund*innen).

Du warst bereits einmal verheiratet. Wie siehst du das, ist der Hype um die Hochzeit als DER Tag des Lebens gerechtfertigt? Und was war dir damals wichtig daran, verheiratet zu sein?

Meine Hochzeit war einer der wichtigsten und schönsten Tage in meinem Leben. Das wundervolle Kleid, die Feier im Bootshaus an einem einsamen See und die Liebe, die mir von meinem Partner, unseren Freund*innen und Verwandten entgegengebracht wurde, bleibt mir in ewiger Erinnerung. Das ist aber nur eine Seite der Medaille. Mich mit 33 Jahren an diesen einen Mann bis ans Ende unseres Lebens zu binden, machte mir auch Angst.

Heute glaube ich, dass jede*r diese eine fette Party im Leben verdient hat – muss man denn dafür heiraten? Muss eine Party denn gleich ein Motto haben? Hochzeit, Babyshower, Junggesellinnenabschied und so weiter – all das grenzt auch aus. Warum feiern wir nicht einfach uns und das Leben – ist das nicht Anlass genug?

Welche Narrative über ein gelungenes Leben und das Frausein haben dich geprägt? Hast du dich aus Vorstellungen freistrampeln müssen?

„Du wirst nur glücklich in einer Partnerschaft. Alleinsein ist nicht gut."

Diese Glaubenssätze sitzen tief. Allein zu sein, fällt mir immer noch schwer. Es ist mein emotionaler Endgegner. Meine Super-Aufgabe in diesem Leben. Nach meiner Scheidung war ich einige Zeit Single. Das war Fluch und Segen. Durch Corona fühlte ich mich monatelang richtig einsam und dennoch habe ich es immer wieder geschafft, schöne Momente zu schaffen. Ich habe unter anderem gelernt, dass ich supergut darin bin, allein in den Urlaub zu fahren.

Hätten deine 30er eine Headline – welche wäre es?

Vom sicheren Hafen auf die freie, offene, wilde See und zurück zu mir.

Welche Dinge haben dir früher Angst gemacht, heute aber nicht mehr?

Vor zehn Jahren war es wohl, kinderlos alt zu werden und den Stempel „geschieden und gescheitert" zu tragen. Im

Trennungsjahr fiel es mir sehr schwer, zu sagen, dass ich mich scheiden lasse. Es fühlte sich so an, als ob ich versagt hätte. Heute fühle ich mich freier denn je, denn mein Wert wird nicht mehr durch das „geschieden" bestimmt.

Was bedeutet Familie für dich?

Familie ist mir sehr wichtig. Familie bedeutet, Teil eines Rudels zu sein. Ein sicherer Ort, wo ich ich sein darf. Familie ist ein Ort voller Rituale und Liebe.

Worauf bist du in deinem Leben bisher am meisten stolz? Was war dein coolster Meilenstein bisher?

Ein sehr wichtiger Schritt war, mich damals von meinem Kinderwunsch zu lösen. Ich hatte das Gefühl, ohne Kind nicht glücklich zu sein. Diese Sehnsucht brachte mich nach der vierten erfolglosen künstlichen Befruchtung in psychotherapeutische Behandlung. In der Zeit habe ich viel meditiert, mich und meine Glaubenssätze viel hinterfragt und konnte mich dadurch von meinem Kinderwunsch lösen. Aus der stürmischen See mit viel Umbruch und Unsicherheit wieder zurück zu mir gefunden zu haben – das macht mich stolz. Und jetzt bin ich Head of, kann meine Eigentumswohnung allein finanzieren und bereichere mein Leben, was so eine Wendung gebracht hat, mit ungeahnten Dingen und Menschen, die mich lebendig fühlen lassen. Ich bin stolz darauf, welche Eigenverantwortung ich mittlerweile für mein Leben übernehme und wie sehr ich meinen Blickwinkel geweitet habe.

Was würdest du deinem 25-jährigen Ich sagen?
Lizi, es kommt alles anders, als du denkst. Gib nicht auf. Sei mutig. Vertraue auf dich und das Leben. Du wirst Lösungen finden, um außerhalb der Norm zufrieden zu sein.

Welche Frauen inspirieren dich?
Alle Frauen, die jeden Tag kreativ die Herausforderungen ihres Alltags und des Lebens meistern. Alle Frauen, bei denen es anders kam als gedacht/erwünscht/erhofft. Alle Frauen, die mutig sind und aus ihrem gewohnten Umfeld ausbrechen, weil sie da nicht mehr reinpassen.

Was ist dein nächster großer Traum?
Den Segelschein zu machen.

Was denkst du übers Älterwerden?
Ich bin vor Kurzem 40 geworden. Auch wenn ich bedauere, wie schnell die Zeit verfliegt, so habe ich gerade keine Angst vor dem Älterwerden. Dadurch, dass ich in den letzten fünf Jahren so viel loslassen musste, möchte ich gerade nicht an etwas festhalten, das sich nicht festhalten lässt. Bye Bye, ihr lehrreichen 30er!

Was möchtest du jüngeren Frauen mitgeben, die für sich gerade ihren Weg versuchen zu finden?
Tipp 1:
Es ist verdammt hart, wenn plötzlich viele Pärchen im Freundeskreis heiraten und Familien gründen, während du selbst noch nicht weißt, was du möchtest, du noch

nicht so weit bist oder du merkst, dass das alles nichts für dich ist. Du fühlst dich wie beim Sportunterricht zuletzt gewählt. Das verleitet dich vielleicht etwas zu wollen, nur weil alle anderen es gerade haben. → Versuche, dich mit deiner inneren Stimme vertraut zu machen, und gewinne Abstand. Mir hat es geholfen, neue Leute kennenzulernen, die mir gleichgesinnt waren. Es hat den Druck immens rausgenommen, zu sehen, dass es anderen ähnlich wie mir geht.

Tipp 2:
Wenn du dir nicht sicher bist, ob das Kinderthema deins ist: Werde Patin. Seit ich einmal in der Woche für mehrere Stunden Verantwortung für einen Fünfjährigen habe, verstehe ich beide Welten: Mamasein ist ultrahart. Ich verstehe nun, dass sich alles ums Kind dreht und die Probleme der anderen nichtig erscheinen. UND ich genieße es, kinderlos zu sein. Ich genieße es, meinen ruhigen Couchabend zu haben, lange Nächte in Bars zu verbringen und ein Stück weit sorgenloser zu sein.

Sabine

Alter: 42
treibhaus-kreativkonzeption.de
instagram.com/treibhaus_kreativkonzeption

Sabine liebt es, Leute in ihr Potenzial zu heben. Sie ist eine Macherin, die für gute Sachen richtig aufdrehen kann. Daher passt ihre Selbstständigkeit übelst gut zu ihr: Sie betreibt als Inhaberin das *Treibhaus* – einen Agentur-Campus für Kreativkonzeption. Sabine ist für mich der Inbegriff von tiefenentspannt und immer auf der Suche nach dem nächsten Inspo-Ding. Auch als Mama. Dabei hat sie sich nie von Zeitfenstern stressen lassen, hat mit Ende 30 geheiratet und eine Tochter bekommen, sich mit Anfang 40 selbstständig gemacht. Sie hatte nicht die konkrete Kleinfamilien-Vorstellung, sondern glaubte immer daran, es würde schon richtig kommen – wie auch immer das aussehen mag. Könnte jetzt nach „Ach, und dann doch noch volles Paket mit Ehemann und Kind als Happy End" klingen, aber ist viel mehr ein schönes Beispiel für: Erwartungen loslassen und gucken, was sich neu formt – das kann ziemlich cool sein. Sabine hat den Trust-the-Timing-Spirit.

Was ich an Sabine bewundere: ihre Sicht aufs Leben. So angetrieben von den großen und kleinen schönen Dingen. Eine Frau, die mich schon damals als Kollegin inspiriert hat mit ihrem kreativen Geist und ihrem Hang, dem Flow zu vertrauen.

Wie hast du dir als Kind dein Leben jetzt vorgestellt? Führst du das Leben, das du dir damals für dich ausgemalt hast?

Als Kind wollte ich Kindergärtnerin werden. Ich vermute, weil es so schön naheliegend war. Ich bin Kind. Was mag ich? Oh ja, andere Kinder. Jedenfalls habe ich bei meinem ersten Praktikum im Kindergarten festgestellt: Oh shit, voll anstrengend hier. Um die 25 Jahre dazwischen abzukürzen: Ich hatte wenig konkrete Vorstellung darüber, wie meine Zukunft aussehen soll. Und darüber bin ich verdammt glücklich. Denn heute führe ich vielleicht auch darum ein oft zufriedenes Leben, weil ich mich nicht mit einem Idealbild von früher vergleichen muss.

Welche Narrative über ein gelungenes Leben und das Frausein haben dich geprägt? Hast du dich aus Vorstellungen freistrampeln müssen?

Meine eigene Mutter ist kein Vorbild für mich, was mich an manchen Tagen tieftraurig macht. Sie leidet an heftigen Depressionen und einer Angststörung, eine Essstörung kommt noch dazu. Das ist schon immer so. Aber ich habe es erst mit Anfang 20 realisiert. Bis dahin konnten meine Eltern ihre Lebensrealität sehr gut vor mir verstecken. Als Teenager hatte ich offensichtlich ein Gefühl, dass diese Familienatmosphäre nicht so easy aushaltbar ist. Auf jeden Fall würde das erklären, warum ich locker fünf Jahre lang hardcore gekifft habe. Aufstehen, Bong rauchen und ab zum Schulbus. Darum war mein „Frauwerden“ stark geprägt von Lethargie oder sagt man heute noch chillen?

Trotzdem hat meine Mutter es geschafft, mich offen und tolerant zu erziehen und hat mir wenig Druck gemacht, wie ich zu sein habe. Oder vielleicht habe ich einfach gelernt, Aussagen wie „Dann bist du ja mal eine Spätgebärende, wenn du jetzt noch studierst“ – wohlgemerkt war ich zu dem Zeitpunkt 25 – an mir abprallen zu lassen.

Hätten deine 30er eine Headline – welche wäre es?

„Fuck, ist das wirklich mein Leben?“ Es ist bei weitem nicht die Headline, die über meinen gesamten 30ern steht. Aber es ist die, die mir sofort in den Sinn kam. Zu Beginn meiner 30er hatte ich eine Beziehung mit einem Narzissten und Millionär. Ich steckte damals in einer Phase, in der ich unbedingt einen Mann finden wollte, der weiß, wo's lang geht. Ich hatte keinen Bock mehr, immer selbst die Hosen anzuhaben und mir Männer auszusuchen, die nach meiner Pfeife tanzten. Klingt sehr platt und nach fiesem Klischee. Aber hey, so war es einfach. Nach anderthalb Jahren konnte ich mich endlich trennen. Melodramatisch mit verstauchtem Fuß, kaum in der Lage zu gehen, habe ich all meine Sachen bei ihm abgeholt, aus dem circa 40 Quadratmeter großen Ankleidezimmer wohlgemerkt. Dann kam ein kurzes Revival der Sturm-und-Drang-Zeit, die ich schon aus meinen 20ern kannte. „Back in the game!“, dachte ich mir und passend dazu habe ich einen Job in Berlin angenommen. Gäbe es eine bessere Stadt für einen Neuanfang? Aber wie es das Schicksal so wollte, haben Markus und ich uns kennengelernt. Er in Düsseldorf, ich schon auf dem Weg nach Berlin. Er war im Anbahnungsprozess so schüchtern, dass ich ihn überreden musste, bei mir zu übernachten. Wow, das war mir auch noch nicht passiert. Außerdem war er der erste Mann, mit dem ich Händchen gehalten habe, bevor wir uns geküsst haben. Meine Freundin kommentierte nur: „Wenn du nach Berlin kommst, dann nimm dein Herz mit." Was soll ich sagen, ich habe es in Düsseldorf gelassen und wir hatten fünf bis sechs Jahre eine wunderbare Beziehung. Fernreisen, Partys, Ausstellungen, Couch-Abende: Wir haben den Beziehungskoffer vollgepackt mit wunderschönen Erlebnissen.

Und dann irgendwann ganz schleichend hat sich die Tristesse eingeschlichen. All die langweiligen Seiten des Beziehungsalltags haben mich plötzlich in der Sackgasse fühlen lassen. Ich fühlte keine Inspiration mehr, keine Lebendigkeit, hatte das Gefühl, so ist das jetzt eben als Paar und eventuell Familie. Aber soll das wirklich mein Leben sein? Das Gefühl wurde übermächtig und ich fühlte mich, als hätte ich einen riesigen Kieselstein verschluckt. Ich steckte fest und diese Schwere hatte sich breitgemacht.

Dann habt ihr euch getrennt, als du 37 warst. Wie war das für dich? Hattest du Angst, was das jetzt für dein weiteres Leben bedeuten würde?

Genau, wir kamen nicht weiter. Ich konnte mich nicht trennen und nicht bleiben. Ich war schrecklich ihm gegenüber und fühlte mich auch mit mir schrecklich. Also machten wir einen Monat Pause und ich zog aus. Ich wohnte bei einer engen Freundin, die sich auch kurze Zeit vorher getrennt hatte. Wir verbrachten wunderbare Spätsommerabende auf ihrem Balkon und besprachen jedes Hätte, Würde, Könnte. Alle Gespräche mit Freund*innen haben mich weitergebracht, keine Frage. Nur am Ende musste ich es selbst für mich herausfinden. Und tatsächlich hatte ich den einen Moment, als ich auf der *at.tension*, einem Theater- und Musikfestival, unter der Dusche stand und nachdachte über die anderen Paare, die dort waren. Und irgendwie machte es Klick und ich begriff: Es gibt nicht nur Schwarz oder Weiß. Die Entscheidung zwischen langweiligem Familienleben und outgoing Selbstverwirklichung muss ich gar nicht treffen. Ich wusste plötzlich, Markus ist der Richtige und ich kann mir selbst treu bleiben, mich verwirklichen, mit ihm an meiner Seite. Als wir wieder zueinanderfanden und zum zweiten Mal frisch verliebt waren, dauerte es nur ein paar Wochen und ich war schwanger. Dabei hatten wir es vorher schon locker zwei Jahre probiert.

Wie hast du die K-Frage für dich gelöst? Wusstest du immer ganz bestimmt, dass du ein Kind möchtest?

Bis Anfang 30 habe ich mir diese Frage sehr offengehalten. Wenn's passiert, passiert's. Wenn nicht, dann nicht. Ein Kind gehörte nicht zu meiner Bucketlist für ein erfülltes Leben. Diese Einstellung hat mir bei der Männerwahl sicher geholfen, denn das K.O.-Kriterium „Er will keine Kinder, dann ist er raus" existierte in meiner Welt nicht.

Heute hast du eine kleine Tochter – was wäre dein Plan B gewesen, hätte sich dein Kinderwunsch nicht erfüllt?

Meine Tochter ist jetzt vier Jahre alt und ich genieße die Zeit sehr. Durch mein selbstständiges Arbeiten kann ich viel Zeit mit ihr verbringen und auf der anderen Seite geht Markus so in seiner Papa-Rolle auf, dass ich mich, so oft ich es brauche, rausziehen kann. Einen Plan B gab es nicht wirklich. Natürlich kommen mir die Klassiker in den Sinn: unabhängig sein, reisen und die Welt entdecken. Aber ich glaube auch an das Schicksal, dass es sich so zusammen puzzelt, wie es mir guttut. Dabei hilft es sicher, dass ich nicht so sehr von idealtypischen Vorstellungen getrieben bin.

Worauf bist du in deinem Leben bisher am meisten stolz? Was war dein coolster Meilenstein bisher?

Ich bin stolz auf meine Entwicklung. Ich komme aus einer Arbeiterfamilie. Es war überhaupt nicht selbstverständlich, dass ich aufs Gymnasium gehe, erst recht nicht, dass ich studiere. Dass ich mich dann auch noch aus der Sicherheit des Angestelltseins löse und mein eigenes Business führe – diese ganze Strecke, die macht mich stolz und sehr zufrieden. Und auf Beziehungsebene ist es die Erkenntnis, dass es sich lohnt, für seinen Herzensmenschen zu kämpfen. Dass es sich lohnt, die eigenen Emotionen auszuhalten. Dass ich erkannt habe, wie wichtig es ist, die eigene Beziehung zu reparieren, statt sie vorschnell wegzuschmeißen.

Was würdest du deinem 25-jährigen Ich sagen?
In meinen 20ern war ich sehr versessen darauf, immer, wirklich immer, einen Mann an meiner Seite zu haben. Und wenn ich mal Single war, musste da auf jeden Fall auch irgendwie irgendwo was gehen. „Relax und mach einfach mal dein eigenes Ding", würde ich mir sagen.

Was definiert für dich dein Frausein?
Frausein bedeutet für mich immer und an erster Stelle Female Empowerment. Ich will Vorbild sein für andere Frauen und für meine Tochter. Das heißt nicht, dass ich immer stark sein und immer alles schaffen muss. Es heißt aber gegenüber Männern und veralteten Rollenbildern, Prozessen, Kommentaren, whatever, wachsam zu sein, Kontra zu bieten und sich die Position zu erarbeiten, die wir verdient haben. Das gilt für den Alltag genauso wie für Beziehungs- oder Business-Situationen.

Was denkst du übers Älterwerden? War es für dich ein „Ding", 40 zu werden?
Ich fand es schrecklich, 30 zu werden. Der ersten Freundin, die mich anrief, habe ich aus tiefster Kehle ins Telefon geschluchzt. Dann kamen sie eine Stunde später mit einem Gute-Laune-Rettungskommando. Das war Gold wert. Mein 40. Geburtstag dagegen war easy. Ich bin sehr gern 40 geworden, weil in diesen zehn Jahren verdammt viel passiert ist und ich ein Stück mehr zu mir gefunden habe.

Was möchtest du jüngeren Frauen mitgeben, die für sich gerade ihren Weg versuchen zu finden?

Wenn du das Gefühl hast, du steckst in einer Sackgasse oder mit den Goldsandalen im Schlamm, versuch herauszufinden, woran es wirklich liegt. Manchmal blenden uns die Vorstellungen anderer oder das Geflecht an Einflussfaktoren. Nimm dir die Zeit, dich wirklich mit dir auseinanderzusetzen. Fahr raus, allein, ohne irgendwen und trau dich, die Sache mit dir selbst auszuhandeln.

Buchtipps

Als kleines Goodie habe ich dir hier noch ein paar gute Bücher für bestimmte Situationen zusammengestellt, in denen wir ein bisschen Empowerment, ein bisschen Humor, eine warme Umarmung in Buchstabenform, eine Prise Inspiration oder etwas Wutentzündendes finden. Denn: I feel you.

Wenn du ein bisschen was über Mut und reflektiertes Miteinander erfahren möchtest, lies: **Madeleine Alizadeh: „Starkes weiches Herz", Ullstein, Berlin 2019.**

Wenn dir nach ein bisschen Empowerment als Single ist, lies: **Silvia Follmann: „A Single Woman. Ein Plädoyer für Selbstbestimmung und neue Glückskonzepte", Goldmann, München 2019.**

Wenn Tante Inge mal wieder auf der Familienfeier nach Partner*innen fragt, lies: **Gunda Windmüller: „Weiblich, ledig, glücklich – sucht nicht. Eine Streitschrift", Rowohlt, Reinbek bei Hamburg 2019.**

Wenn du Single und gerade darüber traurig bist und denkst, dass ein*e Partner*in ganz bestimmt alles besser mache im Leben, lies: **Catherine Gray: „Vom unerwarteten Vergnügen, Single zu sein", mvg Verlag, München 2021.**

Wenn du verstehen möchtest, wie Diskriminierungsmuster in der Gesellschaft ablaufen und du die konstruierte Normalität hinterfragen willst, lies: **Emilia Roig: „Why we matter. Das Ende der Unterdrückung", Aufbau Verlag, Berlin 2021.**

Wenn du einen Stubser brauchst, um mal wieder mehr ins Fühlen zu kommen, lies: **Glennon Doyle: „Ungezähmt", Rowohlt, Hamburg 2020.**

Wenn du dich fragst, ob du wirklich einen Kinderwunsch hast oder nur glaubst einen zu haben, lies: **Sarah Diehl: „Die Uhr, die nicht tickt. Kinderlos glücklich. Eine Streitschrift", Arche Literatur-Verlag, Zürich/Hamburg 2016.**

Wenn du wissen möchtest, wie verantwortungsvolle Spiritualität mit Feminismus einhergeht und helfen kann, sich selbst noch ein bissl besser auf die Spur zu kommen, lies: **Hannah und Marie Krutmann: „Everyday Magic. Ein Handbuch für alltagstaugliche und empowernde Spiritualität", Bastei Lübbe, Köln 2021.**

Wenn du traurig darüber bist, dass sich Freundschaften so verändern, lies: **Dolly Alderton: „Alles, was ich über die Liebe weiß", Kiepenheuer & Witsch, Köln 2019.**

Wenn du Bock auf mehr Selbstermächtigung beim Sex hast und mal beleuchten willst, welche sexistischen Zuschreibungen es über weibliche Lust gibt, lies: **Katja Lewina: „Sie hat Bock", DuMont, Köln 2020.**

Wenn du ziemlich viel im Leben mal anders betrachten möchtest, um Diskriminierung und Ungerechtigkeiten zu sehen und zu verstehen, lies: **Jaspers, Lisa; Ryland, Naomi; Horch, Silvie (Hrsg.): „Unlearn Patriarchy", Ullstein, Berlin 2022.**

Wenn du verstehen willst, warum Liebe politisch ist, lies: **Şeyda Kurt: „Radikale Zärtlichkeit. Warum Liebe politisch ist", HarperCollins, Hamburg 2021.**

Wenn du ziemlich gute, ganz verschiedene Impulse willst, die deine Sicht auf dein Leben transformieren können, lies oder – in diesem Fall noch besser, weil super beruhigend – hör **Brianna Wiest: „101 Essays, die dein Leben verändern werden", Piper, München 2022.**

Danke

Jetzt ist Zeit, um Danke zu sagen. Wie oft habe ich im Schreibprozess darüber nachgedacht, wem ich wie danken möchte. So viele Menschen, die mich unterstützt haben – auf ganz unterschiedliche Weise. Ja, und jetzt habe ich das Gefühl, dass all das, was ich sagen möchte, hier den Platz sprengt. Und dennoch will es raus – ein fettes Danke an:

Mama und Papa: Fürs Elternsein, für das ich keine Worte finde. Nur Rührung und Liebe und so unendlich viel Dankbarkeit – dafür, dass ihr immer an mich glaubt, mich immer unterstützt und mir Halt gebt, wenn ich ihn mal verliere. Danke Mama und Papa für unzählige Gespräche, für offene Arme und Türen, egal in welchem Alter, für Verbundenheit und den Glauben an mich. Für viele getrocknete Tränen auf diesem Weg und so viel Ermutigung.
Meinen Bruder: Fürs Dasein, wenn's drauf ankommt, das Rückenfreihalten und dein bewundernswert strategisches Denken. Bester Berater und so. :)
Bertl & Else: Für Fluff-Vibes und Hundeliebe, die mir an dunklen Schreibtagen mein Oxytocin-Level hochgepusht haben.
Sarah: Fürs Brainstormen, fürs Immer-Mitdenken, Korrekturlesen und dein scharfes Lehrerinnen-Auge und den unbezahlbaren emotionalen Support, der mich so oft gehalten hat, wenn ich in Gedankenfluten drohte unterzugehen. Für so viel empowernde Verbindung auf vielen Ebenen.

Lou: Für Literatur-Nachschub und wertvolle Inspo-Podcast-Gespräche.
Liza & Angi: Fürs Mitfühlen, Mitjubeln, Mitüberlegen, Mitmachen und überhaupt.
Sebastian & Luisa: Für Call-me-911 und offene Ohren. Für Vino, Wald und Herzerwärmendes zwischendurch.
Julie Ann: Für dieses wunderschöne Buchcover, aufgeregte Farbenliebe und Zuhören. Ganz viel Zuhören.
Sabine & Alex: Fürs Yes-Schreien der ersten Stunde, superhilfreichen Austausch und fürs Kopffreimachen.
Jenni & Claudia: Fürs Nach-Düsseldorf-Holen, mit dem ihr mir einen wichtigen Step für meine eigene Story geliefert habt. Fürs Erden, wenn Impostor-Syndrom kickte.
Maule: Für Immer-bisschen-Vorbild-sein und hilfreiche, kontroverse Gespräche, die mich stets ein Stück weiterbringen.
Oma Helga: Fürs immerwährende Cheerleaderin-Sein, für 1.001 bereichernde Gespräche und puren Oma-Stolz.
Oma Christa: Für die stetige, ermutigende Feststellung, dass ich „ohne Punkt und Komma reden" und ziemlich gut mit Worten könne. Für den Glauben daran, dass ich meinen Weg schon gehen werde. Ich hätte dir so gerne noch gezeigt, was ich daraus mit diesem Buch gemacht habe – ich weiß, du wärst stolz.
Sanne: Fürs Patentante-Sein mit inspirierenden Gesprächen und für Perspektivwechsel über Pro und Contra von Lebensentwürfen.
Sascha: Für geteilte Ängste übers Erwachsensein. Für morgendliche Kaffee-Calls mit Deep Talk und erste Ermutigungen, ins Schreiben zu kommen.

Kathi: Für Unaufgeregtheit, die mir immer wieder guttut und mich erkennen lässt, was zählt.
Kerstin: Für eine so wichtige und tolle Jubel-Trubel-Zeit, ohne die ich vermutlich nie dieses Buch geschrieben hätte. Und für die dauernde Ermutigung, dass das mein Weg sei.
Marlene: Für so respektvolles Verständnis seit mehr als 20 Jahren bei so gegensätzlichen Lebensentwürfen.
Nicole: Fürs Mutmachen, dass das Alter kein Stressfaktor sein sollte.
Pia: Für neue Sichtweisen und den Beweis, dass Hunde tolle Leute ins Leben spülen können.
Henrike: Für deinen Support und das fabelhafte Vorwort.
Anne und das Palomaa-Team: Für die Möglichkeit, dieses Buch zu veröffentlichen, für die unendlich hilfreichen Feedback-Calls, um das Ding hier gemeinsam zu wuppen.
Frau M.: Für eine therapeutische Begleitung, ohne die ich nicht die wäre, die ich heute bin. Für Fachwissen gepaart mit Empathie und auf gute Weise schmerzende Ehrlichkeit.
Pia-Marie: Für die Wegbegleitung, um meine innere Stimme wiederzufinden.
Meine Interviewpartnerinnen: Für eure Antworten. Ihr habt das hier erst rund gemacht. Ihr stillt mein Vorbildbedürfnis mit einem ordentlichen Batzen Inspiration.

Und ich danke auch den vielen anderen Menschen, die mich auf diesem Weg supportet haben. Lieb's einfach.

Anhang
Literatur

Bücher, die mich begleitet haben.

Amstutz, Priska; Hof, Leoni: „Das neue 40. Alles kann, nichts muss", Knesebeck, München 2021.

Bernhardt, Klaus: „Panikattacken und andere Angststörungen loswerden. Wie die Hirnforschung hilft, Angst und Panik für immer zu besiegen", Ariston Verlag in der Verlagsgruppe Random House, München 2017.

Bourne, Holly: „War's das jetzt?", bold, München 2020.

Burkhart, Günter: „Soziologie der Paarbeziehung", Springer VS, Wiesbaden 2018.

Diehl, Sarah: „Die Uhr, die nicht tickt. Kinderlos glücklich. Eine Streitschrift", Arche Literatur-Verlag, Zürich/Hamburg 2016.

Donath, Orna: „Regretting Motherhood. Wenn Mütter bereuen", Knaus, München 2016.

Draxler, Tanja: „Lebe wild, verrückt & wunderbar. Entdecke deine weibliche Kraft", Trias, Stuttgart 2020.

Ecarius, Jutta; Schierbaum, Anja (Hrsg.): „Handbuch Familie“, Springer VS, Wiesbaden 2022.

Follmann, Silvia: „A Single Woman. Ein Plädoyer für Selbstbestimmung und neue Glückskonzepte“, Goldmann, München 2019.

Funk, Mirna: „Who cares! Von der Freiheit, Frau zu sein“, dtv Verlagsgesellschaft, München 2022.

Given, Florence: „Frauen schulden dir gar nichts“, Kiepenheuer & Witsch, Köln 2022.

Grach, Katja: „Die MILF-Mädchenrechnung. Wie sich Frauen heute zwischen Fuckability-Zwang und Kinderstress aufreiben“, Schwarzkopf & Schwarzkopf Verlag, Berlin 2018.

Gräfen, Svenja: „Radikale Selbstfürsorge. Jetzt! Eine feministische Perspektive“, Eden Books, Hamburg 2021.

Gray, Catherine: „Vom unerwarteten Vergnügen, Single zu sein“, mvg Verlag, München 2021.

Haig, Matt: „The Comfort Book. Gedanken, die mir Hoffnung machen“, Droemer, München 2021.

Hammer, Matthias: „Der Feind in meinem Kopf. Stopp den inneren Kritiker“, Gräfe und Unzer, München 2015.

Huhn, Jana: „Von Kopf bis Fuß. Weil man manchmal erst Umwege gehen muss, um bei sich selber anzukommen“, Diana Verlag in Penguin Random House, München 2022.

Jankovska, Bianca: „Das Millennial Manifest“, Rowohlt, Reinbek bei Hamburg 2018.

Jaspers, Lisa; Ryland, Naomi; Horch, Silvie (Hrsg.): „Unlearn Patriarchy“, Ullstein, Berlin 2022.

Jungmann, Sandra: „Laut und selbstbestimmt. Wie wir wurden, wer wir sind“, Leykam, Graz-Wien 2022.

Kaloff, Susanne: „Angst ist nichts für Feiglinge. Mein Exit aus der Panik“, Fischer, Frankfurt am Main 2020.

Karven, Ursula: „Diese verdammten Ängste. Und wie wir an ihnen wachsen“, Goldmann, München 2021.

Kebekus, Carolin; Tripke, Mariella: „Es kann nur eine geben“, Kiepenheuer & Witsch, Köln 2021.

Korbik, Julia: „Oh, Simone! Warum wir Beauvoir wiederentdecken sollten“, Rowohlt, Reinbek bei Hamburg 2018.

Kullmann, Katja: „Die singuläre Frau“, Hanser Berlin, München 2022.

Kupke, Lena: „Wahrheit oder Pflicht. Was ich übers Frausein gelernt habe“, Piper, München 2021.

Krutmann, Hannah; Krutmann, Marie: „Everyday Magic. Ein Handbuch für alltagstaugliche und empowernde Spiritualität“, Bastei Lübbe, Köln 2021.

Kurt, Şeyda: „Radikale Zärtlichkeit. Warum Liebe politisch ist“, HarperCollins, Hamburg 2021.

Lewina, Katja: „Sie hat Bock“, DuMont, Köln 2020.

Lindroth, Malin: „Ungebunden. Das Leben als alte Jungfer“, Piper, München 2020.

Loetzner, Michèle: „Liebeskummer bewältigen in 99 Tagen“, DuMont, Köln 2020.

Mika, Bascha: „Mutprobe. Frauen und das höllische Spiel mit dem Älterwerden“, btb Verlag in der Verlagsgruppe Random House, München 2015.

Pungs, Nadine: „Nichtmuttersein. Von der Entscheidung, ohne Kinder zu leben“, Piper, München 2022.

Roig, Emilia: „Why we matter. Das Ende der Unterdrückung“, Aufbau Verlag, Berlin 2021.

Stokowski, Margarete: „Untenrum frei“, Rowohlt, Reinbek bei Hamburg 2019.

Wiest, Brianna: „101 Essays, die dein Leben verändern werden“, Piper, München 2022.

Windmüller, Gunda: „Weiblich, ledig, glücklich – sucht nicht. Eine Streitschrift“, Rowohlt, Reinbek bei Hamburg 2019.

Quellen und Anmerkungen

1 Zitat von Jenna Woginrich, im englischen Original: „It's okay to live a life that others don't understand."

2 https://de.wikipedia.org/wiki/Narrativ_(Sozialwissenschaften)

3 Babyboomer meint die Generation, die zwischen 1946 und 1964 geboren wurde. Zurückzuführen ist der Name auf die hohe Geburtenrate, denn die Wirtschaft in Deutschland erlebte wieder einen Aufschwung. Sie sind die erste Generation, die dank des Wirtschaftswunders die Massenproduktion von Gütern erleben konnte. Im Fokus standen Leistungswille und die Arbeit, die den neuen Wohlstand erlaubte. Quelle: https://unicum-media.com/marketing-wiki/generation-x-y-z/?portfolioCats=88%2C84%2C85%2C82%2C83

4 Vgl. Windmüller, Gunda: „Weiblich, ledig, glücklich – sucht nicht. Eine Streitschrift", Rowohlt, Reinbek bei Hamburg 2019, S. 31.

5 Jungmann, Sandra: „Laut und selbstbestimmt. Wie wir wurden, wer wir sind", Leykam, Graz-Wien 2022, S. 19.

6 Danke an Pia-Marie und Nadja fürs Lehren.

7 Vgl. Bernhardt, Klaus: „Panikattacken und andere Angststörungen loswerden. Wie die Hirnforschung hilft, Angst und Panik für immer zu besiegen", Ariston Verlag in der Verlagsgruppe Random House, München 2017, S. 36.

8 Vgl. ebd., S. 23–26.

9 Vgl. Gray, Catherine: „Vom unerwarteten Vergnügen, Single zu sein", mvg Verlag, München 2021, S. 92.

10 https://de.statista.com/statistik/daten/studie/180321/umfrage/durchschnittliches-alter-bei-der-eheschliessung-nach-geschlecht/

11 Ebenda.

12 https://www.amazedmag.de/aelterwerden-wie-habe-ich-mich-mit-30-zu-verhalten/

13 Ebenda.

14 Mika, Bascha: „Mutprobe. Frauen und das höllische Spiel mit dem Älterwerden", btb Verlag in der Verlagsgruppe Random House, München 2015, S. 8.

15 Simone de Beauvoir, „Der Lauf der Dinge", Rowohlt, Hamburg 24. Auflage 2008, S. 621.

16 Ebenda, S. 271.

17 Vgl. Mika 2015, S. 9.

18 Ebenda, S. 157.

19 Ebenda, S. 9.

20 https://www.freitag.de/autoren/maennerheldinnen/das-alter-ist-die-hoelle-der-frauen

21 https://taz.de/Altersdiskriminierung-von-Frauen/!5714293/

22 Vgl. Mika 2015, S. 32ff.

23 https://www.instagram.com/p/CdEK_BuoQcA/

24 https://www.youtube.com/watch?v=vDz2kcjWpOs

25 https://www.glamour.com/story/amy-schumer-dating-last-fuckable-day

26 Vgl. Mika 2015, S. 117.

27 Ebenda.

28 https://www.deutschlandfunk.de/endlich-mal-erklaert-wie-alt-duerfen-schauspieler-im-100.html

29 https://www.rte.ie/lifestyle/living/2021/1215/1266884-satcs-kristin-davis-slams-ageist-comments-about-appearance/

30 https://www.harpersbazaar.com/culture/features/a40253412/millennials-aging-40-advice/

31 Vgl. Given, Florence: „Frauen schulden dir gar nichts", Kiepenheuer & Witsch, Köln 2022, S. 38f.

32 Amstutz, Priska; Hof, Leoni: „Das neue 40. Alles kann, nichts muss", Knesebeck, München 2021.

33 https://editionf.com/das-alter-ist-die-hoelle-der-frauen/

34 https://taz.de/Altersdiskriminierung-von-Frauen/!5714293/

35 Vgl. Grach, Katja: „Die MILF-Mädchenrechnung. Wie sich Frauen heute zwischen Fuckability-Zwang und Kinderstress aufreiben", Schwarzkopf & Schwarzkopf Verlag, Berlin 2018, S. 12f.

36 Vgl. Krutmann, Hannah; Krutmann, Marie: „Everyday Magic. Ein Handbuch für alltagstaugliche und empowernde Spiritualität", Bastei Lübbe, Köln 2021, S. 24f.

37 Vgl. Grach 2018, S. 74f.

38 https://www.emma.de/artikel/wer-waren-die-hexen-316909

39 Vgl. Grach 2018, S. 65f.

40 https://www.emma.de/artikel/wer-waren-die-hexen-316909

41 Vgl. Grach 2018, S. 48.

42 https://www.planet-wissen.de/geschichte/neuzeit/hexenverfolgung/index.html

43 https://www.freundin.de/lifestyle-sex-im-alter-ist-besser

44 Mika 2015, S. 292.

45 Vgl. ebenda, S. 56f.

46 https://warwick.ac.uk/fac/arts/english/currentstudents/undergraduate/modules/literaturetheoryandtime/susan_sontag_the_double_standard_of_aging.pdf

47 https://www.humanresourcesmanager.de/arbeitsrecht/diese-rechte-haben-frauen-in-den-letzten-100-jahren-errungen/#:~:text=Aber%3A%20Noch%20bis%201977%20durfte,Ehe%2D%20und%20Familienrechts%20in%20Kraft.

48 https://www.zeit.de/zeit-magazin/leben/2018-02/frauen-miteinander-karriere-privat-erfolg-goennen?utm_referrer=https%3A%2F%2Fwww.google.com%2F

49 https://www.jetzt.de/meine-theorie/warum-ich-andere-frauen-immer-als-konkurrenz-sehe

50 Vgl. Kebekus, Carolin; Tripke, Mariella: „Es kann nur eine geben", Hörbuch Argon Verlag, Berlin 2021, (00:02:27-00:06:23).

51 https://www.zeit.de/zeit-magazin/leben/2018-02/frauen-miteinander-karriere-privat-erfolg-goennen?utm_referrer=https%3A%2F%2Fwww.google.com%2F

52 United Nations Development Programme: „2020 Gender Social Norms Index (GSNI): Tackling Social Norms: A game changer for gender inequalities"; https://hdr.undp.org/content/2020-gender-social-norms-index-gsni

53 https://t1p.de/pk8e

54 Pick-me: Aus dem Englischen übersetzt bedeutet der Begriff „Pick Me" so viel wie „Nimm mich" und verkörpert in Bezug auf den Ausdruck „Pick-Me-Girl" kurz zusammengefasst Mädchen oder Frauen, die sich auf Kosten anderer Frauen bei Männern beliebt machen und deren Aufmerksamkeit auf sich ziehen wollen. Quelle: https://www.stuttgarter-zeitung.de/inhalt.was-bedeutet-pick-me-und-was-sind-pick-me-girls-mhsd.319c1e8a-c728-4cd0-82a6-3a59d1cf87ee.html#:~:text=Der%20Begriff%20%E2%80%9EPick%20Me%E2%80%9C%20beschreibt,vom%20anderen%20Geschlecht%2C%20erlangen%20wollen

55 https://www.gleichstellung-im-blick.de/was-hat-sie-was-ich-nicht-habe-konkurrenz-unter-frauen/

56 https://www.zeit.de/zeit-magazin/leben/2018-02/frauen-miteinander-karriere-privat-erfolg-goennen?utm_referrer=https%3A%2F%2Fwww.google.com%2F

57 Ebenda.

58 Vgl. Gray, S. 19f. u. 36ff.

59 Vgl. Kebekus 2021, (00:29:12-00:38:11).

60 Gray 2021, S. 50.

61 Ursprungartikel von Vicky Spratt, übersetzt von Elisabeth Kochan. Quelle: https://www.refinery29.com/de-de/2022/03/10920265/kleine-schwester-verlobung-ehe-alter?utm_source=facebook.com&utm_medium=depost&fbclid=IwAR2E6l3Yc1E1h-SBrqzqQNFJZK-N2QNkpnlVWHw79B2itDYhgyf8o1WgQ8c

62 Ebenda.

63 https://de.statista.com/statistik/daten/studie/76211/umfrage/scheidungsquote-von-1960-bis-2008/

64 Vgl. Windmüller 2019, S. 36.

65 https://www.geo.de/wissen/gesundheit/6155-rtkl-romantische-revolution-wie-die-liebe-die-welt-kam

66 Vgl. Burkhart, Günter: „Soziologie der Paarbeziehung“, Springer VS, Wiesbaden 2018, S. 57.

67 Vgl. Windmüller 2019, S. 37.

68 https://www.geo.de/wissen/gesundheit/6155-rtkl-romantische-revolution-wie-die-liebe-die-welt-kam

69 Vgl. Burkhart 2018, S. 65f.

70 Windmüller 2019, S. 38.

71 Vgl. Burkhart 2018, S. 69f.

72 Vgl. Diehl, Sarah: „Die Uhr, die nicht tickt. Kinderlos glücklich. Eine Streitschrift“, Arche Literatur-Verlag, Zürich/Hamburg 2016, S. 23f.

73 Vgl. Schierbaum, Anja: „Zur Geschichte von Familie und Gesellschaft“, in: Ecarius, Jutta; Schierbaum, Anja (Hrsg.): „Handbuch Familie“, Springer VS, Wiesbaden 2022, S. 13f.

74 Emcke, Carolin: „Wie wir begehren“, Fischer, Frankfurt/M. 2013, S. 178.

75 Vgl. Gray 2021, S. 94.

76 https://www.schachtelkranz.de/br%C3%A4uche/zum-25-geburtstag/schachtelkranz/#:~:text=Der%20Brauch%20des%20Schachtelkranzes%20f%C3%BCr,dahin%20noch%20nicht%20verheiratet%20ist

77 https://editionf.com/ehe-top-single-sein-flop-von-singlism-und-matrimania/

78 https://www.spiegel.de/wirtschaft/soziales/studie-zu-ehebonus-warum-verheiratete-mehr-geld-verdienen-a-777099.html

79 https://editionf.com/ehe-top-single-sein-flop-von-singlism-und-matrimania/

80 Gray 2021, S. 365.

81 https://www.theguardian.com/science/2010/sep/15/price-love-close-friends-relationship

82 TED Talk von Bella dePaulo: https://www.youtube.com/watch?v=lyZysfafOAs

83 Ebenda.

84 https://www.watson.de/leben/beziehung/325054289-von-wegen-heirat-und-kinder-kriegen-experte-erklaert-warum-single-frauen-gluecklicher-sind

85 Vgl. Gray 2021, S. 281.

86 https://www.amazedmag.de/die-starke-singlefrau-und-der-wunsch-nach-bindung/

87 Vgl. Burkhardt 2018, S. 228.

88 Gray 2021, S. 13.

89 Vgl. Bourne, Holly: „War's das jetzt?", bold, München 2020, S. 46.

90 Lindroth, Malin: „Ungebunden. Das Leben als alte Jungfer", Piper, München 2020, S. 12.

91 https://www.jubel-trubel.de/leben/deep-talk-wenn-rollen bilder-stressen/

92 https://www.youtube.com/watch?v=4ya1o5TX73M

93 https://causa.tagesspiegel.de/gesellschaft/lebenszeiten-wie-praegen-die-jahrzehnte-unsere-identitaet/mein-leben-als-fragezeichen.html

94 Ebenda.

95 https://www.zeit.de/kultur/2019-10/altersdiskriminierung-frauen-arbeitsplatz-gleichberechtigung-10nach8/seite-2

96 Vgl. ebenda.

97 https://themindsjournal.com/no-but-seriously-normalize-finding-love-in-your-40s/

98 https://www.theatlantic.com/magazine/archive/2013/07/how-long-can-you-wait-to-have-a-baby/309374/

99 Vgl. Windmüller 2019, S. 159f.

100 Nieberding, Mareike, „Die K-Frage", in: SZ-Magazin, 41, 2019, S. 24.

101 https://www.stern.de/lifestyle/liebe-sex/single-shaming--frauen-haben-ein--verfallsdatum--beim-dating-31896414.

html?utm_medium=posting&utm_campaign=neon_fanpage&utm_source=facebook&fbclid=IwAR0A2QjOlpiMxNJN0bwYcSp9EOVUk3XvlV0OD87QPw0-ASk3_qbpFKQedKw&fs=e&s=cl)

102 Vgl. Diehl 2016, S. 57.

103 Vgl. Pungs, Nadine: „Nichtmuttersein. Von der Entscheidung, ohne Kinder zu leben", Piper, München 2022, S. 148f.

104 Diehl 2016, S. 32.

105 Vgl. Pungs 2022, S. 148f.

106 Vgl. Diehl 2016, S. 38.

107 https://www.deutschlandfunkkultur.de/das-rollenbild-der-mutter-das-wird-immer-so-toll-dargestellt-100.html

108 https://www.destatis.de/DE/Presse/Pressemitteilungen/2021/03/PD21_N017_13

109 Ebenda.

110 Pungs 2022, S. 50.

111 https://www.elle.de/lifestyle-feminismus-kinderwunsch-kinderlos-egoismus?utm_campaign=Facebook_Posting&utm_medium=social&utm_source=fb_ELLE&fbclid=IwAR3o0xZaOnhBz-d3gFrVh7w-5o45uUlG03t2MVSaj1o4srtf1KjhzurXJFA

112 Vgl. Windmüller 2019, S. 147f.

113 https://www.mdr.de/nachrichten/thueringen/ost-thueringen/gera/gewollt-kinderlos-kinderfrei-frauen-studie-100.html

114 Strømsborg, Linn: „Nie, nie, nie", DuMont, Köln 2021, S. 224.

115 Vgl. Pungs 2022, S. 153.

116 Donath, Orna: „Regretting Motherhood". Wenn Mütter bereuen, Knaus, München 2016.

117 Vgl. ebenda, S. 32.

118 https://www.instagram.com/p/CdSNhLDKtI4/?hl=de

119 https://www.huffpost.com/entry/for-the-record_b_57855586e4b03fc3ee4e626f

120 https://www.spiegel.de/panorama/leute/jennifer-aniston-ueber-ivf-behandlung-ich-habe-versucht-schwanger-zu-werden-a-d13dfbbb-cb84-4811-98ea-040b5ae78e36

121 Bücker, Teresa: „unlearn family", in: Jaspers, Lisa; Ryland, Naomi; Horch, Silvie (Hrsg.): „Unlearn Patriarchy", Ullstein, Berlin 2022, S. 133.

122 https://www.planet-wissen.de/video-vater-mutter-kind-familie-im-wandel-100.html

123 Bücker 2022, S. 137.

124 https://www.planet-wissen.de/gesellschaft/familie/familie_im_wandel/index.html

125 Vgl. Windmüller 2019, S. 31.

126 Vgl. Lewina, Katja: „Sie hat Bock", DuMont, Köln 2020, S. 56f.

127 Ich schildere hier meine eigenen Erfahrungen, die keinen allgemeingülten Rat darstellen. Solltest du unter psychischen Problemen leiden, solltest du dich Ärzt*innen oder Psychotherapeut*innen anvertrauen.

128 https://www.instyle.de/lifestyle/romance-gap-dating-verhalten-studie-bumble

129 https://thebeehive.bumble.com/de/the-romance-gap

130 Ebenda.

131 Vgl. Loetzner, Michèle: „Liebeskummer bewältigen in 99 Tagen", DuMont, Köln 2020, S. 14.

132 Vgl. ebenda, S. 144.

133 An dieser Stelle lieben Dank an Pia-Marie – Monkey-Mind-Talk ist ein echter Gamechanger für mich.

134 Lenarz, Jan: „Ein guter Plan Pro 2022", Ein guter Verlag, Berlin 2022.

135 Lenarz, Jan: „Ein guter Plan Pro 2022", Ein guter Verlag, Berlin 2022.

136 https://www.instagram.com/p/CcCo-nqMD27/

Letzter Aufruf der Online-Quellen: 28. September 2022

Über die Autorin

Fotocredit: Jana Stein, LUFTKIND

Jennifer Klinge

Jennifer Klinge ist Texterin, Autorin sowie Marken- und Social-Media-Strategin. Ihr Spezialgebiet: die Entwicklung von Markensprache und gutem Storytelling. Nach Zwischenstopps bei TV, Radio und Printredaktionen war sie als PR- und Social-Media-Managerin für verschiedene Agenturen tätig, bevor sie sich vor fünf Jahren selbstständig machte. Aktuell lebt Jennifer in Düsseldorf und ist dort Teil des *Oh hey,-Kollektivs*, einem Gemeinschaftsbüro für Dinge und Sachen rund um Branding, Digital-Content und Social Media.

Jennifer begeistert sich aber auch fernab von Markenwelten für Geschichten. Die nämlich aus dem Leben – die witzigen, die mut- oder auch wutmachenden. Geschichten übers Frausein und über ihren Umgang mit den gesellschaftlichen Erwartungen, mit denen sie als kinderlose, selbstständige Singlefrau Mitte 30 immer wieder konfrontiert wird. Denn sie hat es selbst erlebt, wie der heteronormative Dauerdruck im Außen die mentale Gesundheit gefährden kann.

Ihr eigener Lebenswandel macht sie daher zur Expertin für das eigene Timing. Von ihrem Weg, einen Lebensentwurf zu finden, der sich für sie richtig und stimmig anfühlt, hat Jennifer als Co-Founderin im eigenen Online-Magazin für Singles *Jubel Trubel Zweisamkeit* schon öfter erzählt.

Mit ihrem ersten Buch hat sie sich nun einen Traum erfüllt, um ihre Message noch weiter zu verbreiten: Brecht die engen Zeitfenster voller gesellschaftlicher Erwartungen auf und macht doch, was ihr wollt und wann ihr wollt! Denn Jennifer wünscht sich, dass Lebensentwürfe aufhören, sich aneinander abzuarbeiten – für weniger „besser als" und „das macht man so", aber mehr „hat alles Vor- und Nachteile" und Raum fürs eigene Erwachsenwerden.

jenniferklinge.de
instagram.com/jennifer_klinge

Weitere Mitwirkende am Buch

Fotocredit: Hella Wittenberg

Henrike Redecker

Henrike ist PR-Expertin, Mentorin, hat über 20 Jahre Erfahrung in der PR-Branche und setzt für ihre Kundinnen erfolgreiche Kommunikationsstrategien um. Seit mehr als drei Jahren arbeitet sie selbstständig mit dem Fokus, Frauen in die Sichtbarkeit zu bringen, die eigene Positionierung zu finden und an ihrem Personal Branding zu arbeiten. In den Medien sind Frauen immer noch stark unterrepräsentiert und genau das möchte sie ändern und so die Gleichstellung in der Medienlandschaft fördern. Bereits während ihres Modejournalismus Studiums an der *AMD* in Hamburg, hat die Wahl-Berlinerin PR-Luft geschnuppert und ist der Branche bis heute treu geblieben. Außerdem arbeitet Henrike seit 2022 als zertifizierte systemische Coach mit Fokus auf Achtsamkeit und verbindet dies oft mit ihrem Wirken als PR-Beraterin unter dem Dach "Mindful Sichtbar: Sichtbarkeit ohne Selbstinszenierung". In ihrem Podcast *PR KARUSSELL* klärt sie darüber auf, was PR-Arbeit bedeutet, und erklärt, wie Public Relations optimal genutzt werden können.

henrike-redecker.com
instagram.com/henrike.redecker

Fotocredit: Julie Ann Tarr

Julie Ann Tarr

Hi! Ich bin Julie Ann Tarr. Ich hatte die Möglichkeit, für Jennifer das Cover ihres ersten Buches zu gestalten. Wow! Was eine schöne Aufgabe! Danke noch einmal für die wunderbare Zusammenarbeit mit dir, Jennifer, und dir, Anne von Palomaa Publishing. Ich hoffe, euch als Leser*innen gefällt's auch!

Zu meiner Person: Ich lebe mit Mann und Katze in Düsseldorf und arbeite seit mehr als zehn Jahren als freiberufliche Grafikdesignerin für Agenturen, Designbüros oder direkt für Kund*innen, die etwas gestaltet haben möchten. Zudem bin ich Teil des Düsseldorfer *Oh hey,-Kollektivs*, einem Gemeinschaftsbüro für ganzheitliche Markenarbeit und digitale Kommunikation. Ich entwickle Design-Routen für Social Media, entwerfe Logos, gestalte Webseiten und liebe tolles Branding, fabelhafte Farbwelten und Typografie. Zusammen mit meinem

Mann Andi gestalte ich knallbunte Postkarten unter dem Namen *bubbles & pearls*, die wir in unserem Etsy-Shop verkaufen.

Einen Teil meiner Arbeiten könnt ihr euch hier ansehen:
julieanntarr.com
Oder folgt mir auf Instagram:
instagram.com/julieanntarr_design

Über den Verlag

Palomaa Publishing

Palomaa Publishing ist ein unabhängiger Verlag für inspirierende Bücher, E-Books und Art Prints von Autorinnen und Künstlerinnen. Unsere Mission ist es, Frauen und nicht-männlichen Personen eine Bühne zu geben. Wir bringen Werke von Autorinnen auf den Markt und bieten so der weiblichen Sicht auf die Dinge mehr Raum.

Palomaa Publishing veröffentlicht Bücher in den Bereichen Frauengesundheit, Gleichberechtigung, kritische Mutterschaft, Working Women, Female Entrepreneurship, Female Centered Products, persönliche Weiterentwicklung – und noch vieles darüber hinaus. Unser Fokus liegt auf Non-Fiction, vor allem Sachbuch und Ratgeber. Außerdem vertreiben wir hochwertige Drucke von Künstlerinnen sowie zeitlose Kalender und Guides. Wir haben zudem das Netzwerk *The Female Publisher* gegründet für Frauen in der Verlags- und Programmplanung und sind Preistragende des Sächsischen Verlagspreises 2022.

palomaapublishing.de
instagram.com/palomaa_publishing